知
常

知
常

中国古代礼仪文明

彭　林　著

中華書局

图书在版编目(CIP)数据

中国古代礼仪文明/彭林著. —北京:中华书局,2025. 3. —
(知常). —ISBN 978-7-101-16830-3

Ⅰ. K892.9

中国国家版本馆 CIP 数据核字第 2024TJ2937 号

书　　名　中国古代礼仪文明
著　　者　彭　林
丛 书 名　知常
责任编辑　孙永娟
封面设计　刘　丽
责任印制　韩馨雨
出版发行　中华书局
　　　　　(北京市丰台区太平桥西里 38 号　100073)
　　　　　http://www.zhbc.com.cn
　　　　　E-mail:zhbc@zhbc.com.cn
印　　刷　河北新华第一印刷有限责任公司
版　　次　2025 年 3 月第 1 版
　　　　　2025 年 3 月第 1 次印刷
规　　格　开本/787×1092 毫米　1/32
　　　　　印张 14⅜　插页 3　字数 227 千字
印　　数　1-5000 册
国际书号　ISBN 978-7-101-16830-3
定　　价　58.00 元

目 录

出版说明

  人类历史文明的发展与知识、思想的不断革新相辅相成，而知识与思想在此过程中，其精粹部分不断累积沉淀，形成了一个民族的内在文化，直至今日，我们的日常生活、精神信仰与审美旨趣都遵循着这种文化逻辑。它坚不可摧、恒常不变，像锚一样，在宏阔的宇宙中锚定我们栖身的坐标。而中华书局推出的"知常系列"丛书，就是进入经典古籍、进入中华优秀传统文化中的桥梁，它指引着我们回到中华民族精神文化的家园。

  "知常系列"所遴选的图书，是阅读古代典籍、了解传统文化应知的、必备的常识类书籍。我们如果对于古人的名字、古文字知识、古代礼仪、古代官阶等一些基本情况不了解，不仅难以顺利阅读，甚至会误读，也就很难领会传统文化的精髓。故而编选这套丛书的初衷，就是为了解传统文化铺平道路。作为一套入门书，其基本特点如下：

一、入选图书，每本皆为这一研究领域名家撰写。

二、文字浅显易懂，内容精准简练。

三、坚持优中选优的原则，尽量选择阅读轻松、内容上乘的作品。

希望这套丛书，能够带您更快进入中华优秀传统文化的世界，知甘露味，得大智慧。

中华书局编辑部

2024年9月

再版前言

中国是举世闻名的礼仪之邦，礼对中华文化品格的形成起了最关键的作用。只因近百年来的历史变局，礼被抹黑与扭曲，人人谈礼色变，对传统礼仪的隔膜日益加深，以致不知礼为何物。直到21世纪初，社会的主流意识依然是：传统礼仪已落伍，应予淘汰，改从西方礼仪。

有鉴于此，笔者以数年之力在《文史知识》刊文三十余篇，用相对通俗的语言解读《周礼》《仪礼》《礼记》等三部儒家礼学经典，希冀帮助读者比较系统、准确地认知中华传统礼仪，而兴起再造礼乐文明辉煌之心。2004年初，中华书局将拙文结集，冠以《中国古代礼仪文明》之题出版。二十年光阴，弹指一挥间，而社会对传统礼仪的认识，已不可同日而语。

改革开放后，国民的本位文化意识迅速抬头，开始回归传统文化，重建精神家园，寻找自己的文化身份。大众曾将现代化等同于西化，以追慕西方礼仪为时髦。而今普遍意识到，国家的强大必须根植于中华五千年优秀文化，社会上行中式成人礼、婚礼、毕业礼、谢师宴、祝寿礼、祭祖礼者，如雨后春笋，遍地拔起。热衷于此的，以年轻人、尤其是"90后"为多。不少人通过学习《礼记》等儒家经典，提升自身礼乐文化的理论水平。这一势头方兴未艾，"青山遮不住，毕竟东流去"，事实已经证明，而且将继续证明，传统礼乐文明的再度辉煌，无可阻挡。

还有两件事值得在此一提。一是渴望了解中国传统文化的地区与国家越来越多，近年，已有多位中外学者联手，将本书的译介作为课题申请国家社科基金的中华学术外译项目，其中韩文、越南文、波斯文译本已获批准，进展顺利，行将面世。笔者另一部介绍中华传统礼仪的著作《礼乐文明与中国文化精神》，已出版了英文、韩文、哈萨克文、罗马尼亚文、波斯文的译本。中华礼学被介绍到上述地区，似乎前所未有。毋庸置疑，随着海外民众对中国礼乐文明的了解，必将加深他们对儒家坚持和平发展之道的认识。

二是中国港台地区与韩国亦已出版拙作，稍出我之意料。2019年，台湾华品文创出版股份有限公司出版本书的繁体字版；同年，香港中华书局亦出版《礼乐文明与中国文化精神》的繁体字版。韩国则翻译出版拙作《礼乐文明与中国文化精神》，译者在新书发布会上坦言，当今韩国年轻人亦出现轻视传统礼仪的现象，希望该译本的出版，有助于强化东亚礼仪文化。由此可见，西方文化强势冲击东方文化，并非仅对中国有影响，东亚文化圈内的景况虽有差异，但本质上完全一致，出版界有识之士已有觉察。如何稳住我们的阵脚，保住东方的文化本色、生活方式、价值体系，是东亚文化圈面临的共同课题。钱穆先生说："中国的核心思想就是礼。"传承源远流长、庄敬高雅的中华传统礼仪，是重振华夏文明重要的方式之一。

　　拙作初版二十周年之际，中华书局重新校订全书后付梓再版，因缀数语于上，略抒胸臆。

彭　林

2024年10月13日

自 序

中国是传承千年的礼仪之邦，声教播于海外。相传在三千多年前的殷周之际，周公制礼作乐，就提出了礼治的纲领。其后经过孔子和七十子后学，以及孟子、荀子等人的提倡和完善，礼乐文明成为儒家文化的核心。西汉以后，作为礼乐文化的理论形态和上古礼制的渊薮，《仪礼》《周礼》《礼记》先后被列入学官，不仅成为古代文人必读的经典，而且成为历代王朝制礼的基础，对于中国文化和历史的影响之深远自不待言。随着东亚儒家文化圈的形成，礼乐文化自然成了东方文明的重要特色。毋庸置疑，要了解中国传统文化，就必须了解中国礼仪文化。

不无遗憾的是，近代以来，礼乐文化不仅没有得到应有的重视，反而受到了种种责难，归结起来，主要集中在如下两个问题上。

一是礼乐文化的性质问题。有人认为，礼乐文化是封建时代的文化，早已过时，谁再提倡，谁就是逆潮流而动。

二是礼乐文化是否还有现代价值。有人认为，当今的时代已经完全不同于先秦、两汉，社会面貌和生活方式都发生了巨大的变化，"三《礼》"表述的礼仪对我们已经毫无用处。

任何一个民族的文化都不可能是万世一贯的，因而只能与时俱变，弃其糟粕，取其精华。优秀文化的因子，往往历久弥新，长久地存活在历史的长河中，持续地影响着民族的精神和面貌。例如，公元前6世纪前后，是世界古文明的轴心时代，出现了诸如孔子、老子、孙子以及苏格拉底、柏拉图、释迦牟尼等哲人和光耀千古的经典。两千多年来，他们始终伴随着历史的进程，我们几乎可以处处感觉到他们的存在。在科技高度发达的今天，我们每每还要回到那个时代去寻找智慧。对于孔子倡导的礼乐文化，我们也应该作如是观。

近代以来，由于国势衰微，列强入侵，国人激于时变，把落后挨打归咎于传统文化，这有一定的道理，但不尽然。试想，一个知书达理的书生挨了强盗的打，人们可以责怪他没有拳勇，但却不可以责怪他不该知书达理。如果书生从此丢掉书本，只练武功，变成了没有文化的"强人"，那才是真正的悲剧。人类社会终将进入一个人人讲信修睦、彼此谦敬礼让的文明时代。因此，我们既要习武强身，又要弘扬既有的文化，礼乐文化终究会有它新的用武之地。

读读《礼记·礼运》就可以知道，孔子的政治理想是要建立"天下为公"的大同世界，它曾经鼓舞了包括孙中山在内的千千万万的志士仁人为之奋斗。"克己复礼"就是复辟奴隶制吗？奴隶制的主要特征之一是人殉（用活人殉葬），儒家若是拥护奴隶制，就应该赞成人殉。可是，只要读读《礼记·檀弓》，就可以得到完全相反的结论。齐国大夫陈子车客死于卫国，其妻和家宰打算用活人殉葬。子车的弟弟子亢坚决反对，说："以殉葬，非礼也！"还有一位叫陈乾昔的贵族，临终时要求让两个婢子在他身边殉葬。他儿子拒绝照他的要求办，理由也是"以殉葬，非礼也"！两人都说殉葬是"非礼"的行为，说明礼是不允许殉葬的。春秋时期，人本主义成为社会思潮的主流，人殉已不多见，一般用木俑殉葬，即便如此，孔子也觉得不能容忍，他愤愤然说："始作俑者，其无后乎?"（《孟子·梁惠王上》）不仅如此，儒家还反对一切不人道的做法。鲁国大旱，穆公先是要暴晒国中的尪者，后来又要暴晒巫婆，希冀博得上天的怜悯。县子批评说：因天不下雨而惩罚残疾人，太过残忍，有悖人道！类似的例子，《礼记》中不胜枚举。孔子反对人殉，提倡仁爱；反对苛政，提倡仁政，代表了时代的进步和人类的良知。说孔子提倡礼就是要复辟奴隶制，真是欲加之罪，何患无辞。

那么，儒家的礼乐文明还有没有现实价值呢？我们的回答是肯定的。其一，几千年文明铸就的礼仪文化，原本可以成为旅游经济的强项，可是，许多行业成员连"对不起、谢谢、没关系、您请"十个字的礼貌用语都说不好，遑论其他。尽管眼下宾馆、酒店等越造越华丽，而服务质量却始终是旅游业发展的软肋，令人长叹。此外，近年出境旅游的国人与日俱增，但举止粗俗、缺乏礼仪教养者不乏其人，海外舆论的批评时见报端，使我们这个"文明古国""礼仪之邦"的民族形象大受损害。为了改变这种局面，近年，政府将"明礼诚信"作为二十字"公民道德"中的重要内容，如何重建符合时代要求的礼仪规范，已经提上议事日程。我国传统的礼仪文明，是宝贵的思想资源，正可以为我们提供重要的借鉴。

其二，21世纪是文化的世纪，国家与国家、民族与民族的竞争，将会越来越多地在文化领域中展开。文化是民族的基本特征，文化存则民族存，文化亡则民族亡。古往今来，真正灭绝于种族屠杀的民族并不多，而灭亡于固有文化消失的民族却是不胜枚举。中华文明是世界四大古文明中唯一没有发生过文化中断的。在未来的世纪中，中华文明能否自立于世界民族之林，基本前提之一，就是能否在吸收先进的外来文化的基础上建立起强势的本位文化，这无疑是具有战略意义的大事。礼乐文化是中华传统文化的核心，能否将它的精华发扬光大，对于本位文化的兴衰至关重要。

令人汗颜的是，我国传统礼仪文化在韩国、日本保存颇多，并继续在社会生活中发挥积极作用，而在我们的本土，它的流失速度却是非常惊人。在我们的人际交往中，懂得使用表示敬意的雅语和举止的人已经日渐稀少。作为民间最普遍、最隆重的婚礼、生日礼仪等庆典，正越来越失去民族特性、急剧地西化；而圣诞节、情人节等正日益成为中国年轻人的重大节日。作为民族文化表征的礼仪、节日一旦全部西化，就表明本位文化已经被国民抛弃，它的消亡也就不会太远了。炎黄子孙、有识之士，当知忧虑。

其三，中国古代礼乐文化中有许多高妙之处，可惜不为世人所认识，我们不妨以先秦的乡射礼为例加以说明。作为有着五千年文明史的中国，古代有没有体育精神？如果有，它与古希腊的奥运精神有何不同？这是2008年北京奥运会必须向全世界回答的重大问题。而在我们获得奥运会的主办权之前，几乎没有人考虑过。现在问题突然提出，不免令人感到手足无措。其实，我国至迟在春秋时代，民间就流行一种被称为乡射礼的射箭比赛，它的比赛仪则，完整地记录在《仪礼》的《乡射礼》中。这是一种非常正规的竞技运动，有长度固定的射道、严格的比赛规则。但是，评价一名射手，不仅要看他能否命中靶心，而且要看他形体是否合于音乐节奏。此外，还要求他处处礼让竞争对手，正确对待失败，等等。总之，要求他的身心与体魄和谐、健康地发展。这与早期奥林匹克运动片面强调体魄强健的理念判然有别，显示着东方文明的特色。诸如此类，古代礼仪文化中还有很多，需要我们去发掘。

自1989年起，总部设在中国的国际儒学联合会，每五年举办一次纪念孔子诞辰的国际学术讨论会，每次都有国家领导人到会致辞，并接见与会的知名学者，就是最有力的证明。毋庸置辩的是，孔子与礼乐文化是不可分的：没有孔子就不可能有礼乐文化；反之，离开礼乐文化就不成其为孔子。肯定孔子，就必然要肯定礼乐文化。但是，当年的"批孔"运动，是以举国之力、在全社会展开的，其恶劣影响至今未能彻底肃清，要使国民真正了解礼乐文化，还需要作很长时间的努力。

二十年前我读研究生，选择的研究方向就是礼学，孜孜于此，不敢旁骛，日日涵泳于《三礼》之中，在体味古代礼乐思想的精深与高妙的同时，每每感叹它在大众面前正变得越来越陌生。因而常想，能否用浅近的语言，比较系统地将古代礼仪文明介绍给大众呢?

经过一段时间的酝酿和准备,2001年春,我尝试着给清华大学本科生开设了"中国古代礼仪文明"的选修课,居然受到学生的欢迎。不无巧合的是,当时适逢《文史知识》创刊二十周年。在参加纪念座谈会时,时任编辑部主任的胡友鸣先生对我说,《文史知识》组织专家写过许多关于文化史的系列专题,唯独没有关于礼的专题,读者对此反映强烈。他希望由我来做这项工作,以便让更多的读者了解中国古代礼仪文化。而我为了将"中国古代礼仪文明"这门课程建设好,也正想将讲稿正式写定。于是,双方就将选题谈定了。这是本书的缘起。

要将繁难的古礼写成读者易于接受的文字,是非常困难的工作。为此,每次撰作,不得不反复斟酌,从纷繁的材料中选择最重要的内容来介绍。按照编辑部的要求,我原则上每月要提交一篇文稿,以便连载。而我每写一篇,至少要耗时一周，有时甚至需要十天，其中的甘苦真是难以表述。原计划本书有三十个专题，由于我承担的教学科研任务非常繁重，难以长期占用四分之一到三分之一的时间来写作本书，因而在连载了两年多之后，不得不打住，这是需要向读者朋友致歉的。未能完成的专题，只有留待他日了。

在本书各篇的连载过程中，我收到许多读者的来信，来信给我以亲切的鼓励和指教。编辑部的各位同志对每篇文稿的处理都非常仔细，精益求精，付出了辛勤的劳动。在此三申谢忱之意。

彭　林

2003年12月16日

1

一

礼是什么

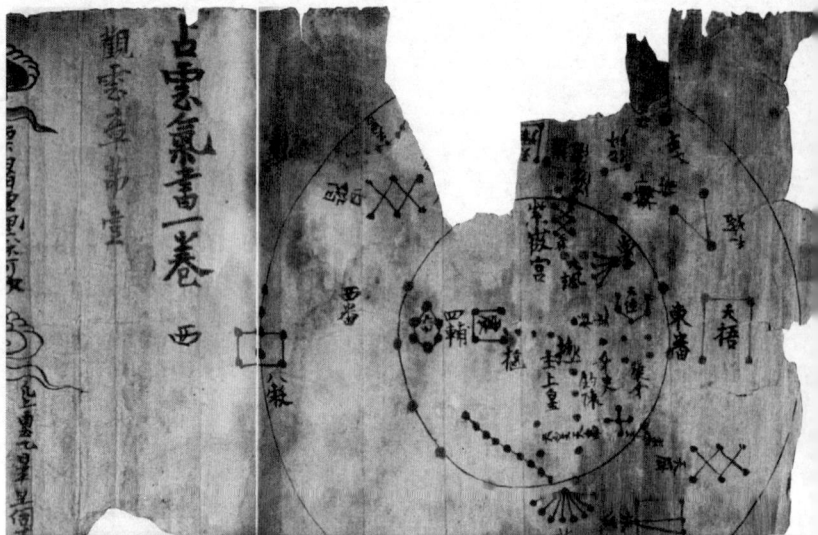

敦煌卷子紫微垣星图

中国是礼仪之邦，古代文化是礼乐文化。因此，说到中国的传统文化，不能不说到礼。但是，关于礼在中国传统文化中占有什么样的位置问题，学界意见并不统一。在某些通史类著作中，礼往往被理解为典章制度而放在从属的位置，就是最典型的例证。

1983年7月，著名史学大师钱穆先生向美国学者邓尔麟谈及中国文化的特点以及中西文化的区别，认为礼是中国传统文化的核心。邓氏认为钱穆先生所论十分精彩，是为之上了"一堂中国文化课"：

　　中国文化是由中国士人在许多世纪中培养起来的，而中国的士人是相当具有世界性的。与欧洲的文人不同的是，中国士人不管来自何方都有一个共同的文化。在西方人看来，文化与区域相连，各地的风俗和语言就标志着各种文化。但对中国人来说，文化是宇宙性的，所谓乡俗、风情和方言只代表某一地区。要理解这一区别必须理解"礼"这个概念。

在西方语言中没有"礼"的同义词。它是整个中国人世界里一切习俗行为的准则，标志着中国的特殊性。正因为西语中没有"礼"这个概念，西方只是用风俗之差异来区分文化，似乎文化只是其影响所及地区各种风俗习惯的总和。如果你要了解中国各地的风俗，你就会发现各地的风俗差异很大。即使在无锡县，荡口的风俗也与我在战后任教的荣乡不同。国家的这一端与那一端的差别就更大了。然而，无论在哪儿，"礼"是一样的。"礼"是一个家庭的准则，管理着生死婚嫁等一切家务和外事。同样，"礼"也是一个政府的准则，统辖着一切内务和外交，

钱穆像

比如政府与人民之间的关系，征兵、签订和约和继承权位等等。要理解中国文化非如此不可，因为中国文化不同于风俗习惯。

中国文化还有一个西方文化没有的概念，那就是"族"。你可以说是家。在家里"礼"得到传播，但我们一定要区分"家庭"和"家族"。通过家族，社会关系准则从家庭成员延伸到亲戚。只有"礼"被遵守时，包括双方家庭所有亲戚的"家族"才能存在。换言之，当"礼"被延伸的时候，家族就形成了，"礼"的适用范围再扩大就成了"民族"。中国人之所以成为民族，因为"礼"为全中国人民树立了社会关系准则。当实践与"礼"不同之时，便要归咎于当地的风俗或经济，它们才是被改变的对象。（邓尔麟《钱穆与七房桥世界》，社会科学文献出版社，1998，7页）

钱先生最后对邓氏说："要了解中国文化，必须站到更高来看到中国之心。中国的核心思想就是'礼'。"

通观古代典籍，可以发现儒家对礼的概念与功用的论述，往往因具体的语境不同而有不同的层次。

第一，礼是人类自别于禽兽的标志。人是从动物界脱胎而来的，人与动物有共性，也有区别。人与动物的区别究竟是什么，这是人们常常思考的问题。《礼记·冠义》："凡人之所以为人者，礼义也。"《礼记·曲礼》说："鹦鹉能言，不离飞鸟。猩猩能言，不离禽兽。今人而无礼，虽能言，不亦禽兽之心乎？夫唯禽兽无礼，故父子聚麀。是故圣人作为礼以教人，使人以有礼，知自别于禽兽。"作者认为，人与动物的根本区别不是语言的有无，而是礼。证明之一是动物没有婚礼，所以"父子聚麀"，"麀"是雌鹿，即父子合用同一个性配偶，所以永远是禽兽。而人懂得同姓不能通婚的道理，制定了婚姻嫁娶之礼，所以人类能够不断进化。唐人孔颖达说："人能有礼，然后可异于禽兽也。"

人类最初的进食习惯也与动物无别。在进入文明时代之后，有些人的饮食习惯依然保留着明显的动物性。在儒家制定的食礼中，有些与抑制人的动物性进食习惯有关。《礼记·曲礼》："毋抟饭，毋放饭，毋流歠，毋咤食，毋啮骨。毋反鱼肉，毋投与狗骨，毋固获。毋扬饭，饭黍毋以箸，毋嚃羹，毋絮羹，毋刺齿，毋歠醢。"取饭时不要把饭抟成团，不要把手中的余饭放回食器，喝汤时不要倾流不止，上菜时舌头不要在口中作声，不要把骨头啃得有响声，不要把咬过的鱼肉放回食器，不要把骨头扔给狗，不要专吃最好的食物，不要用手扬去饭的热气，吃黍时不要用错餐具（要用匕，不可用筷子），吃羹时不要连羹中的菜都不嚼就吞下去，不要重调主人已调好味的羹，不要当别人面剔牙，不要重调主人已调好味的肉酱，如此等等，可谓详尽之极。即使是吃饭，人也应该在举手投足之际显示出自己的修养，"知自别于禽兽"，这正是食礼中所隐含的礼义。

第二，礼是文明与野蛮的区别。这是更高一个层次的区别，是指族群与族群，或者国家与国家之间的区别，是人与人之间的区别。相传孔子作《春秋》，以为万世龟鉴。后人对于孔子为什么要作《春秋》有很多讨论。韩愈在他的名著《原道》中说："孔子之作《春秋》也，诸侯用夷礼则夷之，进于中国则中国之。"他认为，一部《春秋》，讲的无非严夷夏之别。而夷夏之别无非一个"礼"字。当时王纲解纽，周边文化相对落后的民族乘机进攻中原。在此过程中，有些诸侯国不能保持既有的先进文化，反而被蛮风陋俗所化。对于这样的诸侯国，它只配被当夷狄看待，因为它已经失去拥有中原先进文明的资格。相反，有些夷狄之邦向慕中原文明，为之所化，则不妨将它们与中原的诸侯同等对待。韩愈认为，春秋乱世，本质上是文明与野蛮的斗争，即"礼"者与"非礼"者谁统治谁的斗争。而历史的进步，往往是在文明战胜野蛮之后。如果我们再读《左传》，对书中触目皆是的"礼也"还是"非礼也"的史评就觉得十分自然了。

第三，礼是自然法则在人类社会的体现。孔子在回答鲁哀公"君子何贵乎天道"之问时说："贵其'不已'。如日月东西相从而不已也，是天道也；不闭其久，是天道也；无为而物成，是天道也；已成而明，是天道也。"日月笼罩大地，哺育万物，是人类的生命之源。天地间昼夜交替，寒往暑来，具有不可逆转的力量。儒家看到了天地的永不衰竭的生命力和创造力，是为孔子的天道观。宇宙永存，自然法则不可改变，是天然合理的。人类社会要与天地同在，就必须"因阴阳之大顺"，顺应自然规律，仿效自然法则才能生存。治国、修身之道只有与天道一致，才是万世之道，所谓"天不变，道亦不变"，说的就是这个道理。儒家认为礼就是天道在人类社会中的运用，儒家在礼的设计上，处处依仿自然，使之处处与天道相符，由此取得形而上的根据。《礼记·礼运》："夫礼必本于天，动而之地，列而之事，变而从时，协于分艺。"《左传》昭公二十五年（前537）记载了赵简子与子大叔的大段对话。子大叔说："夫礼，天之经也，地之义也，民之行也。"他详细地说到礼如何"则天之明，因地之性"，"以象天明，以从四时"，是仿照自然法则而制定的，"故能协于天地之性"，所以是"上下之纪，天地之经纬"。《礼记·乐记》："礼者，天地之序也。"《左传》文公十五年（前612），季文子云："礼以顺天，天之道也。"《左传》成公十六年（前581），申叔时云："礼以顺时。"

第四，礼是统治秩序。古代中国在中央与地方、上级与下级，以及并列关系的处理原则，都用"礼"的形式来体现。如天子对于各诸侯国，要定期进行视察，以便了解下情，称为"巡守礼"，《礼记·王制》："天子五年一巡守，岁二月，东巡守，至于岱宗，柴而望祀山川……五月，南巡守，至于南岳，如东巡守之礼。八月，西巡守，至于西岳，如南巡守之礼。十有一月，北巡守，至于北岳，如西巡守之礼。"诸侯朝于天子曰"述职"，一不朝则贬其爵，再不朝则削其地，三不朝则六师移之。所以说，朝觐之礼是要明君臣之义。至于诸侯之间，则要定期聘问，以联络感情。这些礼制对于维系一个幅员辽阔的王国，是必不可少的。

第五，礼是国家典制。国家典礼都是按照以人法天的原则制定的。天子与天帝相对应，天帝所居在紫微垣，则天子所居称紫禁城。《周礼》设计出一套理想官制，设天地春夏秋冬六官，象征天地四方六合。六官各辖六十职，共计三百六十职，象征天地三百六十度。隋唐以后，这套制度成为历朝的官制模式。称职官制度为职官礼，称军政制度为军礼，甚至连营造法式，也因品阶官爵高下而异，处处包含等级制度，所以也是处处为礼。

第六，礼是社会一切活动的准则。儒家认为人的活动，应该符合于"德"，要体现仁、义、文、行、忠、信的要求，为此，根据德的行为要求，制定一套规范，也称之为礼。如婚礼应该如何举行，丧服应该如何穿着，对父母应该如何服侍，对尊长应该如何称呼等。儒家将伦理道德归纳为一系列准则，认为其是社会活动中最合理的原则，《礼记·仲尼燕居》说："礼也者，理也。"《礼记·乐记》说："礼也者，理之不可易者也。"

礼又是为政者不可须臾或离的大经大法，《左传》隐公十一年（前712）："礼，经国家，定社稷，序民人，利后嗣者也。"《左传》僖公十一年（前649）："礼，国之干也。"《左传》襄公二十一年（前552），叔向云："礼，政之舆也。"《左传》昭公十五年（前527），叔向云："礼，王之大经也。"礼又是君子的立身之本，《左传》成公十三年（前578），孟献子云："礼，身之干也。"在社会生活中，礼是衡量是非曲直的标准，是诸事之本，《礼记·曲礼》说："道德仁义，非礼不成。教训正俗，非礼不备。分争辨讼，非礼不决。君臣、上下、父子、兄弟，非礼不定。宦学事师，非礼不亲。班朝治军，莅官行法，非礼威严不行。祷祠祭祀，供给鬼神，非礼不诚不庄。"道德为万事之本，仁义为群行之大，人要施行道德仁义四事，不用礼则无由得成。要通过教人师法、训说义理来端正其乡风民俗，不得其礼就不能备具。争讼之事，不用礼则难以决断。君臣、上下、父子、兄弟等的上下、先后之位，也必须根据礼才能确定。从师学习仕官与六艺之事，没有礼就不能亲近。班朝治军，莅官行法，只有用礼，才有威严可行。祷祠祭祀，供给鬼神，也只有依礼而行才能诚敬。

第七，礼是人际交往的方式。人与人交往，如何称呼对方，彼此如何站立，如何迎送，如何宴饮，等等，都有礼的规定。行为合乎礼，是有教养的表现，反之则不能登大雅之堂。甚至在双方并未见面、用书信交流时，也有特殊的礼貌用语。

礼的内涵是如此丰富，因此，尽管中国是礼仪之邦，但是没有人可以用"一言以蔽之"的方法给"礼"下一个定义。已故著名礼学家钱玄先生说，礼的"范围之广，与今日'文化'之概念相比，或有过之而无不及"，因此，礼学实际上就是"上古文化史之学"，"今试以《仪礼》《周礼》及大小戴《礼记》所涉及之内容观之，则天子侯国建制、疆域划分、政法文教、礼乐兵刑、赋役财用、冠昏丧祭、服饰膳食、宫室车马、农商医卜、天文律历、工艺制作，可谓应有尽有，无所不包。其范围之广，与今日'文化'之概念相比，或有过之而无不及。是以三礼之学，实即研究上古文化史之学"（《三礼辞典·自序》）。钱先生的看法很有见地。"文化"一词，究竟如何下定义，据说迄今已有不下两百种说法，无法定于一说。中国的"礼"，实际上是儒家文化体系的总称。

2

二

礼缘何而作

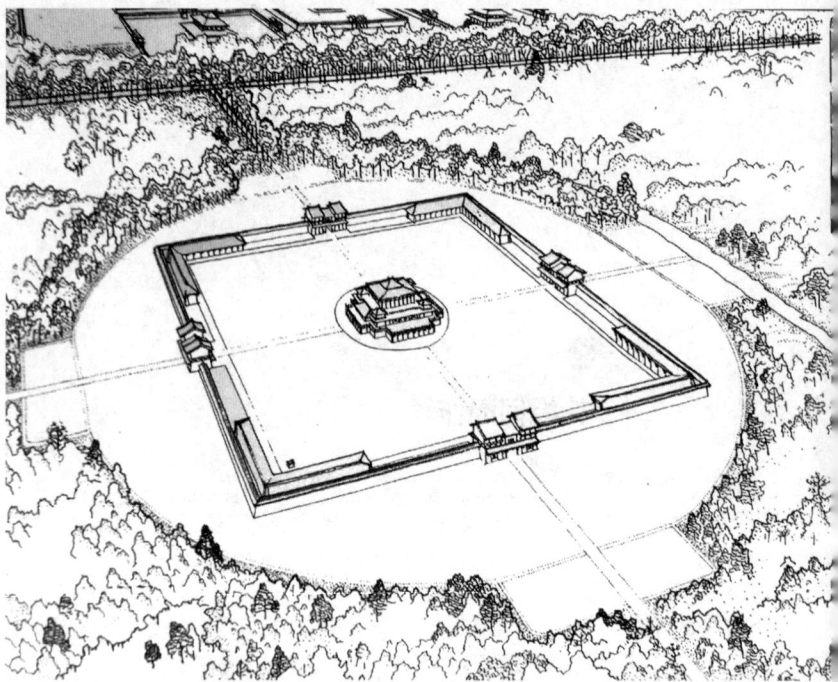

汉代长安城礼制建筑复原图

谈到古代社会的生活习俗，人们常常用到"礼俗"一词。实际上，礼是礼，俗是俗，两者是有区别的。一般来说，礼通行于贵族之中，即"礼不下庶人"；庶人则只有俗，即所谓"民俗"。但是，两者又有密切的渊源关系。这里，拟从"礼源于俗"作一简要梳理。

　　什么是俗？《说文解字》云："俗，习也。"即俗是指生活习惯。东汉郑玄对此作了进一步的解释："俗谓土地所生习也。"（《周礼·地官·大司徒》郑玄注）"土地"是指人们的生存环境，包括地理、气候、人文等各种要素在内。人们在各自特定的环境中生活，久而久之，就形成了各自的习俗。《礼记·王制》对四方的风俗作了如下的描述："东方曰夷，被发文身，有不火食者矣。南方曰蛮，雕题交趾，有不火食者矣。西方曰戎，被发衣皮，有不粒食者矣。北方曰狄，衣羽毛穴居，有不粒食者矣。"东方、南方都是近海之地，为了避免蛟龙的伤害，人民有文身的习惯。题，指额头。雕题即用丹青雕画额头，也是文身的一种。他们生食蚌蛤，不避腥臊。西方不产丝麻，多食禽兽，故以兽皮为衣；又因天寒不产五谷，所以"不粒食"。北方多鸟，故人们以羽毛为衣；又因林木稀少，所以多穴居。环境的多样性造成了民俗的多样性。

从考古材料看，早在新石器时代，我国各地的民居、葬式、食物、器形、服饰等，都有明显的地域性。这一时期的风俗，具有浓厚的原始性。如在大汶口文化地区，流行死后拔除一对上颌侧门齿的风俗，而且头部后枕骨都经过人工矫形；女性口内多含小石球，致使白齿严重磨损，腐蚀到齿冠、齿根，甚至将齿列挤向舌侧，使齿槽骨萎缩。这可能与某种原始信仰或审美情趣有关。这是很典型的远古风俗的例证。

随着社会的进步，各地的风俗走向了不同的流向：有损于人类健康的蛮风野俗，被人们自觉地扬弃了；某些落伍的风俗，则为新的风俗所替代；还有一部分风俗，顽强地留存于社会中，继续发生影响。直到商代，尽管已经产生了高度发达的青铜文明，古代野蛮、落后的风俗依然笼罩着整个社会。最明显的例子有二，一是事无大小，都要占卜。占卜的习俗，至迟在龙山文化时期即已出现，时隔千年，它不仅没有消失，反而成为殷王执政的重要工具。二是人祭和人殉的盛行。人祭是将活人杀死，作为祭祖的供品，这是食人之风的延续。人殉是用活人陪葬，与人祭性质相同。这类弊俗，无疑是社会发展的障碍。

公元前11世纪，武王伐纣，建立了周王朝。两年后，武王去世，周公摄政。周公亲身参加了伐纣的伟大斗争，目睹了强大的殷王朝一朝覆亡的场面。作为杰出的政治家，他不能不思考：在这一重大历史事件的背后，是不是天命在冥冥中起着作用？周人怎样才能长治久安？周公分析了殷代列王的为政之道，得出了殷亡于"失德"的结论。有鉴于此，周公提出了施行"德政"的政治纲领。而要保证"德政"的实施，首先是要建立一套全新的政治制度。其次是要为统治者制定一套系统的行为规范。二者可以统称为"礼"。这是一场比武王克商意义还要重大的革命。

周公制礼作乐，是建立古代中国人文精神的重要开端，其后经过孔子的提倡和荀子的发挥，"礼"形成一个博大的体系，不仅包括政治制度，还包括道德标准和行为准则。礼不再仅仅是对统治者的要求，也是对有知识的"君子"的要求，成为全社会成员取齐的标准。

风俗的转换要比政权的转换困难得多，也复杂得多。如何移风易俗？儒家认为，应该"因俗制礼"，即尽可能利用现有风俗的形式和内在的合理部分，再加整理、提高，注入新的精神，如此方可使人民喜闻乐见，被其所化。因此，《周礼》大司徒之官政之法有几条很重要的原则。一是"辨五地之物生"。全国的土地就地貌而言，可以大体分为山林、川泽、丘陵、坟衍、原隰等五类，其物产及居民的体质特征也各不相同。这是为政者首先要分辨的。二是"因此五物者民之常，而施十有二教焉"，辨明上述五类地区，目的在于摸清各自的风俗，然后才可以因藉而施以阳礼、阴礼等"十二教"。三是"以本俗六安万民"，本俗是指旧俗，要沿袭当地原有的宫室、族葬、衣服等六类旧俗，使人民安于其居。这三条是向万民施教的前提。以此为基础，再在乡、州、党、族、闾、比等每一级行政区内设置庠、序等教育机构，把儒家的理想和伦理道德化解在各种礼仪之中，如冠礼、婚礼、士相见礼、乡饮酒礼、乡射礼等，使人们在喜闻乐见的仪式中，接受礼的熏陶。

如前所述，为政得失，要看人民的反应，这无疑是巨大的历史进步。但是，尊重人，并不意味着人具有与生俱来的真善美。恰恰相反，人是从动物进化来的，因此，在人的身上不可避免地会残留着动物的习性。人类要进步，就必须自觉地剔除违背文明的动物习性，这就需要礼。《礼记·曲礼》云："鹦鹉能言，不离飞鸟；猩猩能言，不离禽兽。今人而无礼，虽能言，不亦禽兽之心乎……是故圣人作，为礼以教人，使人以有礼，知自别于禽兽。"从这一点出发，就要求人们将带有动物性的风俗向文明时代的礼靠拢。

比如，人类初期的婚姻杂交乱媾，不问血缘。到西周时，尽管一夫一妻制已经确立，但对偶婚的残余依然存在，"在男女生活上、婚姻形态上更是自由、活泼与放任"（杨向奎《宗周社会与礼乐文明》，人民出版社，1997）。为了移易这类陋俗，儒家制定了婚礼，规定了婚配的手续和仪式，并对双方的血缘关系作了严格的限定。《礼记·曲礼》云："取妻不取同姓，故买妾不知其姓，则卜之。"中国人很早就认识到"男女同姓，其生不蕃"（《左传·僖公二十三年》）的道理，将"不取同姓"作为礼规定下来。

礼要培养人的健康的情感。人有喜怒哀乐，礼的作用在于，使之"发而皆中节"（《中庸》），即恰到好处，而不对别人造成伤害，于是便有相应的种种规定。如丧事，古人重丧，以丧为礼之大端。人丧其亲，痛不欲生，哀毁无容。作为邻里、朋友，不应视而不见、我行我素，而应依礼助丧，至少要有悲戚、恻隐之心。《礼记·曲礼》对此有很详细的规定，如："邻有丧，春不相；里有殡，不巷歌。"古人春米，喜欢唱送杵的号子，当邻里有殡丧之事时，就应该默春，不在巷中歌唱，以示同哀之心。"望柩不歌"，望见灵柩，哀伤顿生，自然不歌。"临丧不笑"，临丧事，宜有哀色，笑则伤孝子之心。"适墓不登垄"，进入墓区，切不可踩坟头，这样最无敬重之心。如此之类，不胜枚举。

综上所述，儒家在如何建设周代社会的问题上，没有按照殷代的模式，再"克隆"出一个王朝，而是要创造出一个人本主义的社会。为了实现平稳过渡，他们一方面刻意保留各地的基本风俗，如房屋的形制、食物的种类、衣服的样式等；另一方面则通过推行各种形式的礼，来移风易俗，走近文明。从周代开始，礼乐文明就成为中华文明的主要特征，并绵延两千余年。

中华文明，在古代即已声播海外，这种传播不是靠武力，而是靠文明本身的力量。当海外的遣唐使、留学生到达长安时，最令他们钦羡的，是中国先进的礼乐制度、衣冠文物。他们将它引入本国，加以仿效，希望"进于中国"。应该肯定，中国的礼乐文明对于改变这些地区的陋俗、加速向文明的演进，起了重要的作用。

从俗到礼，是中国上古文明的一次重大飞跃，奠定了中华文明的底蕴，并赋予它鲜明的特色。这是我们的祖先对世界文化所作出的重要贡献，值得我们思考和总结。

礼缘人情而作。大凡政治家在提出其社会学说时，为使其学说具有最强的针对性，往往着意寻求人类最普遍的特点。儒家对礼的理论探索，是从研究治世之道开始的。"上不以其道，民之从之也难"（《成之闻之》），"凡动必顺民心，民心有恒"（《尊德义》）。《尊德义》说："圣人之治民，民之道也。禹之行水，水之道也。造父之御马，马之道也。后稷之艺地，地之道也。莫不有道焉，人道为近。"儒家没有将人的血统、地域或种族特征作为治世基础，而是将人性作为其治世之道的基础，认为要建立和谐的社会秩序，就必须顺应人性。所谓人性，如同水、马、土地的特性，是与生俱来的自然属性，"四海之内，其性一也"，是人类最普遍的特征。对人性的把握，可以推己及人，并上推命与天道，而知所当施行的人道。

儒家将人性作为治道的基础和主体，提出"道始于情，情生于性"的理路，礼治思想发端于人情，"礼因人情而为之"。情是性的外显，情与性相为表里，道始于情就是始于性。所谓人性，即《大戴礼记·文王官人》所说"民有五性，喜、怒、欲、惧、忧也"。

儒家高扬人性，是对周公、孔子以来，周代人本主义思想的传承与发展。武王克商、殷周革命之后，周公鉴于纣王失德亡国的教训，提出"明德慎罚"的口号，要求统治者"无于水监，当于民监"，奠定了人本主义的基础。孔子深化了周公的思想，倡行"仁"的学说，提出"仁者，人也"，"仁者，爱人"的论题。而要爱人、以人为本，就必须尊重人性。《尊德义》说"民可导也，而不可强也"，"可导"的是人性，"不可强"的也正是人性。

子思学派从两个方面对孔子的天道观作了发展：其一，认为天不仅是宇宙的主宰，而且是万物之"道"的渊源。"知天所为，知人所为，然后知道，知道然后知命。""圣人知天道也。知而行之，义也。行之而时，德也。"天道无所不在，天道形，于地，即为地道；形，于水，即为水道；形，于马，即为马道；形，于人，即为人道。因此，人性得自天命，人性即是天性。其二，是将性与天道相打通，不仅说明了人性的来源，而且为人性说取得了形而上的依据，尽管其中稍有玄学的成分，但却有重要的理论意义。

《礼记·大传》云："圣人南面而治天下，必自人道始矣。"《大戴礼记·礼三本》云："礼有三本：天地者，性之本也。"《大戴礼记·子张问入官》云："故君子莅民，不可以不知民之性，达诸民之情，既知其以生有习，然后民特从命也。"《中庸》云："唯天下至诚，为能尽其性；能尽其性，则能尽人之性；能尽人之性，则能尽物之性；能尽物之性，则可以赞天地之化育；可以赞天地之化育，则可以与天地参矣。"《礼记·礼器》："天道至教，圣人至德。"《礼记·礼运》："故礼义也者……所以达天道、顺人情之大宝也。"朱子说《中庸》立言之旨在于说明"道之本原出于天而不可易"，可谓深得其要。

《中庸》"率性之谓道"，意即遵循常人之性，庶几乎就是道。儒家重亲亲之道，以孝悌为本，亦即以人性为本。《六德》云："先王之教民也，始于孝悌。"《成之闻之》云："君子顺人伦以顺天德。"

儒家认为，所谓性，实际上是一种输出"情"的功能。性是人人都具有的"喜怒哀乐"之类的生物属性。喜怒哀乐之情以性为栖身之处，在没有外物影响时，深藏不露。一旦感于外物，深藏于性的情就会外显，情是外物作用于性的结果。所以说"好恶，性也。所好所恶，物也"。

情性与物，并非只是单向的直线反射关系，其间有"志"的作用。《性自命出》云："凡心有志也。"在物诱情出的过程中，"志"具有枢纽的作用。

《诗序》云："在心为志。"《荀子·解蔽》："志也者，藏也。"《为政》皇疏："志者，在心之谓也。"朱熹云："志者，心之所之之谓。"在情的外发过程中，有两种因素决定情的方向或差异。一是物与性相交的程度。外力的强弱、疏密等因素，足以影响情的走向。二是心在物与性交流过程中的导向作用。心为万虑之总，"权，然后知轻重；度，然后知长短。物皆然，心为甚"。心对外物的感知与取向，主导着情的走向。心之所之，决定情之所之。君子成德，离不开志的作用，所以说"德弗志不成"。

《成之闻之》对心理定式作了极为真实、精彩的描述："凡人虽有性，心无定志，待物而后作，待悦而后行，待习而后定。"心志要待物的作用而后作，作，兴起也。心志对物之诱情会进行判断，只有感到"悦"，"快于己者之谓悦"，也就是乐于接纳之，心志才会起而行之。这种悦而行之的过程经过多次的"习"，也就是重复，而后就会"定"，即形成心理定式，成为今后判断外物的经验。

这里有一个很重要的论题："凡人虽有性，心无定志。"即心之所之，具有不确定性。在恶言恶行的作用下，心之所之往往会偏而向之；而在善言善行的作用下，心之所之有时却未必偏而向之。人的心理定式未必都正确。如果不能把握心志，就难以确保人性向德行的转换。为了使心志能将情性导向正确的方向，一是避免接触足以将情性引向邪途的恶物，即慎交游的思想。二是在与恶物的接触不可避免时，要着力扶正志的方向。

《保傅》认为，在太子"心未定"，即心志未形成定式之时，逐去邪人，使太子"目见正事，闻正言，行正道，左视右视，前后皆正人"。太子少长及成人，要使太子"习与智长"，"化与心成"，能"中道若性"。择居处，慎交游，以正心志，成为儒家的普遍原则。《文王官人》则反复讨论"志"与君子修养的关系，认为志的正邪、强弱，与德行高下直接相关，因而不仅提出加志、养志、考志、探志的问题，而且提出观志和考志的方法。

儒家重教育，有其心性论方面的原因。《性自命出》云："四海之内，其性一也。其用心各异，教使然也。"因此，儒者的责任就是因性明教。《六德》云："作礼乐，制刑法，教此民尔，使之有向也。"此"向"，即心志之向。

《诗》教的问题。孔子以《诗》为六艺之一，教授弟子。《诗序》云："发乎情，止乎礼义。发乎情，民之性也。止乎礼义，先王之泽也。"也以心性论说解《诗》旨。《诗》言志，《诗》以导志，志以导情。朱熹屡以子思之说解《诗》教之旨，《论语·八佾》："子曰：'《关雎》乐而不淫，哀而不伤。'"朱子《集注》："淫者，乐之过而失其正者也。伤者，哀之过而害于和者也……有以识其性情之正也。"《诗》本性情，有邪有正。其为言既易知，而吟咏之间，抑扬反覆，其感人又易入。故学者之初，所以兴起其好善恶恶之心而不能自已者，必如此而得之。"朱熹以《诗》教之旨在导性情之正，即导心志之正，至确。

人的性情固然有其合理的一面，但也有容易失控的一面。心志正则性情亦正。但性情虽正，又有所发性情是否适度的问题，喜怒哀乐之情，或尚不足，或嫌过度，虽是出于天性，情有可原，却不合于天道。儒家制礼，意在使人的性情得其正，"齐之以礼者，使之复于正也"。适度把握性情，才是把握了礼的真谛。《礼记·檀弓下》中有子与子游的问答之语，论述儒家之礼与戎狄之道的区别。有子不理解儒家丧礼的礼义，认为"情在于斯，其是也夫"，率性直行即可，丧礼关于"踊"的规定是多余的。子游认为，直情而径行是"戎狄之道"，儒家的礼道"不然"。子思认为礼有"微情者"和"以故兴物者"两种情况，根据郑注，所谓"微情者"，是指哭踊之节；"以故兴物者"，是指缞绖(dié)之制。贾疏云："若贤者丧亲，必致灭性，故三日而食，哭踊有数，以杀其内情，使之俯就也。""若不肖之属，本无哀情，故为衰（cuī）绖，使其睹服思哀，起情企及也。"可见，丧礼的作用，一方面是要杀减过情者的悲伤，以免以死伤生；另一方面是要提升不肖者的哀伤之情，身穿丧服，使之时时意识到正在丧期之中，唤起其哀痛。总之，是要使过者与不及者都回到情感之"中"的位置。子游接着说："人喜则斯陶，陶斯咏，咏斯犹，犹斯舞，舞斯愠，愠斯戚，戚斯叹，叹斯辟，辟斯踊矣。品节斯，斯之为礼。"人的喜愠之情，分别有不同的层次：喜有陶、咏、犹、舞，愠有戚、叹、辟、踊。礼要求人们将情感控制在恰如其分的层次，如丧礼中最哀痛时踊即可，而且每踊三次，三踊而成。若不加节制，情绪失控，不仅无法完成丧葬之礼，甚至可能毁性丧身，这当然是死者所不希望见到的。郑注云："舞踊皆有节，乃成礼。"是说礼必有节文。子游则更为明确地说到"品节斯，斯之谓礼"，贾公疏云："品，阶格也。节，制断也。"品是情感的层次，已如上言。节是仪节的裁断，如失亲至痛，哀思无期，但不能沉溺不起，所以制礼者将丧期断为三年，自此恢复正常生活，也是防止哀痛过度。可见，礼文是对于人的情感的合理限定。

《礼记》中用节文来解释礼的文字，可谓比比皆是。如"礼者，因人之情而为之节文"；"始死，三日不怠，三月不解，期悲哀，三年忧，恩之杀也。圣人因杀以制节。此丧之所以三年，贤者不得过，不肖者不得不及，此丧之中庸也"；"丧礼，哀戚之至也。节哀，顺变也"。孔疏"既为至极，若无节文，恐其伤性，故辟踊有节算，裁节其哀也"；"辟踊，哀之至也。有算，为之节文也"。

《中庸》云："喜怒哀乐之未发，谓之中；发而皆中节，谓之和。中也者，天下之大本也；和也者，天下之达道也。致中和，天地位焉，万物育焉。"子思将中、和作为天下的"大本"和"达道"，作为宇宙间最普遍的原则。所谓道、礼，就是合于大本和达道的情性与行为，所以孔子说："道之不行也，我知之矣，知者过之，愚者不及也。道之不明也，我知之矣，贤者过之，不肖者不及也。"（《中庸》）中庸之道，就是万物得其中、得心性之中。《性自命出》云："教，所以生德于中者也。"《中庸》云"修道之谓教"，朱子《集注》："修，品节之也。性、道虽同，而气禀或异，故不能无过不及之差。圣人因人、物之所当行者而品节之，以为法于天下，则谓之教，若礼、乐、刑、政之属是也。"朱子《论语集注》："《诗》以理情性，《书》以道政事，礼以谨节文。"又如《论语·雍也》："中庸之为德也，其至矣乎！民鲜久矣。"朱子《论语集注》："中者，无过无不过之名也。"最为的当之论。

始者近情，终者近义。儒家的礼学思想扼要归纳为：礼根植于人性，故礼能体现人类最普遍的特性。人性得自天道，故有天然的合理性。情未发谓之性，性既发谓之情。志藏于心，心之所之为志。在物诱情出的过程中，志决定情的摆向。为对情有正确的导向，需要通过教育来端正心志，形成正确的心理定式。但是，即使心志与性情都端正而无所偏斜，而"度"的把握不当，不能"得其中"，则仍未合于天道。只有将情控制在无过无不及的层次上，才合于天道。为此，要用节文来齐一性情，使人性合于理性，节文就是礼的具体形式。如果用一句话来表示由情到礼的过程，那就是"始者近情，终者近义"。亦即《诗序》所说的"发乎情，止乎礼义"。

3

三

礼的分类

雍正祭先农坛图（局部）

在古代中国，礼深入社会的每一个层面，因而礼的名目极为繁冗，《中庸》有"礼仪三百，威仪三千"之说。为了使用与研究的方便，需要提纲挈领，对纷繁的礼仪进行归类。《尚书·尧典》说尧东巡守，到达岱宗时，曾经"修五礼"，《尚书·皋陶谟》也有"天秩有礼，自我五礼有庸哉"的话，但都没有说是哪五礼。《周礼·春官·大宗伯》将五礼坐实为吉礼、凶礼、军礼、宾礼、嘉礼。《周礼》在汉代已经取得权威地位，所以其五礼分类法为社会普遍接受。后世修订礼典，大体都依吉、凶、军、宾、嘉为纲，如北宋礼典就称《政和五礼新仪》。实际上《明会典》《大清会典》也是如此，只是没有冠以五礼的名称。受此影响，朝鲜王朝的礼典也被称为"国朝五礼仪"。

一 吉礼

吉礼是指祭祀之礼。古人祭祀为求吉祥，故称吉礼。《周礼·春官·大宗伯》说："以吉礼祀邦国鬼、神、祇（qí）。"将祭祀对象分为天神、地祇、人鬼等三类，每类之下再细分为若干等。

天神 受祭的天神不仅很多，而且有尊卑之别，《周礼》分之为三等。第一等是昊天上帝，或称天皇大帝，为百神之君、天神之首。古代只有天子可以祭天，诸侯有国，但不得祭天。祭天是国家最重大的典礼。每年冬至，天子在国都南郊的圜丘，用"禋（yīn）祀"祭昊天上帝。祭天的仪式经过精心设计，一名一物，无不含有深意。例如天为阳，而南方为阳位，所以祭天的地点要在南郊；天圆地方，所以祭天之坛要建成圆形；冬至是阴尽阳生之日，所以祭天必须在冬至；等等。

第二等是日月星辰。日月星辰附丽于天，垂象著明莫过于日月，日月之明就是天之明，所以必须祭祀；"星辰"是指"五纬"（金、木、水、火、土五大行星）、十二辰和二十八宿，是与民生关系最为密切的天体。祭日月星辰用"实柴"之祀。

第三等是除五纬、十二辰、二十八宿，凡是职有所司、有功于民的列星，如司中、司命、风师、雨师等。司中主宗室；司命（文昌宫的第五、第四星）主寿；风师是指箕星，雨师是指毕星，主兴风降雨。祭这一类星用"槱（yǒu）燎"之祀。后世祭典中，星辰入祀的范围不断扩大，司民、司禄、分野星、房星、灵星、农星、太岁等也都成为致祭的对象。

对上述三类天神的祭祀方式，同中有异。相同之处是，禋祀、实柴、槱燎之祀都是燃烧堆积柴薪，使烟气上闻于天神。但陈放在柴薪之上的祭品，依神的尊卑而有差别：禋祀用玉、帛、全牲；实柴之祀只有帛没有玉，牲体是经过节解的；槱燎之祀只有节解的牲体。

这里还要提到雩（yú）祭。农业时代危害人民最多的是旱灾，古人希望风调雨顺、五谷丰登，因而有祈谷于天的雩祭。雩祭分为"常雩"和"因旱而雩"两种。常雩是固定的祭祀，即使没有水旱之灾，届时必祭。常雩的时间，《左传》桓公五年说是"龙见而雩"。所谓"龙见"，是指苍龙七宿在建巳之月（夏历四月）昏时出现于东方，此时万物始盛，急需雨水，故每年此时有雩祭。因旱而雩是因发生旱灾而临时增加的雩祭，一般

北京天坛，明清两代举行祭天仪式的地方

隋文帝祈雨图

在夏、秋两季。冬天已是农闲，无旱灾之虞，所以《穀梁传》说"冬无为雩也"。

雩祭之礼，天子、诸侯都有。天子雩于天，称为"大雩"；诸侯雩于境内山川，只能称"雩"。大雩在南郊之旁筑坛，用盛乐、歌舞，称为"舞雩"，《公羊传》桓公六年（前706）何休注"使童男女各八人，舞而呼雩"，即是指此。雩祭的对象，除上天，还有"山川百源"（《礼记·月令》），即地面上所有的水源。

地祇 对地祇的祭祀，也依照尊卑分为三等。第一等是社稷、五祀、五岳，用血祭祭祀。所谓血祭，是用牺牲的血浇灌于地，使其气下达，及于地神。社是土神，稷是百谷之主，五祀是五行之神，五岳指东岳岱宗（泰山）、南岳衡山、西岳华山、北岳恒山、中岳嵩山，被认为是天下五方的镇山。

第二等是山林、川泽，用貍沈之祭。祭山林叫"貍"，祭川泽叫"沈"。貍即"埋"字，将牺牲、玉帛埋入土中，表示对土地、山林之神的祭奠。"沈"通"沉"字，是将牺牲、玉帛沉入川泽，以表示对川泽之神的祭奠。文献中不乏用"沈"的方式祭河神的记载，如《左传》襄公十八年（前555），晋伐齐，渡河前，献子在玉上系以红丝绳，祈祷于河神，然后"沈玉而济"；《左传》定公三年（前507），蔡昭侯从楚国回来，经过汉水时，"执玉而沈"等皆是。

此类祭祀的对象还有社稷、城隍、四方山川、五祀、六宗等。据《周礼·小宗伯》，王郊祭之后，还要望祭五岳、四渎、四镇。四渎指江、河、淮、济四条大河。四镇指扬州的会稽山、青州的沂山、幽州的医巫闾山、冀州的霍山，是四方的镇山。五岳、四镇、四渎各据一方，相隔辽远，难以一一往祭，所以在都城的四郊设坛，遥望而祭之，故称望祭。诸侯只能祭祀封地内的名山大川，所以自古有"祭不越望"之说。

第三等是四方百物，用疈（pì）辜之祭。四方百物，是指掌管四方百物的各种小神。疈是剖祭牲之胸，辜是将剖过的牲体进一步分解。这类祭祀对象有如户、灶、霤（liù）、门、行等"五祀"。《礼记·月令》说，春祀户，夏祀灶，中央祀中霤，秋祀门，冬祀行。五者与人们生活最为密切，厚于民生，应该报其功，所以要祭五者之神。

人鬼 人鬼之祭，主要是对祖先的祭祀。祭必于庙，周制，天子七庙，诸侯五庙，大夫三庙，士一庙。

《诗·小雅·天保》说："禴（yuè）祠尝烝（zhēng），于公先王。"禴、祠、尝、烝分别是春、夏、秋、冬四时的祭名，不同的文献所记略有小异，如禴或作礿（yuè），祠或作禘（dì）。所谓四时祭，就是每逢岁时之首，用时令蔬果祭祖。天子庙数众多，难以在一日之内遍祭，所以又有犆（tè）和祫（xiá）的区别。《礼记·王制》说："天子犆礿，祫禘、祫尝、祫烝。"犆，即"特"字，是单独的意思；犆礿，是说春祭是对群庙一一祭祀的。祫是合祭，就是将群庙的庙主集中在太祖庙致祭；夏、秋、冬三祭是祫祭。

对父祖的祭祀还大量集中在丧礼中，有奠、虞、卒哭、祔（fù）、小祥、大祥、禫（dàn）等名目，相当复杂。后世的人鬼之祭，并不限于先祖，还包括历代帝王、先圣先师、贤臣、先农、先蚕、先火、先炊、先医、先卜等。有关的情况，将另立专题介绍。

二　凶礼

《周礼·春官·大宗伯》说："以凶礼哀邦国之忧。"凶礼是指救患分灾的礼仪，包括荒礼和丧礼两大类，细目则有丧礼、荒礼、吊礼、禬（guì）礼、恤礼等五种。

丧礼 某国诸侯新丧，则兄弟亲戚之国要依礼为之服丧，以志哀悼，还要派使者前往吊唁，赠送助丧用的钱物等，都有特定的礼仪。丧礼是古代礼仪中最为重要的礼仪之一，其核心是通过对死者遗体的处理，来表达对死者的敬爱之情。与丧礼密不可分的是丧服制度，根据与死者的亲疏关系，有斩衰（cuī）、齐衰、大功、小功、缌麻等五种丧服，以及从三年到三月不等的服丧时间。因涉及的问题相当复杂，需要另文介绍。

荒礼 荒是指年谷不熟，也就是通常说的荒年。《逸周书·籴匡》将农业丰歉分为成年、年俭、年饥、大荒等四种情况。《周礼》所说的荒，还包括疫病流行在内。当邻国出现灾荒或传染病，民众面临生存危机时，应该用一定的方式表示同忧，如《礼记·曲礼》所说："岁凶，年谷不登，君膳不祭肺，马不食谷，驰道不除，祭事不县，大夫不食粱，士饮酒不乐。"或者直接贷给饥民粮食，《国语·鲁语》："国有饥馑，卿出告籴，古之制也。"《左传》襄公二十九年（前544），郑国发生饥荒，郑子皮"饩国人粟，户一钟"。或者移民通财，《孟子》梁惠王说："河内凶，则移其民于河东，移其粟于河内。河东凶亦然。"

儒家对荒礼提出的"散礼""薄征""缓刑""劝分""移民通财"等一系列原则，两汉政府曾具体加以运用。汉高祖二年（前205）六月，关中大饥，米价每斛万钱，民人相食，政府移民通财，"令民就食蜀汉"。汉文帝颁令，凡遇大灾，百姓可蠲免租税，称为"灾蠲"。成帝又开入粟助赈者赐爵的先例。光武帝建武五年（29）夏四月，旱灾、蝗灾并起，迫于饥饿而触犯法律者甚多。五月丙子下诏："非犯殊死，一切勿案，见徒免为庶人。"宽赦缓刑，以示哀矜。后汉顺帝永建三年（128）正月，京师地震，乃下诏散利，七岁以上的受伤害者，每人赐钱二千。经过历代政府不断完善，救荒赈灾成为重要礼制之一。

吊礼 邻国遭遇水火之灾，应该派使者前往吊问。鲁庄公十一年（前683）秋，宋国发生大水，鲁君派人前往慰问，说："天作淫雨，害于粢盛，如何不吊？"《左传》成公三年（前588）二月甲子，新宫（宣公之庙）灾，"三日哭"。《穀梁传》："三日哭，哀也，其哀礼也。"《汉书·成帝本纪》，河平四年（前25）三月，对因"水所毁伤困乏不能自存者，财振贷。其为水所流压死，不能自葬，令郡国给槥椟葬埋。已葬者与钱，人二千"。《宋史·徽宗本纪》，崇宁三年（1104）二月丁未，置"漏泽园"，瘗埋人骨，无使暴露。

襘礼 襘是会合财货的意思。邻国发生祸难，发生重大物质损失，兄弟之国应该凑集钱财、物品以相救助。《春秋》襄公三十一年（前546）冬，"会（襘）于澶渊，宋灾故"。《穀梁传》云："更宋之所丧财也。"意思是说补充宋国因灾祸而丧失的财物，使之尽快恢复正常的社会生活。

恤礼 恤是忧的意思。邻国发生外患内乱，应该派遣使者前往存问安否。

三　军礼

军与征战相关，也被列入礼的范围有两方面的理由。从理论上讲，王者以礼治国，使天下归于大同，必然会受到内部和外部的干扰，甚至兵火的威胁，因此《礼记·月令》说，需要命将选士，"以征不义，诘诛暴慢，以明好恶，顺彼远方"。礼乐与征伐，犹如车之两轮，缺一不可。

此外，军队的组建、管理等，也都离不开礼的原则。例如军队的规模，天子为六军，根据礼有等差的原则，诸侯的军队不得超过六军，而必须与国力相称，大国三军，次国二军，小国一军。当时的军力往往用战车的多少来衡量，所以又有天子万乘、诸侯千乘、大夫百乘的说法。军队必须按照礼的原则，严格训练，严格管理，《礼记·曲礼》说："班朝治军，莅官行法，非礼威严不行。"

上古有《司马法》一书，记述当时的军礼，可惜已经失传，研究者只能退而从《周礼》的记载来推求其概貌。《周礼·春官·大宗伯》中的军礼，包括大师之礼、大均之礼、大田之礼、大役之礼、大封之礼五种。

大师之礼 大师之礼，是指天子亲自出征的礼仪。天子御驾亲征，威仪盛大，是为了调动国民为正义而战的热情，所以《周礼》说："大师之礼，用众也。"郑玄注说："用其义勇也。"

天子亲征是一件重大的事件，《礼记·王制》说，出征前要举行"类乎上帝""宜乎社""造乎祢（nǐ）""祃（mà）于所征之地""受命于祖""受成于学"等礼仪。类、宜、造、祃都是祭名，祭祀上帝、社、祢（父庙）和所征之地，是为了祈求各方神灵的保佑，确保战争的胜利。受命于祖是为了告庙，并将神主请出，奉于军中。受成于学是为了决定作战的计谋。

此外，军队的车马、旌旗、兵器、军容、营阵、行列、校阅，乃至坐作、进退、击刺等，无不依一定的仪节进行。军队的日常训练，包括校阅、车战、舟师、马政等，都有严格的礼仪规定。得胜之后，又有凯旋、告庙、献俘、献捷、受降、饮至等仪节。

大均之礼 据《周礼·地官·小司徒》，古代的军队建制，以五人为一伍，五伍（二十五人）为一两，四两（一百人）为一卒，五卒（五百人）为一旅，五旅（二千五百人）为一师，五师（一万二千五百人）为一军。国家根据这一建制"以起军旅"（征兵），同时"以令贡赋"（分摊军赋），也就是说，应征的士兵必须自备车马、盔甲等。这种做法，是与当时兵农合一的社会状况相适应的，出则为兵，入则为民。大均之礼意在平摊军赋，使民众负担均衡。唐宋以后，随着社会的变化，军礼中不再有这一条。

大田之礼 古代诸侯都亲自参加四时田猎，分别称为春蒐（sōu）、夏苗、秋狝（xiǎn）、冬狩，故称大田之礼。田猎的主要目的，是检阅战车与士兵的数量、作战能力，训练其在未来战争中的协同配合。

大役之礼 大役之礼，是为了营造宫邑、堤防等而役使民众。大役之礼要求根据民力的强弱分派任务，这也就是孔子所说的"为力不同科"的思想。

大封之礼 诸侯相互侵犯，争夺对方领土，使民众流离失所。当侵略一方受到征讨之后，要确认原有的疆界，聚集失散的居民。古代疆界都要封土植树，故称大封之礼。

四　宾礼

《周礼·春官·大宗伯》："以宾礼亲邦国。"在宗法社会中，天子与诸侯之间，大多有亲戚关系。为了联络感情，彼此亲附，需要有定期的礼节性会见。据《周礼》，宾礼就是天子、诸侯接待宾客的礼仪，其名目有六种："春见曰朝，夏见曰宗，秋见曰觐，冬见曰遇。"六服之内的诸侯，按照季节顺序，轮流进京朝见天子；"时见曰会"，是王将要征伐不顺服的诸侯时，其他诸侯觐见天子；"殷见曰同"，是天子十二年未巡守，四方诸侯齐往京师朝见。诸侯之间，也要定期相聘问，有关的礼仪，将另立专题介绍。

朝礼　朝礼包括天子的五门（皋门、库门、路门、雉门、应门）、三朝（外朝、治朝、燕朝）、朝位（三公、孤、卿、大夫等在朝廷中站立的位置）、朝服（冠冕、带韠〔bì〕、黼〔fǔ〕黻〔fú〕、佩玉等）等，以及君臣出入、揖让、登降、听朝等的礼仪。

西周时，王每日视朝，与群臣议政。汉宣帝每五日一上朝。后汉减省为六月、十月朔朝，其后又以六月盛暑为由而去之，所以一年仅十月朔临朝。魏晋南北朝有朔望临朝的制度。朔、望日的上午，公卿在朝堂议论政事；午后，天子与群臣共议。隋高祖勤于政事，《隋书·高祖本纪》说："上每旦临朝，日昃不倦。"唐代的视朝制度，九品以上的官员每月朔、望上朝；文官五品以上每日上朝，故称常参官；武官三品以上三日一朝，称九参官；五品以上五日一朝，号六参官。

到唐代，开始在京师为外地的官员设置邸舍。唐初，各地都督、刺史充考使到京师等候朝见，都是各自租赁屋舍而居，往往与商人杂处，不成体貌。贞观十九年（645），唐太宗下诏，就京城内的闲坊，建造邸第三百余所。对官员上朝的服装有了严格的规定。朝廷的礼仪规范也日益细密。

相见礼 古代人际交往的礼仪，并非局限于天子、诸侯之间，在士与士之间也有相应的礼仪，《仪礼》有《士相见礼》记载上古时代士相见，以及士见大夫、大夫相见、大夫庶人见于君、燕见于君、言视之法、侍坐于君、士大夫侍食于君等的礼节。以此为基础，历代的相见礼有所变化和发展。

蕃王来朝礼 据《明集礼》，洪武初年制定蕃王来朝礼。蕃王来朝，到达龙江驿后，驿令要禀报应天府，再上达中书省和礼部。应天知府奉命前往龙江驿迎劳。蕃王到达下榻的宾馆后，省部设宴款待。然后由司仪导引，到奉天殿朝见天子，到东宫拜见皇太子。朝见完毕，天子赐宴。接着，皇太子、省、府、台一一设席宴享。蕃王返回，先后向天子、皇太子辞行，然后由官员慰劳并远送出境。其间的每一个程序都有"仪注"加以规范。

五 嘉礼

《周礼·春官·大宗伯》："以嘉礼亲万民。"嘉礼是饮食、婚冠、宾射、燕飨、脤（shèn）膰（fán）、贺庆之礼的总称。嘉是善、好的意思。嘉礼是按照人心之所善者制定的礼仪，故称嘉礼。

饮食之礼　国君通过宾射、燕飨之礼，与宗族兄弟、四方宾客等饮酒聚食，以联络和加深感情，所以说"以饮食之礼亲宗族兄弟"。

婚冠之礼　古代男子二十而冠，女子许嫁，十五而笄，有冠笄之礼，表示成年。成年男女用婚礼使之恩爱相亲，所以说"以婚冠之礼亲成男女"。

宾射之礼　古代乡有乡射礼，朝廷有大射礼。在射礼中，即使有天子参与，也必须立宾主，所以称宾射之礼。射礼主为亲近旧知新友，所以说"以宾射之礼，亲故旧朋友"。

燕飨之礼　四方前来朝聘的诸侯，是天子的宾客。天子要通过燕飨的方式，与之相亲。所以说"以燕飨之礼，亲四方之宾客"。

脤膰之礼　脤（shèn）膰（fán）是宗庙社稷的祭肉。在祭祀结束后，将脤膰分给兄弟之国，借以增进彼此的感情，所以说"以脤膰之礼，亲兄弟之国"。

贺庆之礼　对于有婚姻甥舅关系的异姓之国，在他们有喜庆之事时，要致送礼物，以相庆贺。所以说"以贺庆之礼，亲异姓之国"。

巡守礼 《礼记·王制》说"天子五年一巡守"，《周礼·大行人》则说天子十二年"巡守殷国"。《易·观卦》说，王者要"省方、观民、设教"，意思是说，天子要巡省方国，以观民俗而设教。据文献记载，上古时代帝王有定期巡守的制度。《尚书·尧典》说，舜在巡守之年的二月，东巡守到达岱宗（泰山）；五月，南巡守到达南岳；八月，西巡守到达西岳；十一月，北巡守到达北岳。舜所到之处，要祭祀当地的名山大川，观察风俗民情，并听取诸侯的述职，考论政绩，施行赏罚。秦始皇曾到各地巡守。《后汉书·世祖本纪》说，光武帝曾经于建武十七年（41）南巡守、十八年西巡守、二十年东巡守。

即位改元礼 古人从理论上回溯历元的起点，把甲子年、甲子月、甲子日的子夜，且又适逢为冬至的这一时间称为初元（或者上元）。政权的更迭，往往选择元日，据《尚书》记载，唐虞禅让，就选择在"正月上日"，上日就是朔日。《春秋》新君即位，必称元年，《公羊传》隐公元年（前722）解释说："元者何？君之始年也。"意在"体元居正"。一般来说,《春秋》遭丧的当年,无论在哪个月,新君都继续沿用旧君的纪年,而到次年正月元日才告庙即位,这既是为了使新君从"新元"开始纪年,也有整齐王年的意义。汉武帝根据有司的提议,按顺序使用建元、元光、元朔、元狩、元鼎、元封的年号,成为最早使用年号的帝王。后汉光武帝是第一位举行即位大典的君王,从此,帝王即位必有盛典,典礼的仪式也日益繁复。

嘉礼的范围很广,除上述诸礼,还包括正旦朝贺礼、冬至朝贺礼、圣节朝贺礼、皇后受贺礼、皇太子受贺礼、尊太上皇礼、学校礼、养老礼、职官礼、会盟礼,乃至观象授时、政区划分,等等。

4

礼的要素

清帝祭月坛朝服

礼的种类纷繁复杂，礼的样态千差万别，但都包含有某些基本要素。学术界对于礼的要素究竟包括哪几项，看法不尽一致，大体说来，有礼法、礼义、礼器、辞令、礼容、等差等几项。

一　礼法

所谓"礼法"，是指行礼的章法、程式。儒家制礼，希冀为万世作法式，是要供生活在不同空间、时间中的人们使用的。因此，礼必须有严格的操作程序，包括行礼的时间、场所、人选，人物的服饰、站立的位置、使用的辞令、行进的路线、使用的礼器，以及行礼的顺序，等等，这就是礼法。《仪礼》一书，就是先秦各种礼仪的礼法汇编。如《燕礼》是诸侯与群臣燕饮的礼仪，但这类燕饮并非酗酒嬉闹，而有严格的仪节规范，计有告戒设具、君臣各就位次、命宾、请命执役者、纳宾、主人献宾、宾酢主人、主人献公、主人自酢于公、主人酬宾、二人媵爵于公、公举媵爵酬宾遂旅酬初燕盛礼成、主人献卿或献孤、再请二大夫媵爵、公又行爵为卿举旅燕礼之再成、主人献大夫兼有胥荐主人之事、升歌、公三举旅以成献大夫之旅、奏笙、献笙、歌笙间作遂合乡乐而告乐备、立司正命安宾、主人辨献士及旅食、因燕而射以乐宾、宾媵觯于公公为士举旅酬、主人献庶子以下于阼阶、燕末无算爵无算乐、燕毕宾出、公与客燕等二十九节，节节相扣。若有违反，就是"失礼"。

礼法是礼的外在形态，其特点是具有强烈的规定性，是礼的运作依据，也是判断礼与非礼的标准。例如，礼法规定，天子在堂上见诸侯，是对君臣名分的规定，而周夷王下堂见诸侯，名分已乱，所以君子讥其为"非礼"，认为是乱政的征兆。《左传》中有许多类似的记载，读者可以检阅，限于篇幅，此不赘举。

礼法的推广与运用，使我国不同方言、不同风俗的人们有了共同的文化形态，而且不管走到哪里，彼此都会有文化认同感。

二　礼义

如果说礼法是礼的外壳，那么礼义就是礼的内核。礼法的制定，是以人文精神作为依据的。如果徒具仪式，而没有合理的思想内涵作为依托，礼就成了没有灵魂的躯壳。所以孔子反对行礼以器物仪节为主，强调要以礼义为核心，他说："礼云礼云，玉帛云乎哉？乐云乐云，钟鼓云乎哉？"（《论语·阳货》）认为玉帛、钟鼓不过是表达礼义的工具。《仪礼》一书，以记载礼法为主，对礼义很少涉及。《礼记》一书，则以推明《仪礼》的礼义为主旨，发微索隐，说解经义。《礼记》的最后几篇的《冠义》《昏义》《乡饮酒义》《射义》《燕义》《聘义》，就是分别说解《仪礼》的《士冠礼》《士昏礼》《乡饮酒礼》《乡射礼》《聘礼》的礼义的。其余各篇也都是以讨论礼义为主，只是议题没有上述七篇集中罢了。

从宏观上看，礼的设定都有很强的道德指向，如"燕礼者，所以明君臣之义也。乡饮酒之礼者，所以明长幼之序也"（《射义》）。儒家的丧服制度极为复杂，但绝非无的放矢，几乎每一处都含有尊尊亲亲之义，

《礼记》的《丧服四制》对此作了明晰的说解，认为丧服制度是"取于仁、义、礼、知"。

在礼仪的具体环节上，也无不体现礼义。如《仪礼·聘礼》规定，诸侯相聘，以玉圭为贽。为什么要以玉圭为贽呢？郑玄解释说："君子于玉比德焉。以之聘，重礼也。"可见礼法规定以玉圭为贽，是要体现重德、重礼的思想。但是，礼法又规定，在聘礼结束时，主人一方要"还贽"，也就是要将玉圭奉还给对方。为什么接受之后又要归还呢？郑玄解释说："还之者，德不可取于人，相切厉之义也。"可见，聘礼中送、还玉圭，是要表现彼此以德行相切磋、砥砺的思想。

三　礼器

礼器是指行礼的器物，礼必须借助于器物才能进行。使用何种礼器行礼，以及礼器如何组合，都传达着礼义的信息，古人说"藏礼于器"，就是这个道理。礼器的范围很广，主要有食器、乐器、玉器等。食器，通常有鼎、俎、簠（fǔ）、簋（guǐ）、笾（biān）、豆，以及盘、匜（yí），等等。古时宴饮，先要将牛、羊、豕等牲体在镬（huò，类似于今天的锅）中煮熟，然后用匕（一种头部尖锐的取食器，用棘木、桑木或者青铜制作，长三尺或五尺）取出来，放入鼎内，调和入味。为了保温和防灰，要加上盖子。鼎盖称为"鼏"（mì），一般用茅编织而成，但出土实物中也有用青铜制作的。将鼎从庖厨移送到行礼的场所，是用"鉉"贯穿鼎的两耳抬走，"鉉"就是专用的杠子，文献中又写作"扃"（jiōng）。鼎不是食器，所以食用之前，要再次用匕将肉从鼎中取出，放在俎（载放牲体的器物，又称"房俎"或"大房"）上，然后再陈设在食案上。鼎与俎是配套使用的，所以在礼器的组合中，数量总是相同。

除了鼎俎，盛食器还有簠、簋和笾、豆。簠是盛黍稷的长方形器皿，簋是盛稻粱的圆形器皿，两者都有盖。在礼器的组合中，鼎与簋最为重要，但前者用奇数，后者用双数，如天子用九鼎八簋，诸侯用七鼎六簋，大夫用五鼎四簋，等等。笾与豆的形状相似，但由于两者所盛的食品不同，质地也就不同。笾是盛脯（肉干）、枣、栗等干燥食物用的，所以是用竹子做的。豆则是盛菹（zū，腌渍的蔬菜）、醢（hǎi，肉酱）等有汁的食物用的，所以是木制。笾与豆通常也是配合使

西周伯公父簠

西周宜侯夨簋

春秋楚王子午青铜鼎（附匕）

纹饰漆木俎

雕花漆木豆

用的，而且都用双数，所以，《礼记·郊特牲》说"鼎俎奇而笾豆偶"。

礼器中的酒器，又可以分为盛酒器和饮酒器两大类。盛酒器主要有尊、甒（wǔ）、罍（léi）、卣（yǒu）、壶、缶（fǒu）等，它们在礼仪场合中陈设的位置以及体现的尊卑每每不同，《礼记·礼器》说："门外缶，门内壶，君尊瓦甒。"可见缶与壶是内外相对陈设的。瓦甒是君之尊，而罍是臣所用，不能混同。卣是盛郁鬯（chàng，用香草调制的酒）的器皿。盛酒器通常要陈放在被称为"禁"或"棜（yù）"、"斯禁"的底座上。它们的区别是，"禁"有足，而"棜""斯禁"没有足。饮酒器有爵、觯（zhì）、觚（gū）、觥（gōng）等。它们除外形不同，容积也不同，爵为一升，觚为二升，觯为三升。觥（文献又写作"觵"）在饮酒器中容量最大，所以在君臣宴饮等场合，常常用作罚酒之器。

乐器主要有钟、磬、鼓、柷（zhù）、敔（yǔ）、瑟、笙等。天子、诸侯迎宾和送宾要"金奏"，即奏钟、镈（bó），而以鼓磬相应。镈如钟而大，其作用是控制编钟的音乐节奏。金奏一般在堂下进行。乡饮酒礼、燕礼等在献酬的仪节结束后，有升歌、笙奏、间歌、

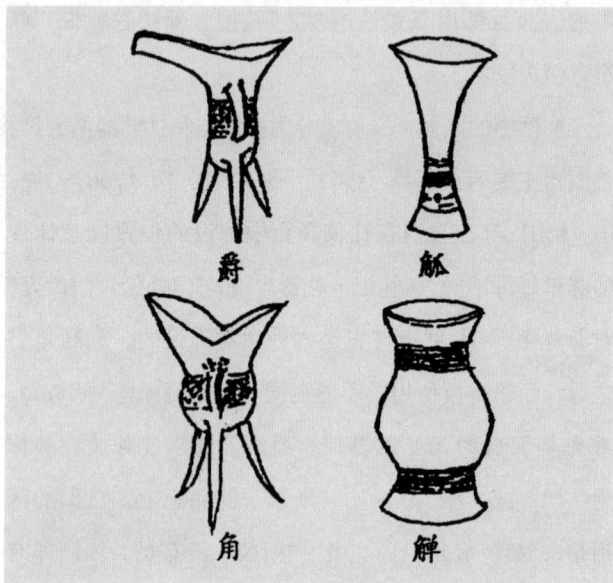

西周酒礼器

合乐等节目。升歌，是歌者升堂歌《诗》，弹瑟者在堂
上伴奏。笙奏，是吹笙者在堂下吹奏《诗》篇。间歌，
是升歌与笙奏轮番进行。合乐，则是升歌与笙奏同时
进行。大夫送宾用鼓。柷，状如漆桶，方二尺四寸，深
一尺八寸，中间有椎，摇动之则自击，奏乐之始，都
先要击柷。敔，状如伏虎，木制，背部有刻，划之则
乐止。

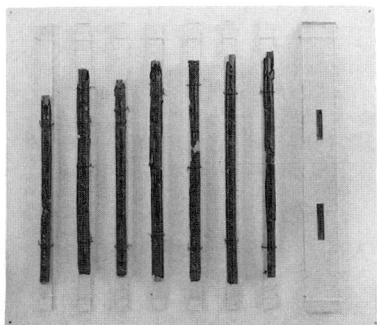

战国彩绘绚纹笙

商代牛首纹青铜镈钟

清代的柷

战国魏编磬

清代的敔

古礼中使用的玉器很多，有璧、琮、圭、璋、琥、璜等。每一类之下，又细分为若干种，如璋有大璋、中璋、边璋、牙璋、瑑（zhuàn）璋等名目。玉器的使用也很广泛。首先是等级的象征。例如，不同形制的玉圭和玉璧，代表着主人的不同身份，《周礼·春官·大宗伯》说，天子执镇圭，长一尺二寸；公执桓圭，长九寸；侯执信圭，长七寸；伯执躬圭，长七寸；子执谷

璧（齐家文化）

鸟兽纹璜（春秋早期）

神像飞鸟纹琮（良渚文化）

璋（商代早期）

璧；男执蒲璧。其次是用于祭祀。《周礼·春官·大宗伯》说："以玉作六器，以礼天地四方。以苍璧礼天，以黄琮礼地，以青圭礼东方，以赤璋礼南方，以白琥礼西方，以玄璜礼北方。"此外，祭祀天地、山川等神祇，也多以玉器为奉献之物。在诸侯交聘时，以玉为贽；在军队中，以玉为瑞信之一；在诸侯生活中，用玉圭聘女；在丧礼中，用玉器敛尸，等等，不能备举。

四　辞令

礼是人际交往，或者沟通人与神的仪式，因此辞令必不可少。孔子以德行、言语、政事、文学等四个科目教授弟子，言语即辞令。古礼中的辞令，一般有规定的格式，《礼记·少仪》中记载的许多礼仪场合的辞令都是如此，如第一次去见仰慕的君子，到达门口时要说"某固愿闻名于将命者"，意思是说，希望自己的名字能通闻于传命者。这是一种委婉的说法，表示不敢直接通姓名于君子，含有自谦和敬重君子的意思。如果逢公卿之丧，前往助丧，要说"听役于司徒"，意思是听命于丧家的派遣，无论轻重，不敢推辞。国君要出访，如果臣下将奉献金玉货贝之类的财物，以充国君路途之用，应该说"致马资于有司"，意思是所献之物微薄，聊充车马之资而已，所以只能致送于随行的有司。如果馈赠的对象与自己的地位相当，也应该自谦，要说"赠从者"，意思也是说，不过是聊补左右从行者之用的薄资而已。以上都是古代通行的礼貌用语，不会使用就是失礼的表现。此外，《仪礼·士昏礼》的纳采、问名、纳吉、纳征、请期等仪节，以及父母、庶母送女，都有规定的辞令。《仪礼·士相见礼》主客双方的问答之语，也有固定的格式。祭天地之神及禴祭祖先时，祝者的致辞也有统一的文字，致祭者只需更换其中的主语即可。类似的例子，不胜枚举。这些辞令简洁明快，温文尔雅，经过制礼者的反复斟酌，行礼时直接套用即可。

需要指出的是，礼仪场合对于称谓有特殊的规定，《仪礼·觐礼》说："同姓大国则曰伯父，其异姓则曰伯舅。同姓小邦则曰叔父，其异姓则曰叔舅。"可见天子称呼伯父、叔父、伯舅、叔舅都有特定的含义。《礼记·曲礼下》说："夫人自称于天子曰老妇，自称于诸侯曰寡小君，自称于其君曰小童。"即畿内诸侯的夫人对天子、自己的丈夫、别国诸侯的自称都不相同。各种称谓不得混同使用。《礼记·曲礼下》说："天子之妃曰后，诸侯曰夫人，大夫曰孺人。""夫人"与"孺人"不能混用。今天，每每有人向别人介绍自己的妻子时称"夫人"，这是自大的表现，为知礼者所耻笑。

另一种辞令没有规定格式，需要临场发挥。《公羊传》庄公十九年（前675）说："聘礼，大夫受命不受辞。"在出使之前，无法一一预料到对方的问话，作为使者的大夫，只能随机回答，有的于此大展才华，也有的因此露拙出丑，《左传》《国语》等典籍中有许多这一类的记载，此不赘举。

五 礼容

礼容，即行礼者的体态、容貌等，为行礼时所不可或缺。礼义所重，在于诚敬。既是出于诚敬，则无论冠婚、丧祭、射飨、觐聘，行礼者的体态、容色、声音、气息，都必须与之相应，所以《礼记·杂记下》说："颜色称其情，戚容称其服。"《论语·乡党》记载了孔子在乡学、宗庙、朝廷等不同场合时的礼容，如趋朝时：

入公门，鞠躬如也，如不容。立不中门，行不履阈。过位，色勃如也，足躩如也，其言似不足者。摄齐升堂，鞠躬如也，屏气似不息者。出，降一等，逞颜色，怡怡如也。没阶，趋进，翼如也。复其位，踧（cù）踖（jí）如也。

公门是国君治朝之门，相当高大，而孔子曲身而入，似乎不能容身（"鞠躬如也，如不容"）。进门时一定要走门的右侧，而不走门中，因为门中是国君出入的地方；也不踩门限（"阈"），那样是不恭敬的表现。门、屏之间，是国君伫立的位置，即使国君不在，经过时也必定正色，快步而行，不敢放肆。将要升堂时，两手抠衣使下摆离地一尺左右（"摄齐"），唯恐因踩着后跌倒而失容。接近国君时，再次曲身，气容严肃，如同屏住呼吸一般。出去时，走下一级台阶才舒气解颜（"逞颜色"），气色和悦。下完台阶，快步向前，如同鸟翔一样。回到上堂之前站立的位置，犹存"踧踖"（恭敬）之貌。可见孔子十分看重礼容，在不同的礼仪场合，形色或愉悦，或敬谨，或勃如，或变色，都随仪节、场景的变化而转换。

行礼是为了表达内心情感，如果仅有仪节而没有礼容，则礼义无从体现，称"仪"犹可，称"礼"则断然不可。礼书中有关礼容的记载很多，如《礼记·祭义》云：

> 孝子将祭祀，必有齐庄之心以虑事，以具服物，以修宫室，以治百事。及祭之日，颜色必温，行必恐，如惧不及爱然。其奠之也，容貌必温，身必诎，如语焉而未之然。宿者皆出，其立卑静以正，如将弗见然。及祭之后，陶陶遂遂，如将复入然。

又如《礼记》的《少仪》《玉藻》篇中有"祭祀之容""宾客之容""朝廷之容""丧纪之容""军旅之容""车马之容"，等等。郭店楚简《性自命出》也提到"宾客之礼，必有夫齐齐之颂（容）；祭祀之礼，必有夫齐齐之敬；居丧，必有夫恋恋之衣（哀）"。《礼记·玉藻》还记载了君子见尊者时的礼容（括号内为郑注）：

> 君子之容舒迟，见所尊者齐遫（sù，谦悫貌也），足容重（举欲迟也），手容恭（高且正也），

目容端（不睇视也），口容止（不妄动也），声容静（不哕欬［yuě hài］也），头容直（不倾顾也），气容肃（似不息也），立容德（如有予也），色容庄（勃如战色），坐如尸（尸居神位，敬慎也）。

详及于头、手、足、目、口、声、气、色等，几乎遍于全身。贾谊的《新书》说"容有四起"，把礼容分为朝廷之容、祭祀之容、军旅之容、丧纪之容等四类。其中《容经》篇有立容、坐容、行容、趋容、跸旋之容、跪容、拜容、伏容等，科条细密，已成专门之学。

西汉时，礼容的传授，有专门的职官系统。据《汉书·儒林传》，汉初，高堂生传《仪礼》，而"鲁徐生善为颂"。"颂"，就是容貌。孝文帝时，徐生以擅长礼容而升为礼官大夫。徐生的孙子徐襄"资性善为颂"，"亦以颂为大夫，至广陵内史"。徐生的另一位孙子徐延以及徐氏弟子公户满意、桓生、单次后来都当过礼官大夫，"诸言《礼》为容者由徐氏"。颜师古注引苏林曰："《汉旧仪》有二郎为此颂貌威仪事。有徐氏，徐氏后有张氏……天下郡国有容史，皆诣鲁学之。"可知西汉因善"颂"而官至礼官大夫的，就有徐生及其孙徐延和几位弟子。在地方郡国，则有"容史"之官与朝廷的礼官大夫相对应。郡国的容史，都要诣鲁专门学习礼容，方可取得为官的资格，其内容之繁复和规范之严格不难想见。汉代传《仪礼》，同时传"颂"，原因很简单，在作为礼经的《仪礼》中，几乎没有关于颂的记述，传经时若无人示范，则学者无从知晓。仪节再全，而无容貌声气与之相配，则礼义顿失。

儒家认为，尽管礼容是内心德行的外化，有德行者，容貌必然与之相称。但礼容并不总是被动地从属于德行，它也可以反作用于德行。容貌不庄敬，就会伤于德。《礼记·祭义》说："心中斯须不和不乐，而鄙诈之心入之矣。外貌斯须不庄不敬，而慢易之心入之矣。"因此，保持合于礼的容貌，有利于保有或养成内心的德行。礼容之美，来自对"仁"的体认与逐步接近，只有真正的仁者，才能达到内心之美与容色之美的高度和谐。

六　等差

等差是古代礼仪最重要的特性之一，也是礼与俗的主要区别之一。不同等级的人，行不同等级的礼，如郊天、大雩为天子之礼，诸侯、大夫不得僭越。彼此的礼数有严格的等差。等级越高，礼数越高。

《礼记·礼器》说，礼通常是由礼器的大小、多少、繁简等来表示礼数的高低的，这可以分为以下几种情况。一是"礼有以多为贵者"，宗庙之数，天子七庙，诸侯五庙，大夫三庙，士一庙。行礼时盛食用的豆，天子二十六，诸公十六，诸侯十二，上大夫八，下大夫六。上古没有椅子，席地而坐，坐席的多少也有区别，天子之席五重，诸侯之席三重，大夫再重。天子崩，七月而葬，五重八翣（shà，棺饰）；诸侯五月而葬，三重六翣；大夫三月而葬，再重四翣。器物的数量越多、器物越大，行礼的时间越长。二是"礼有以高为贵者"，如天子之堂九尺，诸侯七尺，大夫五尺，士三尺。三是"礼有以大为贵者"，宫室、器皿、丘封等，都以大为贵，棺椁也以厚为贵。四是"礼有以文为贵者"，愈尊者，文饰愈复杂，如祭冕服，天子龙衮，诸侯黼，大夫黻，士玄衣纁裳；天子之冕，朱绿藻十有二旒（liú），诸侯九，上大夫七，下大夫五，士三。乐舞中，舞者以八人为一列，称为一"佾"，天子八佾、诸侯六佾、卿大夫四佾、士二佾。乐器的数量也有等差，《周礼·春官·小胥》："凡县（悬）钟磬，半为堵，全为肆。"根据郑玄的解释，十六枚钟或磬悬挂在同一个"簨（jù，钟架）"上，称为"一堵"，钟一堵、磬一堵，称为"一肆"。乐器的陈设，天子四肆，即室内的四面墙各一肆，称为"宫悬"；诸侯去其南面一肆，只有三肆，称为"轩悬"；大夫又去其北面一肆，只有东、西两肆，称为"判悬"；士则只有东方一肆，称为"特悬"。

但礼数的高低，并非都以大而复杂为标准，也有几种相反的情况。一是"礼有以小为贵者"，宗庙之祭，贵者献以爵，贱者献以散；尊者举觯，卑者举角。爵的容量为一升，散为五升，所以前贵后贱。觯的容量为三升，角为四升，所以前尊后卑。二是"礼有以素为贵者"，大圭不琢，大羹不和，大路素而越席。大圭是天子祭祀时插在绅带之间的玉器，或称为珽，不加雕琢。大羹是煮肉汁，不加盐菜，不致五味。大路，或作大辂，是殷代祭天用的木车，几乎不加装饰，上面铺的是蒲席（越席）。三是"礼有以少为贵者"，如天子祭天，天神至尊无二，所以天子祭天用"特牲"，即一头牛。诸侯奉侍天子，犹如天子事天，故天子巡视到诸侯境内时，诸侯也以一牛为膳进献之。食礼有劝食，天子仅一食即告饱，诸侯再食，大夫三食，原因是尊者常以德为饱，不以食味为重，诸侯、大夫之德递降，所以食数也随之递增。

5

礼与乐

《女史箴图》中的奏乐图

在儒家的礼仪文化体系中，礼与乐相辅相成，两者的关系形同天地，《礼记·乐记》说："乐由天作，礼以地制。"礼乐结合就是天地万物秩序的体现，"乐者，天地之和也；礼者，天地之序也。和，故百物皆化；序，故群物皆别。"礼与乐密不可分，以至可以说：没有乐的礼不是礼，没有礼的乐不是乐。

中国传统的乐的观念，有特定的内涵和深刻的哲理，不能与现代的"音乐"等量齐观。《礼记·乐记》说："乐者，非谓黄钟大吕、弦歌干扬也，乐之末节也。"乐的大节是德，这是中国与世界诸古文明的音乐思想相区别的基本点。

一　德音之谓乐

儒家的音乐理论中，声、音、乐是三个不同层次的概念。声与音的区别在于，音有节奏、音调，而声没有。通常将声称为噪声，将音称为乐音。人与动物都有听觉，能够感知外界的声响。不同的是，动物一般不能识别声与音，而人不仅有感知音的欲望，而且能利用声的特性构成乐音，来满足自己感官的需要。是否懂得乐音，是人区别于禽兽的重要标志，所以《乐记》说："知声而不知音者，禽兽是也。"

在外物的作用下，人心会跃动而起。因外物作用的强弱不同，人的情感表现为不同的层次，《毛诗序》说："情动于中而形于言，言之不足，故嗟叹之，嗟叹之不足，故永歌之，永歌之不足，不知手之舞之、足之蹈之也。"手舞足蹈再配上歌曲，是心情达到极致时的表现，《吕氏春秋·古乐》说，上古葛天氏的乐舞，以三人为一组，"操牛尾投足以歌《八阕》"就是生动的写照。

儒家认为，音是经过文饰的人类心声。《乐记》说："凡音者，生人心者也。情动于中，故形于声。声成文，谓之音。"意思是说，只有发自内心而又"成文"（有节奏）的声，才能称为"音"。

乐音出于人心，但又能成为一种新的外物，给人心以反作用。乐音种类很多，可以是端庄的，也可以是张狂的；可以是细腻的，也可以是粗犷的；它给人以不同的感受，诱导着人的情感发生与转换。犹如今日的古典音乐与摇滚音乐，尽管都属于乐音的范围，但给听众的感受是完全不同的。儒家尤其注重乐音对人心的影响，主张乐音应该有益于人的教化，而不是为了刺激感官。认为以君子之道作为主导的乐音，有益于人类的进步；以满足感官刺激作为主导的乐音，会将社会引向混乱。所以《乐记》说："君子乐得其道，小人乐得其欲。以道制欲，则乐而不乱；以欲忘道，则惑而不乐。"乐音有不同的层次，低层次的乐音悖逆天道中庸的原则，对人性的宣泄毫无节制，会引导人走向颓靡或暴戾的极端，最终毁灭人性，是亡国之音。而高层次的乐音是天道的体现，使人在享受音乐的同时，受到道德的熏陶，涵养心性，是入德之门。因此，对乐音要有所选择，儒家将最高层次的音称为"乐"。《乐记》说："夫乐者，与音相近而不同。"只有合于道的音，才能被称为乐。是否懂得音与乐的区别，十分重要，所以《乐记》又说："知音而不知乐者，众庶是也。唯君子为能知乐。"唯有君子才懂得真正的乐。

春秋时期有古乐与新乐之争。所谓古乐，是黄帝、

金声玉振

尧舜以来，圣贤相传的雅乐，如黄帝之乐《咸池》，尧之乐《大章》、舜之乐《韶》，禹之乐《夏》，等等，节奏缓慢庄重，富有寓意。新乐则是时人所作的淫声乐曲，恣意放荡，无思想内涵可言。《乐记》记载了魏文侯向子夏问乐的对话。魏文侯对子夏说：我端冕而听古乐，总是担心会睡着；而听郑、卫之音，就不知疲倦。请问原因何在？子夏说：古乐进退齐一，没有奸声，弦匏笙簧，相互配合，奏乐始于击鼓，舞毕击金铙而退。君子聆听到此，可以说出古乐的义理，然后思索修身齐

生民未有

家，均平天下。新乐不然，行伍杂乱，奸声滥溺，舞者如猴戏，男女混杂，尊卑不别。乐曲终了，君子不知所云。魏文侯好乐舞，但却是知音而不知乐，子夏讥笑他说"今君所问者乐也，所爱者音也"。古乐是圣人确立的父子君臣的纪纲之后，"正六律，和五声，弦歌诗、颂"，配以乐器、辅以舞蹈、加以节文的作品，所以子夏说"德音之谓乐"。而新乐"淫于色而害于德"，不能被称为乐，所以，有道君王万万不敢将它搬进宗庙祭祀祖先。

二 盛德之帝必有盛乐

　　既然乐是德音，乐曲的高下又涉及乡风民俗的善否，所以，制礼作乐就不是普通之人所能措手的事。《中庸》说："虽有其位，苟无其德，不敢作礼乐焉。虽有其德，苟无其位，亦不敢作礼乐焉。"可见，必须是有其德、有其位者才有制礼作乐的资格。《乐记》说："王者功成作乐，治定制礼。其功大者其乐备，其治辩者其礼具。"认为只有大功告成、天下大治的王者，才配制礼作乐。

　　儒家说乐是德之音，是因为他们所推崇的乐，都是上古盛德之帝的作品。盛德之帝必有盛乐。黄帝是人文初祖，曾命乐官伶伦创作乐律。伶伦取嶰溪之谷的竹子，断为三寸九分长的两节，以吹出的音为黄钟之宫。然后以此为本，听凤凰之鸣，制为十二律，雄鸣、雌鸣各六，乐章叫《咸池》。颛顼命飞龙作效八风之音，名之为《承云》，用以祭祀上帝。帝喾时作《唐歌》，又发明鼙鼓、钟磬、吹苓、管埙、篪（chí）鼗（táo）、椎钟等乐器，合奏声起，凤鸟为之起舞。帝尧祭上帝的乐曲叫《大章》，乃是仿效山林溪谷之音而作，用麋皮做的鼓和石磬伴奏，百兽也为之起舞。舜时发明了二十三弦的瑟，又谱成《九招》《六列》《六英》等乐曲，以昌明舜德。

历史上，凡是勤劳天下、吊罪伐恶的君王，都有专门的乐章。大禹治水，万民欢欣，于是舜命皋陶作《夏迭》九章，以表彰其功。汤商伐桀，黔首安宁，汤命伊尹作《大护》之舞、《晨露》之歌，以展现其善。牧野之战，武王克商，于是命周公作《大武》。成王时，殷民叛乱，用象群为虐于东夷。周公奉命东征，驰师驱逐之，于是作《三象》，以嘉其德。相传夔开始制乐奖赏诸侯，《乐记》说："故天子之为乐也，以赏诸侯之有德者也。德盛而教尊，五谷时熟，然后赏之以乐。"

可见，儒家的所谓"德音"，是德治之音，是指至治之极在音乐上的体现。唯有这样的音乐，才能奏于庙堂，播于四方，化育万民。至此，我们明白一个道理：春秋时期是乐器、乐理高度发达的时代，这由曾侯乙编钟可以得到证明。但是，为什么孔子称之为"礼崩乐坏"的时代？根本原因在于，春秋时代盛行的是新乐，是纯粹的音乐学意义上的乐。从儒家的音乐理论来判断，它们尽管华美之至，但都是昏君乱臣的作品，表现的是声色犬马的狂热，完全悖逆了德治的精神，失却了音乐的灵魂，所以是衰世之乐、败坏之乐。

三 音乐通乎政

儒家十分看重音乐的作用，认为音乐与政治相通，可以作为判断为政得失的一项指标。《乐记》说："声音之道，与政通矣。"《吕氏春秋·适音》也说："凡音乐通乎政。"

《礼记·王制》等文献记载，上古帝王有定期到四方巡守的制度，所到之处，地方官要展示当地流行的民歌，作为述职的内容之一。《吕氏春秋·适音》也说："故有道之世，观其音而知其俗矣，观其政而知其主矣。"君王考察民歌，就可以了解地方官是否为政以德，民风是否淳朴。发现纯正无邪的民歌，则由随行的官员记录下来，带回去推广，此即所谓"采风"。《诗经》中的十五国风，就是十五国的民歌。相传，其中的周南、召南，就是周公和召公采风所得。

观乐为何可以知政？主要有两方面的原因。

其一，君王是万民之主，君王的喜好，如日月经天，为万民仰望，直接影响到民风的走向，所谓"上有所好，下必甚焉"。所以，连乐器是否合于规制，都指示着国家的命运。《吕氏春秋·侈乐》批评夏桀、殷纣制作"侈乐大鼓"，"务以相过，不用度量"。亡国之君无不如此，"宋之衰也，作为千钟。齐之衰也，作为大吕。楚之衰也，作为巫音"。千钟、大鼓之类，声音狂噪震动，超越了人感受音乐的生理限度，"为木革之声则若雷，为金石之声则若霆，为丝竹歌舞之声则若噪。以此骇心气，动耳目，摇荡生则可矣"。在君子看来，它失去了乐表达人情的初衷，郑卫之声、桑间之音，都是乱国之君的所好。

由于君王的提倡，国中盛行的乐曲必然会长期影响人民的情趣，人民所表现出来的忧思、康乐、刚毅、肃敬、慈爱、淫乱之态，正是乐声长期熏陶的结果。《乐记》说："志微噍杀之音作，而民思忧。啴谐慢易、繁文简节之音作，而民康乐。粗厉猛起、奋末广贲之音作，而民刚毅。廉直、劲正、庄诚之音作，而民肃敬。宽裕肉好、顺成和动之音作，而民慈爱。流辟邪散、狄成涤滥之音作，而民淫乱。"所以，听其乐可以知其政。

其二，乐为心声。如果君王失政，民众流离，何来

汉画像石击磬图

愉悦的乐曲？如果君王有道，庶民安乐，则何处不闻欢歌！《乐记》说："治世之音安以乐，其政和。乱世之音怨以怒，其政乖。亡国之音哀以思，其民困。"听乐可以观政，正是在这个意义上而言的。《吕氏春秋·大乐》说，亡国戮民，并不是没有音乐，而是"其乐不乐"，好比死囚强歌一样，虽歌不乐；"君臣失位，父子失处，夫妇失宜，民人呻吟。其以为乐也，若之何哉"。所以，听听民间流传的音乐，就可以感觉到他们的生活是否幸福。儒家认为，无论是观察一个国家，还是一个人，最好的办法莫过于听其乐，《吕氏春秋·音初》说："闻其

汉画像石撞钟图

声而知其风，察其风而知其志，观其志而知其德。盛衰、贤不肖，君子小人，皆形于乐，不可隐匿。故曰：乐之为观也深矣。"

四 乐内礼外

人类是动物界的一员，但又是动物界的灵长，因为人可以受教育。儒家之所以重视教育，正是基于这一认识。儒家教育的目标，是要通过德和礼培养表里如一的君子。礼以治外，旨在规范人的行为举止，使之处处中节，恰到好处。有关的义理，我们已经在"礼缘何而起"一节中谈过，此不赘述。乐以治内，重在引导人的性情心志，是要解决礼的根源问题。如果人的行为举止能中规中矩，但不是内心德行支配的结果，而是单纯的模仿，则教育的目的仅仅完成一半，而且是非主要的一半。儒家认为，只有内心建立起德的根基，外在的规范言行才是真正意义上的礼。

乐与礼是内外相成的关系，《乐记》说："乐者所以象德也，礼者所以缀淫也。"乐是内心德行的体现，礼的作用是防止行为出格（"淫"是过头的意思）。郭店楚简中有《五行》一篇，谈及人的内心与行为的关系时说过一段很精彩的话：

> 仁形于内谓之德之行，不形于内谓之行。义形于内谓之德之行，不形于内谓之行。礼形于内谓之德之行，不形于内谓之［行］。［知形］于内谓之德之行，不形于内谓之行。圣形于内谓之德之行，不形于内谓之行。

作者用类似排比的句式谈及，人的仁、义、礼、智、圣五行有两种状态，一是"形于内"，即五行出自内心；二是"不形于内"，即五行不出自内心。作者认为，仁、义、礼、智、圣五行只有形于内，才能被称为"德之行"，否则只能被称为"行"，仅仅是行为与德行恰好相符而已，内心如何则不得而知。作者说："德，天道也。"符合天道的德行形之于内心，然后显露在外表，处处中节，才是真正的德行。《五行》的论述，可谓深中肯綮。《乐记》也说："礼乐皆得，谓之有德。"

《乐记》一篇，论述乐内礼外的文字可谓触目皆是，如：

> 君子曰："礼乐不可斯须去身。致乐以治心……故乐也者，动于内者也；礼也者，动于外者也。乐极和，礼极顺，内和而外顺。"
>
> 故德辉动于内，而民莫不承听；礼发诸外，而民莫不承顺。故曰：致礼乐之道，举而错之，天下无难矣。
>
> 乐由中出，礼自外作。乐由中出故静，礼自外作故文。大乐必易，大礼必简。乐至则无怨，礼至则不争。揖让而治天下者，礼乐之谓也。

可见，礼乐并行，则君子之身内和外顺，王者之治四海清平。《乐记》特别强调执掌国政的君王的礼乐修养，要求臻于"德辉动于内"，"礼发诸外"，表率天下，推行礼乐之道。

在儒家的理论中，礼乐对于人类，犹如天地之于万物，具有本源的意义，所以《乐记》给予了最高的评价："大乐与天地同和，大礼与天地同节。""礼乐之极乎天而蟠乎地，行乎阴阳而通乎鬼神；穷高极远而测深厚。"认为礼乐充盈于天地，合于阴阳，通于鬼神，极其高远深厚，规范着人类社会的一切。

儒家倡导教化，但并不排斥行政管理和法律纠劾。事实上，并非人人都能接受教育。抗拒教育者行为势必出格，从而破坏社会秩序。在规劝无效之后，必须用政和刑的手段令其就范。因此，儒家将礼、乐、政、刑四者并提，主张教化与行政管理结合，用政、刑保证礼、乐的推行。《乐记》说："礼节民心，乐和民声，政以行之，刑以防之。礼乐刑政，四达而不悖，则王道备矣。"又说："故礼以道其志，乐以和其声，政以一其行，刑以防其奸。礼乐刑政，其极一也；所以同民心而出治道也。"所以，我们对儒家的礼乐教化思想要有全面的认识。

五　移风易俗莫善于乐

自古以来，在如何管理国家的问题上，政治家们提出了形形色色的方案，或主张严刑峻法，或主张经济控制，或主张无为而治，或主张求诸神灵。儒家倡导德治主义，主张通过礼乐对人实行温和的教化政策，使人心向善，纯化社会风气，从而求得长治久安。在礼乐教化的谋略中，儒家尤其注重乐的作用，是为儒家治国思想的重要特色。

乐之所以能为教，是因为乐的形式最为人民喜闻乐见。乐有音调，有节奏，有强烈的感染力，闻声而心从，润物细无声。所以《乐记》说，乐"可以善民心，其感人深"。子夏向魏文侯谈乐教时，引用了《诗经·大雅·板》"诱民孔易"一句，"诱"是诱导的意思，"孔"是非常，子夏认为，要教化民众，用乐来诱导最为容易。可谓入木三分的见解。所以《孝经》也说："移风易俗，莫善于乐。"

如前所述，儒家的治国思想基于人的性情。用歌舞宣泄情感是尽人皆有的本能，应该尊重。但是，人性的宣泄必须合理，不足或过度，都不利于身心健康和社会的安定，也不符合天道。《乐记》说："人不耐（能）无乐，乐不耐无形。形而不为道，不耐无乱。先王耻其乱，故制雅、颂之声以道之。"先王制乐的目的，就是要使人的快乐有节制，合于天道；又说，儒家的"立乐之方"（建立乐教的宗旨），是要"感动人之善心"，"不使放心邪气得接"，让民众在健康的音乐中接受德的熏陶。离开这一认识，人与禽兽就没有了区别。《吕氏春秋·适音》说，"先王必托于音乐以论其教"，"先王之制礼乐也，非特以欢耳目、极口腹之欲也，将教民平好恶，行理义也"。用当今的语言来说，就是寓教于乐。

儒家十分注重乐教的形式与内涵的结合，《乐记》谈到，一部完整的乐章，应该"文以琴瑟，动以干戚，饰以羽毛，从以箫管"，"以著万物之理"。琴瑟、箫管是乐器，干戚、羽毛是道具，可以丰富乐的表现力，使听者乐于接受，难以忘怀。乐舞所要表达的主题是"万物之理"，尽管祭祀、宴饮等不同场合的乐舞主题各异，但宗旨都是诱民走向仁义的境地。所以，《乐记》说："乐在宗庙之中，君臣上下同听之则莫不和敬；在族长乡里之中，长幼同听之则莫不和顺；在闺门之内，父子兄弟同听之则莫不和亲。"

上古时代，每年春秋，各乡都要举行以尊老养贤为宗旨的"乡饮酒礼"，席间要演奏或歌唱《诗经》的许多篇章，每篇都寓意深远。首先，由乐工歌唱《鹿鸣》《四牡》《皇皇者华》三篇，说的是君臣之间的平和忠信之道。其次，笙奏《南陔》《白华》《华黍》三篇，说的是孝子奉养父母之道。再次，堂上、堂下交替演奏乐歌，堂上鼓瑟唱《鱼丽》之歌，堂下则笙奏《由庚》之曲；堂上鼓瑟唱《南有嘉鱼》之歌，堂下则笙奏《崇丘》之曲；堂上鼓瑟唱《南山有台》之歌，堂下则笙奏《由仪》之曲。最后，是器乐与声乐合起，奏唱《周南》中的《关雎》《葛覃》《卷耳》，《召南》中的《雀巢》《采蘩》《采蘋》，说的都是人伦之道。以上都是乡饮酒礼中的正歌。一乡之人在揖让升降、笙瑟歌咏的愉快气氛中，受到礼乐的教化，尊老养贤的思想悄然滋润于心田。类似的情况，《仪礼》中在在多有。

中国古代知识分子有喜爱音乐的传统，或操琴瑟，或吹箫管，既有调节心情的作用，更有涵养心志的目的。赏乐者对乐情的理解因素养高下而异。据《列子·汤问》："伯牙善鼓琴，钟子期善听。伯牙鼓琴，志在高山。钟子期曰：'善哉！峨峨兮若泰山！'志在流水，钟子期曰：'善哉！洋洋兮若江河！'"这是古代知音的范例。但这还不是儒家赞许的最高境界。《乐记》说君子聆听乐章，能从乐声中生发新的理解。例如钟声铿锵，壮气充满，君子会想起慷慨以当的武臣。磬声清响，节义分明，君子会想起死于封疆的大臣。琴瑟之声哀怨，婉妙不越，君子会想起志义自立的大臣。竽、瑟、箫、管之声丛聚，会集揽拢，君子会想起善于蓄聚其众的大臣。鼓鼙之声喧嚣，欢杂涌动，君子会想起击鼓进众的将帅之臣，等等。这是君子用乐自化的例证。

六

以人法天的理想国纲领——《周礼》

经整理的河北平山战国中山王陵中出土的陵园兆域图

说到中国的礼仪文化，不能不提到《周礼》《仪礼》和《礼记》，即通常所说的"三礼"。"三礼"是古代礼乐文化的理论形态，对礼法、礼义作了最权威的记载和解释，对历代礼制的影响最为深远。

西汉的景帝、武帝之际，河间献王刘德从民间征得一批古书，其中一部名为《周官》，作者佚名。原书当有《天官》《地官》《春官》《夏官》《秋官》《冬官》等六篇，冬官篇已亡，汉儒取性质与之相似的《考工记》补其缺。王莽时，因刘歆奏请，《周官》被列入学官，并更名为《周礼》。东汉末，经学大师郑玄为《周礼》作了出色的注。由于郑玄的崇高学术声望，《周礼》一跃而居"三礼"之首，成为儒家的皇皇大典之一。

一　聚讼千年的学术公案

《周礼》是一部通过官制来表达治国方案的著作，

内容极为丰富。《周礼》六官的分工大致为：天官主管宫廷，地官主管民政，春官主管宗族，夏官主管军事，秋官主管刑罚，冬官主管营造，涉及社会生活的所有方面，在上古文献中实属罕见。《周礼》所记载的礼的体系最为系统，既有祭祀、朝觐、封国、巡守、丧葬等的国家大典，也有用鼎制度、乐悬制度、车骑制度、服饰制度、礼玉制度等的具体规制，还有各种礼器的等级、组合、形制、度数的记载。许多制度仅见于此书，因而尤其宝贵。

《周礼》面世之初，不知什么原因，连一些身份很高的儒者都没见到就被藏入秘府，从此无人知晓。直到汉成帝时，刘向、歆父子校理秘府所藏的文献，才又发现此书，并加以著录。刘歆十分推崇此书，认为出自周公手作，是"周公致太平之迹"。东汉初，刘歆的门人杜子春传授《周礼》之学，郑众、贾逵、马融等鸿儒皆仰承其说，一时注家蜂起，歆学大盛。

遗憾的是，如此重要的一部著作，却无法确定它是哪朝哪代的典制。此书名为《周官》，刘歆说是西周的官制，但书中没有直接的证明。更为麻烦的是，西汉立于学官的《易》《诗》《书》《仪礼》《春秋》等儒家经典，都有师承关系可考，《汉书》的《艺文志》《儒林传》都有明确的记载，无可置喙。而《周礼》在西汉突然被发现，没有授受端绪可寻，而且先秦文献也没有提到此书，所以，其真伪和成书年代问题成为聚讼千年的一大公案。历代学者为此进行了旷代持久的争论，至少形成了西周说、春秋说、战国说、秦汉之际说、汉初说、王莽伪作说等六种说法。古代名家大儒，以及近代的梁启超、胡适、顾颉刚、钱穆、钱玄同、郭沫若、徐复观、杜国庠、杨向奎等著名学者都介入了这场讨论，影响之大，可见一斑。

主流派的意见，古今判若两途。古代学者大多宗刘歆、郑玄之说，认为是周公之典。清代著名学者孙诒让认为，《周礼》一书，是自黄帝、颛顼以来的典制，"斟酌损益，因袭积累，以集于文武，其经世大法，咸粹于是"（《周礼正义序》），是五帝至尧、舜、禹、汤、文、武、周公的经世大法的集粹。古代学者以五帝、三代为圣明之世、至治之极，其后则是衰世。周公是五帝三代的集大成者，古人将《周礼》的著作权归于周公是十分自然的事。

近代学者大多反对古人的这种历史观。从文献来看，比较集中地记载先秦官制的有《尚书》的《周官》篇和《荀子》的《王制》篇，《周官》已经亡佚。最初曾有人认为，《周礼》原名《周官》，应当就是《尚书》的《周官》篇。但是，《尚书》二十八篇，每篇不过一二千字，而《周礼》有四万余字，完全不像是其中的一篇。《荀子·王制》所记官制，大体可以反映战国后期列国官制的发达程度，但是总共只有七十多个官名，约为《周礼》的五分之一，而且没有《周礼》那样的六官体系。《春秋》《左传》《国语》中有不少东周职官记载，但没有一国的官制与《周礼》相同。从西周到西汉的每一个时期都可以找到若干与《周礼》相同的官名，但谁也无法指认出与《周礼》职官体系一致的王朝或侯国。

近代学者在文献学研究的基础上辅之以古文字学、古器物学、考古学研究等手段，对《周礼》进行更为广泛、深入的研究。目前，多数学者认为《周礼》成书年代偏晚，约作于战国后期。持其他意见的学者也不少，彼此争论很激烈。争论的实质，是对于古代社会的认识，即《周礼》所描述的是怎样一种性质的社会？它的发展水平究竟与西周、春秋、战国、秦、西汉的千年历史中的哪一段相当？由于涉及的问题太复杂，《周礼》的成书年代问题至今没有定论。

二　理想化的国家典制

《周礼》展示了一个完善的国家典制，国中的一切都井然有序，富于哲理。三读之后，令人顿生"治天下如运之掌"的感觉。例如，国家的行政规划有以下表述。

国都　《周礼》国都地点的选择，是通过"土圭"来确定的。《周礼·春官·大宗伯》云：

> 以土圭之法测土深，正日景（影），以求地中……日至之景（影）尺有五寸，谓之地中：天地之所合也，四时之所交也，风雨之所会也，阴阳之所和也。然则百物阜安，乃建王国焉，制其畿方千里而封树之。

土圭是一种测日影长短的工具。所谓"测土深"，是通过测量土圭显示的日影长短，求得不东、不西、不南、不北之地，也就是"地中"。夏至之日，此地土圭的影长为一尺五寸。之所以作如此选择，是因为"地中"是天地、四时、风雨、阴阳的交会之处，也就是宇宙间阴阳冲和的中心。

九畿 《周礼》以土圭测日影，在地中建王城，既是哲学寓意的需要，也是"体国经野"的需要。王者划分国野和野外之地，都以王城为中心。如方千里的王畿，就是以王城为中心建立的。王畿之外有所谓"九畿"。《周礼·夏官·大司马》云：

周公测影台

　　方千里曰国畿，其外
方五百里曰侯畿，又其外
方五百里曰甸畿，又其外

方五百里曰男畿，又其外方五百里曰采畿，又其外方五百里曰卫畿，又其外方五百里曰蛮畿，又其外方五百里曰夷畿，又其外方五百里曰镇畿，又其外方五百里曰蕃畿。

可知九畿的分布，是以方千里的王畿为中心，其四外的五千里之地，依次划分为侯畿、甸畿、男畿、采畿、卫畿、蛮畿、夷畿、镇畿、蕃畿等九层，大小相套，依次迭远。相邻之畿的间隔都是五百里。《尚书》中确有侯、甸、男、卫、采等外服的名称，却没有如此类似于同心圆的分布。

居民组织 《周礼》的居民组织有两类：国都之外的四郊之地称为乡，郊外之地称为遂。乡之下细分为州、党、族、闾、比等五级行政组织。遂之下细分为县、鄙、酂（zàn）、里、邻等五级行政组织。根据《地官》的《大司徒》《遂人》等记载，乡、遂的民户构成分别为：

一比：5家	一邻：5家
一闾：25家	一里：25家
一族：100家	一酂：100家

一党：500家	一鄙：500家
一州：2500家	一县：2500家
一乡：12500家	一遂：12500家

乡、遂各级组织的编制极其整齐。此外，乡和遂的数量都是六个。六乡、六遂的居民数似乎恰好相合，既无不足，也无羡余。如有天灾人祸，民户之数发生变化，无法满足以上要求时当如何处理？《周礼》未曾提及。

农田规划 《周礼》对于"野"的农田的规划，也是整齐划一的。《地官·遂人》云：

> 凡治野，夫间有遂，遂上有径；十夫有沟，沟上有畛；百夫有洫，洫上有涂；千夫有浍，浍上有道；万夫有川，川上有路，以达于畿。

这里记载了两个系统，一是农田系统，二是沟洫系统。农田以"夫"为基本单位，一夫受田百亩。夫田与夫田之间有被称为"遂"的水渠，遂上有被称为"径"的道路。每十夫之田之间，有被称为"沟"的水渠，沟上有被称为"畛"的道路。每百夫之田之间，有被称为"洫"的水渠，洫上有被称为"涂"的道路。每千夫之田之间，有被称为"浍"的水渠，浍上有被称为"道"的道路。每万夫之田之间，有被称为"川"的水渠，川上有被称为"路"的道路。如此通达于王畿。

需要指出的是，上述沟洫、道路系统有严格的丈尺规定。据郑玄的注，遂，宽、深各二尺；沟，宽、深各四尺；洫，宽、深各八尺；浍，宽二寻、深二仞。沟洫上的道路的宽度，径可以让牛马通过，畛可以让大车（车轨宽六尺）通过，涂可以让一辆乘车（车轨宽八尺）通过，道可以让两辆乘车通过，路可以让三辆乘车通过。

仅就以上数例，就不难发现《周礼》的制度有相当的理想化的成分。将国都建在"地中"，其理论色彩十分鲜明，实际上是无法操作的。整齐划一的九畿制度、居民组织、沟洫道路系统，遑论古代中国，就是移山填海的大跃进时代也没有实现过。因此，我们说《周礼》是理想国的蓝图。

三　以人法天的思想内核

《周礼》作者的立意，并非要实录某朝某代的典制，而是要为千秋万世立法则。作者希冀透过此书表达自己对社会、对天人关系的哲学思考，全书的谋篇布局，无不受此左右。

儒家认为，人和社会都不过是自然精神的复制品。战国时期，阴阳五行思想勃兴，学术界盛行以人法天之风，讲求人与自然的联系，主张社会组织仿效自然法则，因而有"人法地，地法天，天法道，道法自然"之说。《周礼》作者正是"以人法天"思想的积极奉行者。

《周礼》以天官、地官、春官、夏官、秋官、冬官等六篇为间架。天、地、春、夏、秋、冬即天地四方六合，就是古人所说的宇宙。《周礼》六官即六卿，根据作者的安排，每卿统领六十官职。所以，六卿的职官总数为三百六十。众所周知，三百六十正是周天的度数。《周礼》原名《周官》，此书名缘何而起，前人曾有许多猜测。依笔者之见，所谓《周官》，其实就是"周天之官"的意思。作者以"周官"为书名，暗含了该书的宇宙框架和周天度数的布局，以及"以人法天"的原则。其后，刘歆将《周官》更名为《周礼》，虽然有抬高其地位的用心，但却歪曲了作者的本意。

在儒家的传统理念中，阴、阳是最基本的一对哲学范畴，天下万物，非阴即阳。《周礼》作者将这一本属于思想领域的概念，充分运用到了政治机制的层面。《周礼》中的阴阳，几乎无处不在。《天官·内小臣》说政令有阳令、阴令；《天官·内宰》说礼仪有阳礼、阴礼；《地官·牧人》说祭祀有阳祀、阴祀等。王城中"面朝后市""左祖右社"的布局，也是阴阳思想的体现。南为阳，故天子南面听朝；北为阴，故王后北面治市。左为阳，是人道之所向，故祖庙在左；右为阴，是地道之所尊，故社稷在右。如前所述，《周礼》王城的选址也是在阴阳之中。所以，钱穆先生说，《周礼》"把整个宇宙，全部人生，都阴阳配偶化了"（《周官著作时代考》）。

战国又是五行思想盛行的时代。阴、阳二气相互摩荡，产生金、木、水、火、土五行。世间万事万物，都得纳入以五行作为间架的体系，如东南西北中等五方，宫商角徵羽等五声，青赤白黑黄等五色，酸苦辛咸甘等五味，等等。五行思想在《周礼》中也得到了重要体现。在《周礼》的国家重大祭祀中，地官奉牛牲、春官奉鸡牲、夏官奉羊牲、秋官奉犬牲、冬官奉豕牲。众所周知，在五行体系中，鸡为木畜，羊为火畜、犬为金畜、豕为水畜、牛为土畜。《周礼》五官所奉五牲，与五行思想中五畜与五方的对应关系完全一致，具有明显的五行象类的思想。与此相呼应，地官有"牛人"一职，春官有"鸡人"一职，夏官有"羊人"一职，秋官有"犬人"一职，冬官有"豕人"一职。

综上所述，《周礼》是一部以人法天的理想国的蓝图。这样说，丝毫不意味着《周礼》中没有先秦礼制的素地。恰恰相反，作者吸收很多前代的史料，但不是简单移用，而是按照其哲学理念进行某些改造，然后与作者创新的材料糅合，构成新的体系。

蕴含于《周礼》内部的思想体系，有着较为明显的时代特征。战国时代百家争鸣，诸家本各为畛域，《易》家言阴阳而不及五行，《洪范》言五行而不及阴阳；儒家讳论法治，法家讥谈儒学。阴阳与五行，经由邹衍方始结合；儒与法，经由荀子才相交融。儒、法、阴阳、五行的结合，肇于战国末期的《吕氏春秋》。《周礼》以儒家思想为主干，融合法、阴阳、五行诸家，呈现出"多元一体"的特点。其精致的程度，超过《吕氏春秋》，因而其成书年代有可能在《吕氏春秋》之后，而晚至西汉初。

四　学术与治术兼包

《周礼》一书，体大思精，学术与治术无所不包，因而受到历代学者的重视，后儒叹为"非圣贤不能作"，诚非无稽之谈。

所谓"学术"，是说该书从来就是今古文之争的焦点。汉代经籍，用当时通行的隶书书写的称为"今文经"，用六国古文书写的称为"古文经"。汉初在孔子府宅的夹壁中发现的文献，以及在民间征得的文献大多是古文经，而立于学官的都是今文经。今文经与古文经的记载不尽一致，因而双方时有争论。汉代古文学以《周礼》为大宗，今文学以《礼记·王制》为大宗。为此，《周礼》每每成为论战中的焦点，加之它传授端绪不明，屡屡受到今文学家的诘难，如著名经师何休就贬之为"六国阴谋之书"；康有为《新学伪经考》则指斥它出于王莽篡汉时刘歆的伪造。相反，褒之者如刘歆、郑玄等则誉之为"周公之典"。

尽管如此，《周礼》依然受到历代学者的重视。唐人为"九经"作疏，其中最好的一部就是贾公彦的《周礼疏》，受到朱熹的赞赏。清儒为"十三经"作新疏，孙诒让的《周礼正义》冠绝一世，至今无有出其右者。历代学者围绕《周礼》真伪等问题所作的种种考索，更是浩繁之至。

所谓治术，是说《周礼》作为一部治国纲领，成为历代政治家取法的楷模。古人言必称三代，三代之英在周。古人笃信《周礼》出自周公，书中完善的官制体系和丰富的治国思想，成为帝王、文人取之不尽的人文财富。

《周礼》的许多礼制，影响百代。如从隋代开始实行的"三省六部制"，其中的"六部"，就是仿照《周礼》的"六官"设置的。唐代将六部之名定为吏、户、礼、兵、刑、工，作为中央官制的主体，为后世所遵循，一直沿用到清朝灭亡。历朝修订典制，如唐《开元六典》、宋《开宝通礼》、明《大明集礼》等，也都是以《周礼》为蓝本，斟酌损益而成。

又如"左祖右社、面朝后市"的都城格局，成为历代帝王向往的楷模。但历朝都城，大都沿用前朝旧址，故其格局难以刷新。元始祖忽必烈在北京建立元大都时，得以在金的上京附近重新规划，乃以《周礼》为范本，建立左祖右社、面朝后市的格局。以后，明、清两朝不仅沿用不废，还仿照《周礼》，建天坛、地坛、日坛、月坛、先农坛等，形成今日的布局。朝鲜的汉城，同样有左祖右社、面朝后市的格局，乃是海外依仿《周礼》建都的典范。

《周礼》一书含有丰富的治国思想，《天官》概括为"六典""八法""八则""八柄""八统""九职""九赋""九式""九贡""九两"等十大法则，并在地官、春官、夏官、秋官中作了进一步的阐述，详密严谨，宏纤毕贯，对于提升后世的行政管理思想，有着深远的影响。

《周礼》对官员、百姓，采用儒法兼容、德主刑辅的方针，不仅显示了相当成熟的政治思想，而且有着驾驭百官的管理技巧。管理府库财物的措施，严密细致，相互制约，体现了高超的运筹智慧。书中有许多至今犹有生命力的、可以借鉴的制度。

历史上每逢重大变革之际，多有把《周礼》作为重要的思想资源，从中寻找变法或改革的思想武器者，如西汉的王莽改制、六朝的宇文周革典、北宋的王安石变法等，无不以《周礼》为圭臬。清末，外患内忧交逼，为挽救颓势，孙诒让作《周官政要》，证明《周礼》所蕴含的治国之道不亚于西方。朝鲜时代后期的著名学者丁若镛（号茶山），曾撰作三十万言的《经世遗表》，主张用《周礼》改革朝鲜的政治制度。

任何一位空想家都不可能脱离现实来勾画理想国的蓝图，《周礼》也是如此，在理想化的框架之下，作者用了大量历史材料加以填充。不过，作者在使用时往往根据需要作了加工和改造，这是读《周礼》时必须注意的，也正是此书的复杂之处。

七

贯串生死的人生礼仪——《仪礼》

士相見之禮贄冬用雉夏用腒左

不足以辱命請終賜見主人對曰

賓對曰某不以贄不敢見主人對

將入門右賓奉贄入門左主人拜

得見矣敢辭贄主人對曰某也不敢求見騰

某非人主人難隱某固請拜騰贄出至

令重拜賓士使擯者還贄於門

《仪礼》木简

《仪礼》是现存最早的关于礼仪的典籍。汉武帝建元五年（前136），初置五经博士，《仪礼》即居其一。入唐，有"九经"；至宋，有"十三经"。《仪礼》均在其中，是为儒家经邦治国的皇皇大典之一，对中国文化的影响非常深远。

一　《仪礼》的名称、传本和今古文问题

　　《仪礼》在"三礼"中，成书最早，而且首先取得经的地位，是礼的本经。《仪礼》本名《礼》。《汉书·景十三王传》："献王所得书皆先秦古文旧书，《周官》《尚书》《礼》《礼记》《孟子》《老子》之属，皆经传说记，七十子之徒所论。"其中的《礼》，就是指《仪礼》。《汉书·艺文志》也只称"《礼》"，不称"《仪礼》"。汉人还每每有把《仪礼》称为《礼记》的，如

《史记·孔子世家》说"故《书传》《礼记》自孔氏出"，此处的《礼记》，指的就是《仪礼》。《后汉书·卢植传》也称《仪礼》为《礼记》。此外，郭璞注《尔雅》称引《仪礼》文字，屡屡称之为《礼记》，这可能是《仪礼》的经文之后大多附有"记"的缘故。何休《公羊》注在引用《仪礼》经文或记时，则每每混称，而不加区别。据清儒段玉裁考证，汉代《礼》十七篇的标题前，并没有"仪"字。东晋元帝时，荀崧奏请置《仪礼》博士，才开始有《仪礼》之名，但尚未成为通称。如唐人张参《五经文学》引《仪礼》文字很多，但都只说"见《礼经》"。唐文宗开成年间（836—840）石刻九经，《礼经》用《仪礼》之名，于是成为通称，沿用至今。但《礼经》之名也依然使用。

学者还每每称《仪礼》为《士礼》，原因是先秦好以篇首的几个字作为篇名或书名，《仪礼》十七篇的首篇是《士冠礼》，所以以其篇首之字而名之为《士礼》。也有学者认为，《士礼》的得名当由内容而起，因为《仪礼》所记，以士的礼仪为主。

汉代《仪礼》的传本有四种，即大戴本、小戴本、庆普本和刘向《别录》本，四种传本都将《仪礼》十七篇分为冠婚、朝聘、丧祭、射乡等四类，但是十七篇的顺序只有《士冠礼》《士昏礼》《士相见礼》三篇是相同的，其余各篇则不尽相同。四种传本的篇序，戴德本以冠、昏、丧、祭、乡、射、朝、聘等八条大纲为序排列各篇，《丧服》一篇相传为子夏所作，故列在最后。刘向《别录》本则将有关冠、昏、乡、射、朝、聘的十篇居先，而将有关丧、祭的七篇列后，这可能是前十篇为吉礼，后七篇属凶礼的缘故，全书依吉、凶、人神为序。戴圣本的次序最为混乱，几乎没有条理可寻。1957年，甘肃武威磨嘴子6号汉墓出土了一批西汉晚期抄写的《仪礼》竹、木简，共四百九十六支。据简的形制及内容，可以将其分为甲、乙、丙三种文本。甲本木简包括《士相见》《服传》《特牲》《少牢》《有司》《燕礼》《泰射》等七篇；乙本木简只有《服传》一篇；丙本为竹简，只有《丧服》一篇。其篇次不仅与今本《仪礼》不同，而且与二戴本不同，有学者认为，这可能就是东汉时即已失传的后苍氏之庆普传本。从文字上看，丙本的《丧服》为单经本，经文之下没有传文；而甲本和乙本的《服传》都只有传文而没有经文，即所谓"单传本"，与今天所见经、传合一的文本不同，证明西汉时经文和传文是各自独立成书的。郑玄注《仪礼》时，认为二戴本"尊卑吉凶杂乱"，不可取从；而刘向《别录》本"尊卑吉凶次第伦序"，所以采用的是刘向《别录》本。

《仪礼》十七篇的内容，及于上古贵族生活的各个方面。宋人王应麟依照《周礼·春官·大宗伯》对礼的划分方法，将十七篇分为四类：《特牲馈食礼》《少牢馈食礼》《有司》等三篇记祭祀鬼神、祈求福佑之礼，属于吉礼；《丧服》《士丧礼》《既夕礼》《士虞礼》等四篇记丧葬之礼，属于凶礼；《士相见礼》《聘礼》《觐礼》等三篇记宾主相见之礼，属于宾礼；《士冠礼》《士昏礼》《乡饮酒礼》《乡射礼》《燕礼》《大射礼》《公食大夫礼》等七篇记冠昏、宾射、燕飨之礼，属于嘉礼。其实，《仪礼》的篇数至今是一个悬而未决的疑案。郑玄引刘向《别录》，说《仪礼》为十七篇，但又说《别录》称《既夕礼》为《士丧礼下篇》，称《有司彻》为《少牢下篇》，如此，则《别录》所见《仪礼》应该只有十五篇，可能另有两篇已经失传。王充在《论衡·谢短》篇中说"今《礼经》十六"，这是他所见《仪礼》的篇数。而荀悦《汉纪》则说："高堂生传《士礼》十八篇。"可谓莫衷一是。

据《汉书·艺文志》，汉代的《仪礼》有古文经和今文经两种。古文经是用先秦古文字书写的。《汉书·艺文志》目录："《礼古经》五十六卷，《经》七十篇。"前者为古文，后者为今文。所谓《礼古经》，出于鲁淹中（或说出于孔子壁中），有五十六篇。"《经》七十篇"，即高堂生所传的十七篇《士礼》，"七十"乃"十七"之误倒。今文经只有十七篇。比古文经少三十九篇。今、古文《仪礼》都有的十七篇，内容基本相同，只是文字上有差异。因此，《仪礼》实际上无所谓今古文的问题。古文经多出的三十九篇，因不在当时通行的礼经之中，人们多不传习，后来渐渐失传了，人们称其为"逸礼"，其面貌今已不可知，甚至连篇名也很难考索。《周礼》《礼记》的郑玄注，以及其他一些古书的注疏中，曾经提到《天子巡狩礼》《朝贡礼》《烝尝礼》《王居明堂礼》《古大明堂礼》等篇名，王应麟认为就是三十九篇"逸礼"之属。元儒吴澄又将这些文字分类汇辑，附在《仪礼》各篇之后。但也有学者认为，三十九篇"逸礼"传授不明，又无师说，可能是子虚乌有之物。清人邵懿辰认为，后人所引及吴氏所辑，内容与十七篇所记不相类，文字也不古朴，很可能是后人的伪作，而不是当时通行的礼。

二 《仪礼》的作者与撰作年代

关于《仪礼》一书的作者及其年代，自古以来就存在分歧。古文经学家认为是周公所作，今文经学家认为是孔子所作。古代的学者大都踵此二说。如崔灵恩、陆德明、贾公彦、郑樵、朱熹、胡培翚等都持周公手作说，他们根据《礼记·明堂位》"周公践天子之位，以治天下。六年，朝诸侯于明堂，制礼作乐"的记载，认定周公所制的"礼"，就是《仪礼》及《周官》等书，是周公损益三代制度而写成的；他们还认为，《仪礼》词意简严，仪节详备，非周公不能作。而司马迁、班固等则认为《仪礼》是孔子所作，说孔子慨叹周室衰微，礼崩乐坏，因而追迹三代之礼而作此书。

以上两说，以孔子作《仪礼》说比较合理。据《礼记·杂记》记载，恤由死后，鲁哀公曾派孺悲向孔子学习士丧礼，"《士丧礼》于是乎书"。也就是说，《仪礼》的《士丧礼》在这时经过孔子的传授被正式记录下来了。皮锡瑞《三礼通论》、梁启超《古书真伪及其年代》据此认为，这是孔子作《仪礼》的明证，并进而推论其余十六篇也是孔子所作。他们还认为，《仪礼》文字风格与《论语》非常相似，其内容与孔子的礼学思想完全一致，例如孔子很重视冠、昏、丧、祭、朝、聘、乡、射等八礼，而《仪礼》十七篇正是记述这八种礼仪的，这不能说是巧合。邵懿辰等断言，《仪礼》十七篇并不是经历了秦火而残存的篇数，而是孔子教授弟子的原典，十七篇的内容已经足以总揽礼的大纲。但是，也有学者怀疑《杂记》所记的真实性，清人崔述《丰镐考信录》就说："今《士丧礼》未必即孔子之所书。"从周代金文以及《尚书》《逸周书》《国语》《左传》《毛诗》等文献看，周代已经出现了一些比较程式化的仪礼，贵族们经常举行各种典礼，如冠礼、觐礼、聘礼、飨礼、丧礼等，其仪节与《仪礼》所见有相同或相似之处。近人沈文倬先生认为，《礼记·杂记》所说的《士丧礼》，实际上包括《丧服》《士丧礼》《士虞礼》《既夕礼》等四篇，后三篇记述的是丧礼的连续过程，《丧服》记述的是丧礼中的服饰，内容贯通，缺一不可，著成的年代应该比较相近，大约在鲁哀公末年至鲁悼公初年，即周元王、定王之际。而《仪礼》一书，则是公元前5世纪中期到前4世纪中期的一百多年中，由孔门弟子及后学陆续撰作的。沈说较为公允。

《仪礼》十七篇，除《士相见礼》《大射礼》《少牢馈食礼》《有司彻》等四篇，其余各篇之末都有"记"。一般认为，记是孔门七十子之徒所作。《丧服》一篇体例较为特殊，经与记均分章分节，其下又有"传"。传统的说法认为，"传"是孔子门人子夏所作。但是，也有人认为，此子夏为汉代人，与孔子的门人子夏同名，而非一人。

三 《仪礼》的传授与研习

据《史记》记载，西汉初最早传授《仪礼》的是高堂生。《史记·儒林列传》："汉兴，然后诸儒始得修其经艺，讲习大射乡饮之礼。……诸学者多言礼，而鲁高堂生最本。礼固自孔子时而其经不具。及至秦焚书，书散亡益多。于今独有《士礼》，高堂生能言之。"一般认为，高堂生把《仪礼》传给萧奋，萧奋传给孟卿，孟卿传给后苍，后苍传给大戴（戴德）、小戴（戴圣）、庆普，这就是汉代的《礼》学的所谓五传弟子。但是，《史记·儒林传》所记，在萧奋之前还有徐氏，萧奋之《礼》当得自徐氏，徐氏与高堂生的关系不详。《礼》为五经之一，最初的《礼》博士是谁，今已不可考。宣帝时，博士后苍以《诗》《礼》名世。据《汉书·艺文志》，后苍以《礼》授"沛闻人通汉子方、梁戴德延君、戴圣次君、沛庆普孝公。……由是《礼》有大戴、小戴、庆氏之学"。西汉政府设立的《易》《诗》《春秋》"五经博士"，都是今文经学。《礼》也不例外，大、小戴及庆氏三家也都是今文经学，其中，大、小戴列于学官，庆氏不立于学官。

最早为《仪礼》全书作注的是郑玄，此前只有少数人为《仪礼》的某些篇作过注，如马融作的《丧服注》即其例。郑玄的情况已在介绍《周礼》时谈到，此处不再重复。郑玄的《仪礼注》和《周礼注》一样，文字精审，要言不烦，博综众家，兼采今古文，受到广泛的欢迎，成为《仪礼》研究的不祧之祖。魏晋南北朝时期，门阀士族严辨宗法血统，《仪礼·丧服》根据服丧者的嫡庶亲疏身份，对丧服的样式作了严格的规定，因而《丧服》研究成为当时的时尚，著述极多。唐代学者在总结两汉、魏晋南北朝经学的基础上作《九经疏》，其中的《仪礼》疏是由贾公彦做的。遗憾的是，尽管贾氏的《周礼疏》赢得了很高的学术声誉，但《仪礼疏》得到的评价并不高，原因是魏晋时《丧服》独盛，其他各篇研究较差，所以贾氏作《仪礼疏》时，《丧服》一篇所引章疏有袁准、孔伦等十几家，材料比较丰富，而其余各篇所引，只有南齐的黄庆、隋的李孟哲两家，详略悬殊，而且黄、李二家的注水平也不高，连贾氏自己都不满意。

唐以《易》《诗》《书》《三礼》《三传》等"九经"考课取士。按经文字数的多少，将"九经"分为三等，《礼记》《左传》为大经，《毛诗》《周礼》《公羊》为中经，《周易》《尚书》《仪礼》《穀梁》为小经。由于《礼记》的字数比《左传》少，所以，攻大经者竞相读《礼记》；中经与小经之中，《周礼》《仪礼》《公羊》《穀梁》四经或文字艰深，或经义晦涩，难收速效，故鲜有攻读者，这是"三礼"之学中衰的重要原因。

宋神宗熙宁四年（1071），王安石改革科举制度，宣布废罢诗赋及明经诸科，《仪礼》也在废罢之列。古代科举分房阅卷，从此之后，再无《仪礼》之房，因此，诵习《仪礼》的学者寥若晨星，《仪礼》屡经翻刻，讹脱衍倒之处多有，但由于诵习者少，很少有人问津。朱熹曾慨叹：《仪礼》人所罕读，难得善本。元、明两朝，学者高谈心性理气，多不愿研究以名物制度为主的《仪礼》，所以《仪礼》之学益微。

有清一代，是《仪礼》之学的极盛期，名家迭出，著述宏富，学术水平也远超前贤。清代的《仪礼》研究，始于顾炎武。康熙初，顾炎武以唐开成石经校明北监本"十三经"，发现《仪礼》脱误最多，他在《九经误字》中曾详加胪列。稍后，张尔岐作《仪礼郑注句读》，附《监本正误》《石经正误》二卷，详校《仪礼》经注之误。其后有许多学者致力于《仪礼》的校勘和研究，由于他们不懈的努力，《仪礼》的原貌基本恢复，为《仪礼》研究的深入奠定了坚实的基础。清代《仪礼》研究的代表性著作是胡培翚的《仪礼正义》。胡培翚，安徽绩溪人，自祖父胡匡衷起，一门四世皆致力于《仪礼》研究，积淀深厚。胡培翚本人又以四十年之功，作《仪礼正义》四十卷，成为《仪礼》研究集大成的著作。胡氏把自己的工作概括为四点：一、"补注"，即补充郑注之不足；二、"申注"，即申述郑注之意蕴；

三、"附注"，与郑注相异而义又可通的说法，附而存之，以资研究；四、"订注"，即订正郑注的错误。此书不仅对以往《仪礼》研究的成果作了全面总结，解决了许多难点，而且新见迭出，使《仪礼》研究跃上了全新的台阶。

四 《仪礼》的价值

《仪礼》一书，记载的是先秦的礼仪制度，时过境迁，它是否已经没有任何价值可言了呢？回答是否定的。

首先，《仪礼》作为一部上古的经典，具有很高的学术价值。此书材料，来源甚古，内容也比较可靠，而且涉及面广，从冠昏飨射到朝聘丧葬，无所不备，犹如一幅古代社会生活的长卷，是研究古代社会生活的重要史料之一。书中记载的古代宫室、车旗、服饰、饮食、丧葬之制，以及各种礼乐器的形制、组合方式等尤其详尽，考古学家在研究上古遗址及出土器物时，每每要质正于《仪礼》。《仪礼》还保存了相当丰富的上古语汇，为语言、文献学的研究提供了价值很高的资料。《仪礼》

对于上古史的研究几乎是不可或缺的，古代中国是宗法制社会，大到政治制度，小到一家一族，无不浸润其中。《仪礼》对宗法制度的阐述，是封建宗法制的理论形态，要深刻把握古代中国的特质，就不能不求于此。此外，《仪礼》所记各种礼典，对于研究古人的伦理思想、生活方式、社会风尚等，都有不可替代的价值。

其次，尽管宋代以后，《仪礼》一书在学术界受到冷落，但在皇室的礼仪制度中，《仪礼》始终是作为圣人之典而受到尊重的。从唐代的开元礼到宋代的《政和五礼新仪》、明代的《大明集礼》，乃至清代的《大清会典》，皇室主要成员的冠礼、昏礼、丧礼、祭礼，以及聘礼、觐礼等，都是以《仪礼》作为蓝本，加以损益而成的。

再次，由于佛教的传入，民间的传统生活习惯发生很大变化，如果听之任之，则中国的传统文化将有全面佛教化的可能。宋代的有识之士如司马光、朱熹等，意识到《仪礼》中的礼制是中国儒家文化的典型，如果它从中国社会彻底消失，那将是儒家文化的彻底消失。他们顺应时势，对《仪礼》进行删繁就简、取精用弘的改革，摘取其中最能体现儒家人文精神的冠、昏、丧、祭诸礼，率先实行，并在士大夫阶层中加以提倡，收到了比较积极的成效。可见，《仪礼》在宋代时还起过捍卫民族文化的作用。

最后，《仪礼》在今天还有没有价值可言呢？答案是肯定的。但这并不是说要恢复《仪礼》的制度，而是说应该利用《仪礼》礼义中的合理内核。《仪礼》中的许多礼仪，是儒家精心研究的结晶，有许多思想至今没有过时。对于这一宝贵的历史文化遗产，我们应该保持应有的尊重，并以科学的态度加以总结，为建设社会主义精神文明所用。今礼之中有古义，人们不自知罢了；古礼也可以今用，这正是我们应该像王安石、朱熹那样，认真研究的课题。有关《仪礼》中的礼仪，我们将在后面作比较详细的介绍，此处从略。

8

八

阐发礼义的妙语集萃——《礼记》

宋人科举考试图

在《三礼》中，《礼记》最晚取得经的地位，但却后来居上，成为礼学大宗，大有取代《仪礼》《周礼》之势。《礼记》多格言妙语，文字生动，富有哲理，所以受到广泛欢迎。不管中国士民是否意识到，很少有不受它的影响的。

一 《礼记》的成书

古人把解释经典的文字称为"记"，《礼记》原本是《仪礼》的"记"。《仪礼》的记有两种，一种是附于《仪礼》各篇正文之后的"记"，旨在对仪节的语焉不详之处作补充，而不涉及礼所蕴含的深意。文字多为零句散语，不相连缀。另一种是单行的记，各自独立成篇，既有对孔子言论的追记，也有礼学思想的阐发，还有对古代制度的描述，等等，内容要丰富得多，数量也明显超过前者，《礼记》各篇就属于这一类。单行的"记"于战国时期很流行，但秦火之后，一度销声匿迹。

西汉景帝、武帝之际，河间献王刘德从民间得到一批"古文先秦旧书"，其中有"礼记"，但未提及篇数。《汉书·艺文志》礼类有"《记》百三十一篇"，当是献王所得《礼记》的篇数。西汉时，《记》是依附于《礼经》而流传的，性质类似于今人所说的参考资料，不可能列入学官。西汉末年，刘歆校理秘府文献，见到的"记"只有一百三十篇，但另有《明堂阴阳记》三十三篇、《孔子三朝记》七篇、《王氏史氏记》二十一篇、《乐记》二十三篇，总共有二百一十四篇。刘歆作《别录》，对《礼记》各篇所属的门类逐篇作了说明，如"属通论""属吉事""属丧服"等。汉代流传的《记》可能不止于此数，所以，近人洪业先生有"两汉学者所传之《礼》，经有三而记无算"之说。

《记》尽管没有经的地位，但依然受到汉儒重视。宣帝甘露三年（前51）的石渠阁会议上，闻人通汉、戴圣在发言中就引用了《记》。当时许多学者都有自己的《记》的选辑本。经过比较和淘汰，到东汉中期形成了《大戴礼》和《小戴礼》两种比较权威的辑本。郑玄

《六艺论》说，戴德、戴圣叔侄二人传授礼学，"戴德传《记》八十五篇，则《大戴礼》是也。戴圣传《礼》四十九篇，则此《礼记》是也"（孔颖达《礼记正义》引）。

大小戴《礼记》与古文《记》是怎样的关系，郑玄没有提到。晋人陈邵在《周礼论序》提出《小戴礼》是删《大戴礼》而成的说法："戴德删《古礼》二百四篇为八十五篇，谓之《大戴礼》；戴圣删《大戴礼》为四十九篇，是为《小戴礼》。后汉马融、卢植考诸家同异，附戴圣篇章，去其繁重，及所叙略而行于世，即今之《礼记》是也。"（《经典释文·叙录》引）《隋书·经籍志》大体沿袭此说，但又说马融在《小戴礼记》中增入《月令》《明堂位》《乐记》三篇，所以才有四十九篇之数。这一说法流传很广，但漏洞很多。清代学者戴震、钱大昕、沈钦韩、陈寿祺、毛奇龄以及洪业等都曾加以驳斥，其要点可归纳如下。

首先，若如其说，则二书篇目应该完全不同。但是，今天见存的大、小戴《礼记》中都有《哀公问》和《投壶》。此外，《曲礼》《礼器》《祭法》《祭义》《文王世子》《曾子问》《间传》《檀弓》《王制》是《小戴记》篇名，而《汉书》《五经异义》《白虎通》《毛诗》等引及时，称引自《大戴记》。说明它们也为大、小戴《礼记》所共有。

其次，《汉书·曹褒传》说曹褒的父亲曹充"持庆氏礼"，"传《礼记》四十九篇"。"庆氏礼"是后仓弟子庆普所传之礼。庆普与二戴是同时代人，而庆氏礼已有四十九篇之数。《后汉书·桥玄传》说戴圣的弟子桥仁"著《礼记章句》四十九篇"，说明四十九篇之数在马融之前已有。而刘歆《别录》的《礼记》篇目中有《乐记》，可见《乐记》也非马融所增。

再次，大、小戴是武帝、宣帝时人，刘歆是哀帝、平帝时人。二戴怎么可能去删刘歆编次的《礼记》？此外，《大戴记》文字多有见于《小戴记》的，如《曾子大孝》见于《小戴记》的《祭义》；《诸侯衅庙》见于《小戴礼》的《杂记》。《朝事》与《聘义》，《本事》与《丧服四制》也颇有相同之处。如果说小戴为"去其繁重"而删大戴，就无法解释这种现象。

许慎《五经异义》多次引及《记》，但不称"大戴""小戴"，而称"礼戴"或"大戴"。洪业先生认为，可能最初有《礼戴记》，而后有《大戴记》。因为收录的篇数多，故称《大戴记》。"大戴礼"，犹言"增广戴礼"。东汉末，郑玄作《三礼注》，《礼记》取的是《小戴礼》，也就是今天的《礼记》。郑玄是著名的经学大师，《礼记》由此摆脱了经的附庸地位，一跃而与《周礼》《仪礼》并列。《大戴礼》由此一落千丈，虽然有北周的卢辩为之作注，但很少有人传习，到唐代就亡佚大半，仅剩三十九篇。

二 《礼记》的分类与作者

《礼记》四十九篇，内容庞杂，孔颖达《礼记正义》引《郑目录》分之为九类：

1.通论十六篇：《檀弓上》《檀弓下》《礼运》《玉藻》《大传》《学记》《经解》《哀公问》《仲尼燕居》《孔子闲居》《坊记》《中庸》《表记》《缁衣》《儒行》《大学》

2.丧服十一篇：《曾子问》《丧服小记》《杂记上》《杂记下》《丧大记》《问丧》《服问》《奔丧》《间传》《三年问》《丧服四制》

3.吉礼七篇：《冠义》《昏义》《乡饮酒义》《射

义》《燕义》《聘义》《投壶》

4.制度六篇:《曲礼上》《曲礼下》《王制》《礼器》《少仪》《深衣》

5.祭礼四篇:《郊特牲》《祭法》《祭义》《祭统》

6.明堂阴阳二篇:《月令》《名堂位》

7.世子法一篇:《文王世子》

8.子法一篇:《内则》

9.乐记一篇:《乐记》

四十九篇不出于一人之手，各篇的作者，学者间颇有异说。《汉书·艺文志》礼类"《记》百三十一篇"下班固自注:"七十子后学所记者也。"认为是孔门弟子各记所闻而成，但没有谈到各篇的具体作者。《史记·孔子世家》说:"子思作《中庸》。"《隋书·音乐志》引梁朝学者沈约之说:"《月令》取《吕氏春秋》，《中庸》《表记》《坊记》《缁衣》，皆取《子思子》，《乐记》取《公孙尼子》。"孔颖达《礼记正义》则说:"《中庸》是子思伋所作，《缁衣》公孙尼子所撰。郑康成云:《月令》，吕不韦所修。卢植云:《王制》，谓汉文时博士所录。其余众篇，皆如此例，但未能尽知所记之人也。"

但也有学者认为《礼记》是西汉的作品。如三国魏张揖《上广雅表》说是"鲁人叔孙通撰置《礼记》",徐坚《初学记》说是西汉礼学家后苍所撰。还有学者认为,《礼记》的基本材料出于七十子之徒,但经过了汉儒的加工或窜乱,如陆德明《经典释文叙录》云:"《礼记》者,本孔子门徒共撰所闻,以为此记,后人通儒各有损益。"赵匡《春秋集传纂例》说:"《礼记》诸篇,或孔门之后末流弟子所撰,或是汉初诸儒私撰之,以求购金,皆约《春秋》为之。"何异孙《十一经问对》说《礼记》为"孔子说,七十二子共撰所闻,以为之记,及秦汉诸儒录所记以成编,多非孔子之言,凡'子曰'者,多假托"。

近人沈从文先生曾长期从事文物工作,他从周秦两汉墓葬所反映的制度来判断《礼记》的年代。他的方法是:"所发墓葬,其中制度,凡汉代者,以《礼记》证之皆不合;凡春秋、战国者,以《礼记》证之皆合;足证《礼记》一书必成于战国,不当属之汉人也。"(《顾颉刚学术文化随笔》引沈丛文语,中国青年出版社,1998,176页)

有关《礼记》作者和年代的争论,旷代持久,长期不能定于一说。笔者认为,《礼记》中属于"吉礼"的

《冠义》《昏义》《乡饮酒义》《射义》《燕义》《聘义》各篇，内容依附于《仪礼》；属于"丧服"和"祭礼"各篇，内容也与《仪礼》的丧祭之礼一贯；因此他们的年代当与《仪礼》不离左右。《曲礼》《礼器》《少仪》《深衣》《乐记》《内则》等篇，学者多信为孔门弟子之作。"通论"各篇的年代一直有争议。

近年，湖北荆门郭店1号楚墓出土一批儒家文献，其中《缁衣》一篇与今本《礼记·缁衣》基本相同。此外又有《性自命出》一篇，文中"性自命出，命自天降"等语，与子思《中庸》"天命之谓性，率性之谓道"的意思一致，证明沈约"《中庸》《表记》《坊记》《缁衣》，皆取《子思子》"的说法大致可信。有趣的是，上海博物馆从香港购回一批走私出境的战国楚竹书，其中不仅有《缁衣》《性自命出》篇，而且有《礼记》中的《孔子闲居》和《大戴礼记》中的《武王践阼》篇。两批楚竹书与大、小戴《礼记》的文字相同、类似，或者可以互相印证的地方很多。据此可以推断，"通论"各篇当如班固所说，是"七十子后学所记者"，也是先秦的文献（详见拙作《郭店简与〈礼记〉的年代》，载《中国哲学》第21辑）。

三 《礼记》的人本主义思想

礼的灵魂，是西周以来的人本主义思想。由于体例的限制，《仪礼》对于礼所要表达的思想几乎没有涉及。而《礼记》则对此作了相当充分的论述。作者每每通过对某些历史事件的叙述，来凸显以人为本的立场。行文生动，娓娓道来，有很强的感染力。下面介绍《檀弓》所及的几个例子。

殷代盛行"人殉"（用活人殉葬）、"人祭"（以人为祭品）的风俗。到了周代，由于人本主义思想的兴起，这种风俗从总体上得到了抑制，但依然存在。因此，礼家的基本任务之一，就是继续向这种野蛮的风俗作斗争。齐国大夫陈子车客死在卫国后，他的妻子和家宰准备用活人殉葬。陈子车的弟弟陈子亢到卫国奔丧，闻讯后，坚决反对，认为："以殉葬，非礼也！"为了制止这一行为，他对陈子车的妻子和家宰说，如果一定要用活人殉葬，你们就是最合适的人选！陈妻等不得不罢休。无独有偶，有一位名叫陈乾昔的，临终时要求儿子做一口大棺材，让两个婢女在他的左右两边殉葬。陈乾昔死后，他的儿子没有照他的要求办，说："以殉葬，非礼也！"礼家对殉葬的态度如此。

礼缘人情而作，礼家十分看重人与人之间的情感，认为其是判断为政得失的重要标志之一。宋国有一位守城的士兵死了，司城子罕"哭之哀"。晋国的探子回去报告了这一情况，认为这表明宋国统治者一定深得民心，所以千万不能去进攻。孔子很赞赏晋国的探子，因为他懂得民心向背是决定战争胜负的关键。与此相反，晋大夫荀盈去世而尚未安葬，晋平公就饮酒作乐，并让乐师师旷和近臣李调陪饮。杜蒉愤然上前责罚师旷、李调不能规劝国君的过错，晋平公惭愧无已，表示要永远记住杜蒉的劝戒。这种鲜明的以人为本的立场，在《礼记》中可谓触目皆是，而且关怀的目光及于下层的普通民众。鲁国发生旱灾，穆公按照传统的风俗，要暴晒尪（wāng）者，尪者是脊柱弯曲、面部向天的残疾人，古人认为上天哀怜尪者，怕雨水会灌进其鼻孔，所以不下雨。后来又要暴晒负责祈雨的巫婆。县子批评穆公"虐""疏（迂阔）"，并制止了这种残忍不人道的行为。

礼家反对非正义的战争，尤其反对在战争中杀戮无辜。吴国军队侵略陈国，砍伐陈国神社的树木，杀死患有传染病的百姓。陈国的太宰嚭指责说，自古以来，攻伐他国的军队都不砍伐神社的树木，不杀害病人，不俘房头发花白的老人，为的是体现人道。如今你们连病人都杀，可谓"杀害病人之师"。礼家主张对为保卫正义而献身的人予以特殊礼遇。鲁国少年汪踦为保卫祖国而战死。古代未成年而死被称为"殇"，殇者不得行成人丧礼。但鲁人决定破格为之举丧。孔子十分赞成，说他既然"能执干戈以卫社稷"，就应该用成人之礼。

《礼记》中处处投射出礼家人文关怀的光辉。最著名的无过于《檀弓》中"孔子过泰山侧"一节，一位妇女的公公、丈夫和儿子都被老虎咬死，依然不肯离开荒野，原因是唯有此处没有苛政。孔子感慨地对学生说"苛政猛于虎也"。孔子此语成为后世反对暴政和苛捐杂税的思想武器。

四 哲理与格言

《礼记》一书，还广泛讨论了礼的本质、理论、运用等问题，富有哲理，为后人留下了弥足珍贵的思想资源。

《礼运》通论礼的本源和礼制的演变，将五帝三王之政区分为"大同"与"小康"两个阶段。孔子关于大同世界的论述，展示了儒家理想的蓝图，洪秀全、康有为、孙中山等都受到过"天下为公"思想的影响，他们的理想国中都有大同世界的影子。

《乐记》是我国最早的音乐理论著作，提出了"乐本于心""乐由中出，礼自外作""乐者天地之和""声音之道与政通""乐以象德"等重要观点。

《学记》是我国最早的系统记述教育制度、教学内容、教育理论的著作，提出了教师在教学中的主导地位、教学相长、因时施教、启发式教学、循序渐进等一系列教学原则。

《经解》解说六经在教育中的不同目标，《诗》教使人温柔敦厚，《书》教使人通达、知史，《乐》教使人广博、驯良，《易》教使人洁净、精微，《礼》教使人恭俭、庄敬；《春秋》之教使人知晓著史体例。六经失修，人民就会愚、诬、奢、贼、烦、乱。

《王制》是汉文帝命博士诸生杂采六经古注而作，意在损益虞夏商周之制，以定一王之法。篇中历述王者颁爵制禄、封邦建国、设官分职、朝聘巡狩、井田、教化刑禁、述职考绩、征税贡物、丧祭国用、选士养老等制度，颇似一篇完整的施政大纲。

《月令》采辑《吕氏春秋》十二纪首章而成，不仅完整地记述一年十二月的天文、气象、物候，而且按照阴阳消长和五行相生的理论，安排四时十二月的政令、农事。

《礼记》中充满传诵千古的格言，朗朗上口，便于记诵和引用，这是《礼记》得以流传的重要原因之一。例如：

> 毋不敬，俨若思，安定辞，安民哉。(《曲礼》)
>
> 临财毋苟得，临难毋苟免。(《曲礼》)
>
> 在朝言朝，朝言不及犬马。(《曲礼》)
>
> 大学之道，在明明德，在亲民，在止于至善。
> (《大学》)
>
> 君子慎其独。(《中庸》)
>
> 富润屋，德润身。(《大学》)
>
> 君子不失足于人，不失色于人，不失口于人。
> (《表记》)
>
> 口惠而实不至，怨菑及其身。(《表记》)
>
> 小人溺于水，君子溺于口，大人溺于名，皆在

其所衰也。(《缁衣》)

民以君为心，君以民为体。(《缁衣》)

儒有不宝金玉，而忠信以为宝；不祈土地，立义以为土地；不祈多积，多文以为富。(《儒行》)

不临深而为高，不加少而为多。(《儒行》)

好学近乎知，力行近乎仁，知耻近乎勇。(《中庸》)

凡事豫则立，不豫则废。(《中庸》)

人一能之已百之，人十能之已千之。(《中庸》)

博学之，审问之，慎思之，明辨之，笃行之。(《中庸》)

君子尊德性而道问学，致广大而尽精微，极高明而道中庸；温故而知新，敦厚以崇礼。(《中庸》)

君子贵人而贱己，先人而后己。(《坊记》)

善则称人，过则称己。(《坊记》)

安上治民，莫善于礼。(《经解》)

内乱不与焉，外患弗辟也。(《杂记下》)

张而不弛，文武弗能也。弛而不张，文武弗为也。一张一弛，文武之道也。(《杂记下》)

君子乐得其道，小人乐得其欲。(《乐记》)

玉不琢，不成器。人不学，不知道。(《学记》)

教学相长。(《学记》)

大道之行也，天下为公。(《礼运》)

在古代中国，《礼记》的思想和格言可谓家喻户晓，代代流传，成为人们立身、处事的准则。甚至不识字的民众，也能熟知《礼记》中的许多格言，这正是《礼记》的魅力之所在。

五 《礼记》的流传与影响

《仪礼》《周礼》文字古奥，内容繁复，枯燥难读。而《礼记》的文字每每可与《周礼》《仪礼》联系，被认为是打通《周礼》《仪礼》的桥梁；其内容，上可探索阴阳，穷析物理，推本性命，下而及于修身齐家，民生日用。既能严礼乐之辨，又可究度数之详。所以，两汉以来，每每为学者所乐道。

宋代大儒都很推崇《礼记》。程颢认为《礼记》多传圣门绪余，"如《乐记》《学记》《大学》之类，无可议者；《檀弓》《表记》《坊记》之类，亦甚有至理，惟知言者择之。如《王制》《礼运》《礼器》，其书亦多传古意"。朱熹说:"《大戴礼》冗杂,其好处已被小戴采摘来做《礼记》了。"实际上是说《礼记》集中了古文《记》的精华。朱熹采撷《曲礼》等文,撰《学礼》十五篇,收入《仪礼经传通解》中。

明儒柯尚迁说:"《曲礼》《内则》《少仪》实《古礼经》篇名。"又说:"《曲礼》'毋不敬'四言,实古帝王相传格言","《内则》之教,先王所以立父子、夫妇之大伦矣。教子之道,必有《少仪》之礼,外傅之教始详,亦古经也,而孝弟教本推及于长幼、朋友二伦,皆立于《少仪》之中矣"(《曲礼全经类释·自序》)。

朱升说:"《仪礼》,经也,所记者名物制度;《礼记》则传其意焉。远古无传,则求其数也难,不若姑因其义之可知者,使学者尽心焉,以求古圣制作之意,而通乎其余,此设科者不得不舍经而求传也。"(《经义考》卷一三九)

虞集说,《礼记》一书,"曾子、子思道学之传在焉。不学乎此,则《易》《诗》《书》《春秋》未易可学也",而且尧、舜、三代之遗说,"舍此几无可求者"(《经义考》卷一三九)。

唐太宗命国子祭酒孔颖达等为《易》《诗》《书》

《礼》《春秋》等五经作新疏，以资讲习。其中，最引人注目的现象是用《礼记》代替了《仪礼》。孔颖达疏集南学与北学之长，广采旧文，词富礼博，犹如依山铸铜，煮海为盐，为学者提供了丰富的资料。唐以"九经"取士，按字数多少将九经分为三等：《礼记》《左传》为大经；《毛诗》《周礼》《公羊》为中经；《周易》《尚书》《仪礼》《穀梁》为小经。由于《礼记》的文字比《左传》少，文字也相对浅近，故儒生多舍《左传》而读《礼记》，使得《礼记》之学大盛。王安石在科举考试中废《仪礼》而存《礼记》之科，使《礼记》之学进一步压倒《仪礼》。

使得《礼记》的地位日益上升的另一个原因，是学术界对《大学》《中庸》的彰显。韩愈为了建立儒家的圣学道统，从《礼记》中发掘出《大学》《中庸》，认为其是与《孟子》《易经》同等重要的"经书"，"遂为千万世道学之渊源"（陈澔《礼记集说·自序》）。宋儒唱和韩说，张载说："《中庸》《大学》出于圣门，无可疑者。"朱熹认为《大学》是"初学入德之门"，《中庸》是"孔门传授心法之书"，并将它们从《礼记》中抽出，与《论语》《孟子》合称《四书》，与《六经》并行，以为天地立心，为生民立命，为前圣继绝学，为万世开太平。从元朝元仁宗皇庆二年（1313）起，考试科目必须依《四书》出题，《四书》便成为士子必读之书。

宋代《礼记》研究的重头戏是卫湜的《礼记集说》。此书兼取郑注、孔疏、陆德明《经典释文》，博采一百四十四家之说，剪除芜蔓，撮举枢要，详而且明，使读者能"因众说之浅深，探一经之旨趣，详而度数，精而性理，庶几贯通而尽识之矣"（《礼记集说·自序》）。

元儒陈澔作《礼记集说》三十卷，因陈氏号云庄，故又名《云庄礼记集说》。此书较卫湜书简便，但多失古义，好以空言推义理，舛误也比较多。明永乐十二年（1414），胡广奉诏修《五经大全》，其中《礼记大全》采诸儒之说共四十二家，为学者一时所重。

清代《礼记》之学的重要著作有《钦定礼记义疏》、纳兰性德《礼记集说补正》、李光坡《礼记述注》、方苞《礼记析疑》、朱轼《礼记纂言》、朱彬《礼记训纂》、孙希旦《礼记集解》等。其中以孙希旦《礼记集解》为成就最高，此书博参宋元以来诸家之说，以发明古义，新见迭出，读者可以参阅。

9

冠者礼之始也：冠礼

冠礼方位图

远古氏族社会时代，流行过一种"成丁礼"。氏族中的未成年者，可以不参加生产、狩猎活动，也不必参加战争，氏族对他们有哺育和保护的责任。但在他们到成人的年龄后，氏族则要用各种方式测验其体质与生产、战争技能，以确定其能否取得氏族正式成员的资格。随着社会的发展，成丁礼在绝大多数地区都消失了，而中国的儒家看到了它的合理内核，将它加工改造为"冠礼"，作为人生礼仪的重要组成部分。《仪礼》有《士冠礼》一篇，详细记载士之子举行冠礼的仪节。《礼记》有《冠义》一篇，说解冠礼的含义。

一　成人之者，将责成人礼焉

　　行冠礼之年，也就是进入成年的年龄，有一定讲究。儒家认为，人的成长离不开学习，不同的年龄段有不同的学习内容。《礼记·内则》说，六岁，教以数目与四方之名；八岁，教以礼让，示以廉耻；九岁，教以朔望和六十甲子；十岁，离开家庭，住宿在外，向老师学习"书计"（文字）、"幼仪"（奉侍长者的礼仪），以及有关的礼的篇章和日常应对的辞令；十三岁，学习音乐、诵读《诗经》，练习称为《勺》的舞蹈（文舞）；十五岁之后称为"成童"，练习称为《象》的舞蹈（以干戈为道具的武舞），以及射箭和御车。经过多年的学习，也就是到了二十岁，具备了一定的文化知识的基础，而且血气强盛，身体发育成熟，能够独立面对社会，《礼记·曲礼》说"男子二十，冠而字"，此时可以为之举行成年礼。成年以后，还要进入更高层次的学习，关于学习的内容，《礼记·内则》有具体的记载。

人既成年，为什么要举行仪式？它究竟暗含了怎样的意义？《礼记·冠义》说："成人之者，将责成人礼焉也。责成人礼焉者，将责为人子、为人弟、为人臣、为人少者之礼行焉。将责四者之行于人，其礼可不重与？"可知，举行这一仪式，是要提示行冠礼者：从此将由家庭中毫无责任的"孺子"转变为正式跨入社会的成年人，只有能履践孝、悌、忠、顺的德行，才能成为合格的儿子、合格的弟弟、合格的臣下、合格的晚辈，成为合格的各种社会角色。唯其如此，才可以称得上人，也才有资格去治理别人。因此，冠礼就是"以成人之礼来要求人的礼仪"。

二 筮日、筮宾，所以敬冠事也

冠礼既是如此重要，在仪式中就会有特别的体现。首先，举行冠礼的日子要通过占筮的形式来选择，不得随意决定。选择吉日的仪节称为"筮日"。冠礼之所以要选吉日，《冠义》说是为了"求其永吉"，希望冠者从此有一个良好的开端。

冠礼是家庭继承人的成年礼仪，是关系到家族的传承和发展的大事。古时如此郑重的仪式，必须在家庙进行。《冠义》解释说："行之于庙者，所以尊重事，尊重事而不敢擅重事，不敢擅重事所以自卑而尊先祖也。"有着以祖先的名义行礼的含义，也就是《礼记·文王世子》所说的"冠、取妻必告（告庙）"的意思。

日期确定后，作为举行冠礼的主人（将冠者的父亲），要提前三天通知各位同僚、朋友，邀请他们届时前来观礼。这一仪节称为"戒宾"，戒是告知、通报的意思。

主人再次通过占筮的方法，从所通报的僚友中选择一位德高望重的人担任加冠的正宾，这一仪节称为"筮宾"。冠礼之日，正宾必须到场，否则不能成礼。所以，人选一经确定，主人要提前一天前往正宾家中作特别邀请。除此之外，还要特邀一位"赞者"，即协助正宾加冠的助手。通过占筮来确定冠日以及正宾的人选，都是郑重其事的表现，所以《冠义》说："古者，冠礼筮日、筮宾，所以敬冠事。敬冠事所以重礼，重礼所以为国本也。"

三　三加弥尊，加有成也

冠礼的主体部分，是由正宾依次将缁布冠、皮弁、爵弁等三种冠加于将冠者之首。缁布冠实际上是一块黑布，相传太古时代以白布为冠，若逢祭祀，就把它染成黑色，所以称为缁布冠，这是最初的冠。冠礼首先加缁布冠，是为了教育青年人不忘先辈创业的艰辛。周代贵族生活中已经不戴缁布冠，所以冠礼之后就搁置不用。

其次是加皮弁，皮弁的形制类似于后世的瓜皮帽，用白色的鹿皮缝制而成，与朝服配套穿戴，地位要比缁布冠尊。最后加爵弁，"爵"通"雀"，爵弁所用质料与雀头的颜色（赤而微红）相似，故名。爵弁是国君祭祀等庄重的场合戴的，地位最尊。三次加冠，将地位最卑的缁布冠放在最前，地位稍尊的皮弁在其次，而将爵弁放在最后，每加愈尊，是隐喻冠者的德行能与日俱增，所以《冠义》说："三加弥尊，加有成也。"

明代朱翊钧皮弁

加冠之前，三种冠分放在三个竹器中，由三位有司捧着，从西阶的第二个台阶依次往下站立。加冠者在堂上有专门的席位，其位置因身份的不同而不同。嫡长子的席位设在阼阶之上，庶子（嫡长子的同母弟和异母兄弟）的席位在堂北偏东的地方。堂的面向都朝南，堂前有东、西二阶，东阶供主人上下堂专用，所以称为主阶，也叫阼阶；西阶供来宾上下堂，所以称为宾阶。《仪礼·士冠礼》说："嫡子冠于阼，以著代也。""著"是彰显的意思，"代"是替代，阼阶之上是主人之位，让嫡长子在此加冠，意在突出他将来有资格取代父亲在家中的地位。

加冠之前，先由赞者为冠者梳头，再用帛将头发包好，做好一切准备。为了表示洁净，正宾都要先到西阶下洗手，然后上堂到将冠者的席前坐下，亲手将冠者头上包发的帛扶正，然后起身，从西阶走下一级台阶，从有司手中接过缁布冠，走到将冠者席前，先端正其容仪，然后致祝词说："月份和时日都很吉祥，现在开始为你加冠。抛弃你的童稚之心，慎养你的成人之德。愿你长寿吉祥，广增洪福。"（此句译意）祝毕，亲手为他戴上缁布冠。接着由助手为冠者系好冠缨。冠者进房，脱去采衣，换上与缁布冠配套的玄端服出房，面朝南，向来宾展示。

二加、三加之礼的仪节与此基本相同，只是第二次加冠时，正宾要从西阶走下两级台阶；第三次加冠时要走下三级台阶，因为捧持皮弁和爵弁的有司站在不同的位置。此外，每次加冠的祝词略有变化，但意思相同，无非勉励加冠者抛弃幼小嬉戏惰慢之心，而树立进德修业之志。这是前辈对冠者的衷心祝愿，是成年教育的重要内容。讲完祝词之后，冠者都要应答。每次加冠之后，冠者都要进房换上相应的服装，然后出房，向来宾展示。

不难发现，冠礼的重要内容之一，是进行容体、颜色、辞令的教育，内中有很深的含义。《冠义》说："礼义之始，在于正容体，齐颜色，顺辞令。容体正、颜色齐、辞令顺，而后礼义备，以正君臣，亲父子，和长幼。君臣正、父子亲、长幼和，而后礼义立。"人之所以区别于禽兽，是因为人懂得礼仪，而礼仪是以容貌端正、神色庄敬、辞令恭顺为基础的。要责以成人之礼，首先要从容体、颜色、辞令的教育开始，唯其如此，赞者、正宾才不厌其烦地为之梳理头发、扶正帛巾，并且让他展示体貌。《冠义》说"冠者，礼之始也"，正是这个意思。刘向在《说苑》中说，冠礼的意义在于"内心修德，外被礼文"，是"既以修德，又以正容"，又引孔子的话说："正其衣冠，尊其瞻视，俨然人望而畏之，斯不亦威而不猛乎?"可谓深得其旨。

三加之礼完成后，举行醴冠者的仪式。冠者的席位在堂上的室门之西，正宾向冠者敬醴酒，并致祝词："甘美的醴酒醇厚，上好的脯醢芳香。请下拜受觯，祭献脯醢和醴酒，以奠定你的福祥。承受那上天的美福，长寿之年犹不忘怀。"冠者按照规定的礼节饮酒，然后起身离席，为冠礼圆满完成而拜谢正宾，正宾答拜还礼。

四　已冠而字之，成人之道也

古人有姓、有名，还有字，如杜甫姓杜、名甫，字子美。诸葛亮复姓诸葛、名亮，字孔明。据《礼记·内则》记载，上古时代，孩子生下来三个月，由母亲抱着去见父亲，父亲"咳（hāi）而名之"，意思是拉着孩子的右手，用食指轻挠他的下巴，为之取名。二十年之后，当孩子长大成人，则要在冠礼上由正宾再为他取一个表字。

在姓名之外取表字，是为了表示对父亲所起之名的敬重。在古代的社会交往中，只有长辈对晚辈或者尊者对卑者可以直呼其名。平辈之间、晚辈对长辈则要以字相称，以示尊敬，否则就是失礼。也就是说，"字"是成人交际时使用的，所以《冠义》说："已冠而字之，成人之道也。"

正宾为冠者取字有严格的仪式。正宾从西阶下堂，站在正对西序之处，面朝东。主人从东阶下堂，站在正对东序之处，面朝东。冠者站在西阶下的东侧，面朝南。正宾为冠者取表字，并致祝词："礼仪已经齐备，在此良月吉日，宣布你的表字。你的表字无比美好，宜为英俊的男士所有。适宜就有福佑，愿你永远保有。你的表字就叫'伯某甫'。"周代的表字，首字表示排行，用伯、仲、叔、季表示，视情况而定；末字"甫"，或作"父"，是对男子的尊称；中间的"字"，一般与名的字义有联系，如孔丘，字仲尼父，仲是排行，尼与丘对应，丘是山丘，尼是尼山，是孔子出生的地方。末一字可以省略，所以孔子的字通常可以称仲尼。

目前我国大陆地区的民众已经很少有人再取字，但在海外华人区，以及韩国、日本等汉文化圈的文化人中，依然流行取字的风气。

五　以成人之礼见尊者、长者

冠礼完毕，冠者要拜见有关的尊长。先从西阶下堂，折而东行，出庭院的东墙，面朝北，拜见在这里等候的母亲，并献上干肉，以表敬意。母亲拜受后准备离去，冠者拜送，母亲又拜。这一过程中，作为儿子的冠者只对母亲拜一次，而母亲却拜了两次，这是上古时代妇人对成年男子的拜法，称为"侠拜"，这一礼节如今在我国已经失传，但在韩国依然保留着。

冠者又去见站在堂下的亲戚。亲戚向冠者行再拜之礼，冠者答拜还礼。然后出庙门，进寝门，去见姑姑和姐姐，仪节与见母亲一样。冠者拜见母亲、兄弟等，是表示在家中从此以成人之礼相见，所以《冠义》说："见于母，母拜之；见于兄弟，兄弟拜之；成人而与为礼也。"

冠者回家脱去爵弁服，换上玄冠、玄端和雀色的蔽膝，手执一只雉，前往拜见国君。见面时，要将雉放在地上，不能亲手交给国君，因为亲手授受是尊者与尊者之间的礼节。礼毕，再执雉分别去拜见卿大夫和乡先生。所谓"乡先生"，是指退休还乡的卿大夫。这是冠者首次以成人的身份拜见国君、乡大夫、乡先生，所以《冠义》说："玄冠、玄端，奠挚于君，遂以挚见于乡大夫、乡先生，以成人见也。"

冠者拜会尊长完毕，主人用醴酒酬谢正宾，用的是一献之礼。所谓"一献之礼"，包括献、酢、酬，即主人先向宾敬酒（献），宾用酒回敬主人（酢），主人先自饮、然后斟酒再敬宾（酬）。为了表示对正宾的感谢，主人以五匹帛和两张鹿皮相赠。冠礼至此结束，正宾告辞，主人送到门外，再拜，并派人将盛有牲肉的礼俎送到正宾的家中。

乡大夫、乡先生接见冠者时，要对冠者有所教诲。如何教诲，《士冠礼》未曾提及。所幸者，《国语·晋语》对赵文子行冠礼后往见诸卿的情况有详细的记载，可以弥补《士冠礼》的缺失。赵文子先去见栾武子（栾书），武子说："我曾与你的父亲赵朔共过事，他这人有些华而不实，希望你今后注重务实。"又去见范文子（范燮），文子说："从今以后你要懂得戒惧。有贤德的人，在恩宠加身时总是更加谨慎，只有德行不足的人才会因恩宠而骄奢。"又去见韩献子（韩厥），献子说："记住！你成年之初就应该向善，要不断地由善进入更善的境界，这样，不善就无法靠近你了。如果你一开始就不能向善，不断由不善进入到更加不善的地步，那么，善就与你无缘了。犹如草木的生长，事物总是依类相从的。人之有冠，好比宫室之有墙屋，要勤加修整。除此之外，我还有什么可说的呢？"又去见智武子（亦称荀罃），武子说："孩子要记住：你曾祖赵成子的文采，祖父赵宣子的忠诚，难道可以忘怀吗？孩子要记住：有赵宣子的忠诚，再加上赵成子的文采，侍奉国君就没有不成功的。"最后去见张孟，先把前面几位的教导叙说了一遍，张孟说："他们说得太好了！如果你听从栾书的话，就可以达到范燮所教导的境界，就可以弘扬韩厥的告诫，将来就可以成就圆满。如果你牢记智罃说的道理就好了。这都是先王的阴德在滋润你啊！"冠礼与教育的密切关系，于此可见。

六　古代社会中的冠礼

周代实行以嫡长子继承制为核心的宗法制度，在位的帝王去世，嫡长子无论年纪长幼，都可以继位。但是，只要继位的新王没有成年，就不能执掌朝纲。例如，周武王去世时，成王尚在襁褓之中，虽然入承大统，但不具备亲政的能力，只能由周公摄政。直到成王成年之后，周公才返政于成王。原因很简单，未成年者不具备南面之资。又如嬴政十三岁就即秦王之位，据《史记·秦始皇本纪》，直到九年后的四月己酉，也就是二十二岁时，才"冠，带剑"，开始亲政。可见，对于帝王而言，冠礼具有特殊的意义。不仅如此，一般的士人如果没有行冠礼，也不得担任重要官职。据《后汉书·周防传》，周防十六岁仕郡小吏。世祖巡狩汝南，召橡史试经，见周防"尤能诵读"，欲拜为守丞。周防因尚未行冠礼，不能从命。

西汉王朝对于帝王的冠礼非常重视。据《汉书·惠帝本纪》，汉惠帝行冠礼时，曾经宣布"赦天下"，这是历史上因帝王行冠礼而大赦天下的开始。其后，又有因太子行冠礼而赐民以爵位的，据《汉书·景帝本纪》，景帝后元三年（前141）正月，"皇太子冠，赐民为父后者爵一级"。又据《汉书·昭帝本纪》，元凤四年（前77），昭帝加冠，"赐诸侯王、丞相、大将军、列侯、宗室，下至吏民，金帛、牛酒各有差。赐中二千石以下及天下民爵。毋收四年、五年口赋。三年以前逋更赋未入者，皆勿收。令天下酺五日"。颇似普天同庆的节日。

为了与臣下的冠礼相区别，汉昭帝的冠礼还专门撰作了冠词。据《博物记》（《续汉书·礼仪志》注引）所记，其冠词为："陛下摛显先帝之光耀，以承皇天之嘉禄，钦奉仲春之吉辰，普尊大道之郊域，秉率百福之休灵，始加昭明之元服。推远冲孺之幼志，蕴积文武之就德，肃勤高祖之清庙，六合之内，靡不蒙德，永永与天无极。"这是后世帝王另撰冠词之始。

东汉伏波将军马援的次子马防，在肃宗时担任过卫尉，其子马钜常跟从左右。据《后汉书·马防传》，汉章帝六年（81）正月，马钜年及冠龄，特拜为黄门侍郎。汉章帝亲至章台下殿，"陈鼎俎，自临冠之"。可惜，史书中皇帝亲临臣子冠礼的记载仅此一见。

从南北朝到隋唐，冠礼一度废而不行。柳宗元在答韦中立的书信中谈到，"冠礼，数百年来，人不复行"，说当时有一位名叫孙昌引的人，"独发愤行之"，冠礼毕，仿当年赵文子见栾书等的故事，次日上朝，希望众卿士能对他有所教导。到外廷后，孙氏荐笏对卿士说：

"某子冠毕。"不料众卿士莫名其妙，京兆尹郑叔则怫然，曳笏却立说："这与我有何相干？"文武大臣哄然大笑。可见，当时朝廷的大臣已不知冠礼为何物。

从唐到宋，"品官冠礼悉仿士礼而增益之，至于冠制，则一品至五品，三加一律用冕。六品而下，三加用爵弁"（《明集礼》）。可知唐宋时代在品官中实行过冠礼，按照品阶高下，加不同的冠。

宋代的一些士大夫痛感佛教文化是对大众层面的强烈冲击，造成固有文化的迅速流失，主张要在全社会推行冠、婚、丧、祭等礼仪，以此弘扬儒家文化传统。司马光痛心疾首地说："冠礼之废久矣。近世以来，人情尤为轻薄，生子犹饮乳。已加巾帽，有官者或为之制公服而弄之。过十岁，犹总角者盖鲜矣。彼责以四者之行，岂能知之？故往往自幼至长，愚骏如一，由不知成人之道故也。"（《朱子家礼》引）认为废除冠礼，使得人情轻薄，自幼至长不知成人之道，从而造成严重的社会问题。所以，司马光在他的《书仪》中，制定了冠礼的仪式，规定：男子年十二至二十岁，只要父母没有期以上之丧，就可以行冠礼。为了顺应时变，司马光将《仪礼》的《士冠礼》加以简化，使之易于为大众掌握。此外，还根据当时的生活习俗，将三加之冠作了变通：初加巾，次加帽，三加幞头。《朱子家礼》沿用了司马光《书仪》的主要仪节，但将冠年规定为男子年十五至二十，并从学识方面提出了相应的要求，"若敦厚好古之君子，俟其子年十五以上，能通《孝经》《论语》，粗知礼义之方。然后冠之，斯其美矣"。

程颐也极力倡导冠礼，认为"冠礼废，则天下无成人"。《左传》襄公九年（前564）载，晋悼公宴请鲁襄公时，问及鲁襄公的年龄，季武子说只有十二岁。有人援引此例，主张将冠龄提前到十二岁，遭到程颐的坚决反对，说："此不可。冠所以责成人，十二年非可责之时。"认为，既行冠矣，就必须责以成人之事，否则就成了虚礼；如果冠礼之后不能责以成人之事，则终其一生都不能期望他成人，因此，"虽天子诸侯，亦必二十而冠"（《二程遗书·伊川先生语一》）。

据《明史》，明洪武元年（1368）诏定冠礼，从皇帝、皇太子、皇子、品官，下及庶人，都制定了冠礼的仪文，《明史》中有关皇帝、皇太子、皇子行冠礼的记载很多，说明在皇室成员中依然保持着行冠礼的传统，"然自品官而降，鲜有能行之者，载之礼官，备故事而已"(《明史·礼志八》)。可见在官员和民间已经很少有人行冠礼了。清人入主中原后，政府颁定的礼仪制度发生很大变化，虽然还有五礼的名目，但长期作为"嘉礼之重者"的冠礼不再出现在"嘉礼"的细目之中。

七 女子的笄礼

古代男子有冠礼，女子则有笄礼。《礼记·曲礼》说："女子许嫁，笄而字。"可见女子是在许嫁之后举行笄礼、取表字。笄礼的年龄小于冠礼，《礼记·杂记》说："女子十有五年许嫁，笄而字。"如此，则许嫁的年龄是十五岁。如果女子迟迟没有许嫁，则可以变通处理，《礼记·内则》郑玄注说："其未许嫁，二十则笄。"笄礼的仪节，文献没有记载，学者大多认为应当与冠礼相似。

到了宋代，一些学者为了推行儒家文化，构拟了士庶女子的笄礼，司马光的《书仪》以及《朱子家礼》都有专门的仪式。《书仪》，女子许嫁，笄。主妇女宾执其礼。笄礼行之于中堂，执事者用家内的妇女婢妾充任。席以背设施（yí）䄖总首饰置桌子上，冠笄盛于盘中，上面蒙以帕，由执事者执之。主人于中门内迎宾。宾致祝词后为之加冠、笄，赞者为之施首饰，宾揖笄者，适房，改服背子。既笄，所拜见者仅限于父及诸母、诸姑、兄姊。其余仪节都与男子冠礼相同。《朱子家礼》的笄礼与《书仪》大体相同。女子许嫁，即可行笄礼。如果年已十五，即使没有许嫁，也可以行笄礼。笄礼由母亲担任主人。笄礼前三日戒宾，前一日宿宾，宾选择亲姻妇女中贤而有礼者担任。陈设，在中堂布席。厥明，陈服，如冠礼。序立，主妇如主人之位。宾至，主妇迎入，升堂。宾为将笄者加冠笄，适房，服背子。为笄者取字。笄者见尊长，最后礼宾，仪节与冠礼相同。

公主的笄礼，文献语焉不详，《政和五礼新仪》的《冠礼》没有提及，而《宋史》有之，皇帝亲临于内殿，估计是仿照庶子冠礼制作的。明代笄礼不见于记载。

10

合二姓之好：婚礼

光绪大婚庆隆舞

古代男子行冠礼之后，就有了婚配的资格。《仪礼》有《士昏礼》一篇，记载先秦士的婚礼仪式；《礼记》则有《昏义》一篇，论述婚礼的人文内涵。这两篇文献是我们了解和研究先秦婚礼的主要材料。婚礼涉及两姓联姻的质量和稳定性，涉及宗族是否昌盛，所以《昏义》说："昏礼者，将以合二姓之好，上以事宗庙，而下以继后世也，故君子重之。"

一　婚姻之义

两性结合的开始是种族得以繁衍的基础，因而是动物界的普遍现象。但是，为什么唯独人类的两性结合需要经由"礼"的种种形式呢？这是首先需要回答的问题。

人类在迈入文明时代之前，经历过杂交乱婚、"知母而不知父"的阶段，异性的结合相当随便，甚至不需要区别辈分、血缘。随着民智的开化，人们发现，乱婚的结果，不仅使族群中的智力低下或病态儿童大为增多，还造成了伦常关系的混乱。《礼记·曲礼》说："夫唯禽兽无礼，故父子聚麀。是故圣人作，为礼以教人。使人以有礼，知自别于禽兽。"为了杜绝"父子聚麀"（父子用同一个性配偶）之类的落后现象出现，"圣人"对异性的结合作种种的限定，使人类远离禽兽。

礼缘人情而作，性情以男女为大，人类的性本能难以自发地控制，为了引导人们正确把握男女之情，使性情之道万世不废，儒家制定了婚姻之礼。只有经过婚姻之礼的女子，才能成为男子的配偶；对于其他的女子，则必须恪守男女之大防，所以《礼记·经解》说："昏姻之礼，所以明男女之别也。故昏姻之礼废，则夫妇之谊苦而淫辟之罪多矣。"

儒家特别看重婚姻之礼，并作了种种理论阐述。首先是伦理哲学方面的意义。儒家以人法天，自然界的万物，乃是天阳、地阴所化生。男女则是社会的阴阳两极，是衍生亿万人类的渊源。《周易·序卦传》："有天地，然后有万物；有万物，然后有男女；有男女，然后有夫妇；有夫妇，然后有父子；有父子，然后有君臣；有君臣，然后有上下；有上下，然后礼义有所错。"人类社会的君臣、父子等的一切人伦关系，都是由夫妇的结合而派生出来的。这与自然界的阴阳二气相和合，化生了四时和万物，在本质上是一致的。从这个意义上说，夫妇是人伦之基，"万世之始"（《礼记·郊特牲》），婚礼是"礼之本"（《礼记·昏义》）。

其次是稳定家国方面的意义。《史记·外戚世家》说，自古帝王的为政得失，往往与配偶的贤否相关，如"夏之兴也以涂山，而桀之放也以末喜。殷之兴也以有娀，纣之杀也嬖妲己。周之兴也以姜原及大任，而幽王之禽也淫于褒姒"，圣人的经典，都以夫妇之道为首，"《易》基乾坤，《诗》始《关雎》，《书》美釐降，《春秋》讥不亲迎。夫妇之际，人道之大伦也"。因此，在古代中国，天子与后的婚姻具有垂范天下的意义。《昏义》说："天子之与后，犹日之与月，阴之与阳，相须而后成者也。"在儒家的经典中，治理天下，说到底是治理男女民众，因此天子与后有一种自然分工，《昏义》说："天子理阳道，后治阴德；天子听外治，后听内治。教顺成俗，外内和顺，国家理治，此之谓盛德。"所以在官职的设置上，两者有对等的关系：天子立六官，三公九卿，二十七大夫，八十一元士；后立六宫，三夫人九嫔，二十七世妇，八十一御妻，只是前者听外治，后者听内治而已。儒家把由男女而起的阳道与阴德、外治与内职的和顺，看作盛德至治的标志。明清故宫以皇帝所居之处名为乾清宫，以后所居之处名为坤宁宫，显然是以天子与后为人间阴阳的象征。

二　议婚和定亲

从《仪礼·士昏礼》可知，士娶妻，要经过纳采、问名、纳吉、纳徵、请期、亲迎等六个主要仪节，称为"六礼"。前五个仪节都比较简单，核心内容是议定婚姻。

"纳采"，后世称为"提亲"，采是采择、选择的意思，是女方谦虚的说法，意思是自家女儿不过是聊备男家选择的对象之一。男家先请媒人到女家提亲，得到允诺后，就派使者到女家致辞，并送上礼物——雁。女家若同意议婚，就收纳其礼物。

这里有几点要注意。首先，古代议婚，男女双方一定要通过媒人、使者来交接，而不能彼此直接接触。之所以要作这样的规定，是为了避免男女草率苟合，因此郑玄《士昏礼》注说是"皆所以养廉耻"。《诗经·齐风·南山》说"取妻如之何？匪媒不得"，可见这已成为一种普遍的风气，也是东方女子讲羞涩的表现。反之，如果男女私定终身，就会受到家庭和社会的耻笑，《孟子·滕文公下》说："不待父母之命、媒妁之言，钻穴隙相窥，逾墙相从，则父母国人皆贱之。"

其次，婚礼是继宗传代大事，所以要经过种种程序，以示郑重。而且纳采、问名、纳吉、纳徵、请期等五个仪节，都在女方的祢庙（父庙）举行，并且要像侍奉生者一样，在祢庙为祖先的神灵设坐席以及供凭依的几，含有听命于宗庙的意思，也都是尊重其事的表现。

再次，除纳徵，在六礼的其他五个仪节中，男家使者带往女家的见面礼物都是雁，这可能是一种相沿而来的习俗，但儒家对此也注入了新的礼义。《白虎通》说："取其随时而南北，不失其节，明不夺女子之时也。又是随阳之鸟，妻从夫之义也。又取飞成行，止成列也。明嫁娶之礼，长幼有序，不相逾越也。"使古老的习俗有了新的象征意义。

纳采礼毕，使者出庙门，但并不回家，稍后再次进入女家之门"问名"，即询问女子母亲的姓氏，以了解对方的血缘关系，避免出现同姓婚配的情况。同姓相婚，子孙不能蕃息昌盛。《左传》僖公二十三年（前637），郑叔詹说："男女同姓，其生不蕃。"《左传》昭公元年（前154），子产说："内官不及同姓，其生不殖。美先尽矣，则相生疾，君子是以恶之。故《志》曰：'买妾不知其姓，则卜之。'"避免同姓婚配、近亲繁殖，是为了保持族群的优生，是社会进步的表现。

从先秦文献来看，同姓不婚已经成为周代社会的婚姻法则，娶同姓为妻是违反礼制的行为，要受到舆论抨击，这里有一个十分著名的例子。鲁哀公十二年（前483）夏五月甲辰，昭公的夫人孟子卒。孟子姓吴，照理应该称"吴孟子卒"，可是，《春秋》却写作"孟子卒"，原因何在？《左传》说，"昭公娶于吴，故不书姓"。《公羊传》《穀梁传》也都说是"讳娶同姓"。意思是说，吴国是周太伯的后裔，与鲁国是同姓之国。昭公违反了"娶妻不娶同姓"的规定，娶吴孟子为夫人，是失礼的行为。出于为尊者讳的考虑，所以隐去"吴"姓，只称"孟子"。孔子提到这件事也非常生气，说：

"君取于吴，为同姓，谓之吴孟子。君而知礼，孰不知礼！"（《论语·述而》）

男家得知女子姓氏后要占卜，如果得到吉兆，就派使者到女家通报，称为"纳吉"。主人闻讯后谦虚地回答说："小女不堪教育，恐不能与尊府匹配。但既已占得吉兆，我家也同有这吉利，所以不敢推辞。"

"纳徵"，相当于后世的订婚，徵是成的意思，双方的婚姻关系由此确定。纳徵时致送的聘礼是玄色和纁色的帛共五匹，鹿皮两张。

男家通过占卜选定了婚期，为了表示对女家的尊重，派使者到女家，请求指定婚期，这一仪节称为"请期"。女家主人谦辞说："还是请夫家决定吧。"于是，使者将已卜定的吉日告诉女家。

三 亲迎

亲迎，今称迎亲，是婚礼的核心。以上"纳采"等五个仪节都是由男方派使者到女家进行，而且都是在早晨行事；唯独亲迎是由新郎亲自前往女家，而且时间是在"昏"时。娶妻为什么要在昏时呢？这是有缘由的。

古代"昏"是与"旦"相对的时间概念，指日没后二刻半（古人将一天的时间长度分为一百刻，今天则分为九十六刻，一刻的长度很接近）。据梁启超、郭沫若等学者考证，昏时成婚，是上古时代抢婚习俗的孑遗，因为抢婚需要借助夜色的掩护。《易·睽卦》上就有这样一段文字："见豕负涂，载鬼一车，先张之弧，后说之弧。匪寇，婚媾。"大意是说，有人夜行，见一豕伏在路中，又见一辆车，上面载着许多鬼，于是张弓欲射。仔细一看，不是鬼而是人，于是弛弓不射。再细看，不是寇盗，而是为婚媾之事而来的人。梁启超等认为，《睽卦》所记，实际上就是氏族时代的抢婚。随着时代的进步，抢婚的风俗消失了，昏时成亲的习惯却被保留下来了，而儒家则赋予其新的哲学诠释：新郎到女家迎亲，新娘则随之到夫家，含有阳往阴来之意，昏时是阴阳交接之时，所以说，"必以昏者，取其阴来阳往之义"（郑玄《三礼目录》）。新婿于昏时而来，所以叫"昏"（先秦文献写作"昏"，后世写作"婚"）；新娘则因之而去，所以叫"姻"。这就是后世"婚姻"一词的来历。

婚礼的重要任务之一，是要为家庭选择一位内主，这一角色，既要相夫教子，又要奉养老人，终日与娣姒妯娌相处，还有丝麻布帛之事，她是否具备"妇顺"的德行，和顺上下，关系到家庭的稳定和兴盛。《昏义》说："是故妇顺备，而后内和理，内和理而后家可长久也。"为此，女子在出嫁前三个月必须向女师接受有关

清代末年的迎亲场景

"妇顺"的教育，地点是在公宫或者宗室，施教的科目有妇德（贞顺）、妇言（辞令）、妇容（容色）、妇功（丝麻）等科目，为婚后的生活做好各方面的准备。教成之后，要在宗庙举行告祭，祭品要用代表阴类的鱼、苹藻等水中之物。

新郎出发迎亲之前，父亲教导说："去迎接你的内助，以继承我们的宗室之事。勉励和引导她恭敬从事，以嗣续我们先妣的美德。你的言行要有常法。"儿子回答说："是，只怕我不能胜任，但决不敢忘记父亲的训诫。"新郎乘坐漆车前往女家，随行者分乘两辆副车，从役们手持烛炬，在马前开道照明。

女家在祢庙为祖先的神灵设席，右面放着供神灵凭依的几。新娘戴着发饰，在房中面朝南而立，等待丈夫的到来。姆站在新娘右边。陪嫁者站在新娘后面。新郎到达门外时，新娘的父亲出门迎接，并导引他进门。上堂后，新娘的父亲在阼阶上面朝西而立，母亲在房外面朝南而立。新郎出房之前，面朝北向岳父行再拜叩首之礼，然后走下西阶，出门。女儿出房，跟从新郎从西阶下堂。这时，站在阼阶上的父亲告诫女儿："切记要恭敬从事，从早到夜，都不要违背公公、婆婆的意志！"并赠以衣服、发簪等托戒之物，让她日后见物思今，永志不忘。母亲给女儿系好小带、结好佩巾，告诫说："要努力，要谨慎，白天黑夜，都要恪守妇道！"庶母送到门内，给她系上盛佩巾用的丝囊，告诫说："恭恭敬敬地听从你父母的话。白天黑夜都不要有过错，经常看看这个丝囊，就不会忘记父母的告诫了！"新娘登上迎亲的车，姆为她披上避风尘用的罩衣。新郎驱车前进，车轮转动三圈后，由车夫代替新郎驾车。新郎乘自己的漆车先回家，再在家门外等候新娘。

婚礼的"六礼"，一直延续到唐代。到了宋代，"六礼"被简化为纳采、纳币（相当于古礼中的纳吉）、亲迎等三种仪节，又相沿到清代。儒家认为，阳动阴静，而且女子羞涩，因此必须由男子主动上门娶妻。这一思想成为中国人普遍的心理定式和文化特征之一。不管时代如何变化，亲迎始终作为婚礼中最重要的仪节而被广泛遵守。从《左传》等文献可知，春秋时期，两国交好往往互通婚姻。由于亲迎不能深入对方国土之上，所以女方送婚的队伍只能送到国境上，男方即使贵为诸侯，也必须到国境上迎娶，这是更高一级的亲迎方式。当今我国的婚礼，变化很大，古礼的面貌几乎荡然无存，但亲迎的形式依然顽强地保存着。无论是大陆、港台，还是旅居世界各地的华人，无论作为新郎的当事人自己是否意识到，都会在大喜之日亲自到新娘的府上迎亲。阔气的新郎用高级轿车组成的车队迎亲，贫寒的新郎则用自行车或毛驴，工具不同，内涵却是相同的。这是古礼今用，或者说今礼中保存有古礼的典型例证之一。

四　成婚

新房设在新郎的寝室。侍者交替为新郎、新娘浇水洗手，赞礼者为新人安排好了新婚第一餐的馔席。新人的坐席和饭菜的放置略如下图。

夫妇对席、共牢而食图

古人食俗，有些类似今天的分餐制，各种食物每人一份。所以，新郎、新娘的席前，主食黍和稷，以及调味用的酱、菹（腌制的冬葵菜）、醢（螺酱）、湆（肉汤）都是各有一份。但是婚礼的情况有些特殊，鱼俎、豚俎、腊（风干的全兔）俎仅有单独的一份，放在两人的饭菜之间，供新郎、新娘一起食用，这一安排称为"共牢而食"，"牢"指俎或者俎里的食物。

由上图可知，新婚第一餐的饭菜很简单。进食带有礼仪性质，吃得也不多，赞礼者将黍移到新郎、新娘的席前，又把豚俎上的肺和脊夹给他们。夫妇先吃黍，再喝肉汤，然后用手指哂酱吃，这一过程称为"一饭"。一共要三次，称为"三饭"。古礼，三饭告饱，食礼完毕。古人饭后要"酳（yìn）"，就是用酒漱口，这既是为了清洁口腔，同时也有安食的作用。"酳"有三次，称为"三酳"。婚礼中"三酳"的酒器，前两次用爵，最后一次用卺。所谓卺，就将葫芦对剖而成的瓢，夫妇各执一片而饮。这一安排称为"合卺而饮"。

新人从素昧平生到成为结发至亲，在仪节上不能没有一个过渡。共牢而食、合卺而酳，正是要体现夫妇一体、彼此亲爱的意思。《昏义》说："共牢而食、合卺而酳，所以合体，同尊卑，以亲之也。"在当今的婚礼中，客人闹新房时有一个是几乎必不可少的节目，就是让新郎、新娘一起咬同一颗糖，或者同一个苹果，也是为了表示夫妇从此结为一体。这正是"共牢而食、合卺而酳"的遗风流亚，只是当事人不自知罢了。

五　拜见舅姑

婚礼最后一个重要仪节是拜见舅姑，这是涉及家庭管理权交接的大事。舅姑是古代对公公、婆婆的称呼。婚礼次日的清晨，新娘早早起身沐浴，穿戴整齐后，以新妇的身份拜见公公、婆婆。公公以主人的身份在阼阶上即席，婆婆以内主的身份在房门外的西侧即席。新娘捧着盛着枣、栗的竹篮，提梁上覆盖着巾，从西阶上堂，到公公席前行拜见礼，礼毕，将竹篮放在席上。公公抚摸竹篮，表示收下礼物。新娘又到婆婆席前行拜见礼，然后将另一只盛着干肉的竹篮放在席上。婆婆举起竹篮，表示收下礼物。接着，赞礼者代表公婆用醴酒向新娘致礼，表示接纳新娘为家庭正式成员。之后，新娘向公婆"馈特豚"，就是进献一只煮熟的小猪。小猪经左右对剖之后，先一起放入鼎中，食前取出，分别盛放在公公、婆婆的俎上。馈特豚，是表示新娘开始以媳妇的礼节孝敬公婆。最后，公婆设食款待新娘，以及女家的有司等人，并赠给礼物。礼毕，公婆从西阶下堂，新娘从东阶下堂，这里含有"著代"的意思，表明新娘从此代替婆婆成为家庭的主妇。

如果成婚时公婆已经去世，就只能在宗庙祭祀时，另外用"奠菜"的礼仪拜祭公婆。周人实行四时之祭，春夏秋冬，每季一祭，所以是每三月祭祀一次。新娘过门后，不出三个月就会遇到一次祭祀。因此，奠菜之祭一定是在婚后的三个月之内，这就是《士昏礼》说的："若舅姑既没，则妇入三月，乃奠菜。"到了宋代，人们认为三月而庙见，相隔的时间太长，于是，《朱子家礼》改为三日，遂成定格，流传后世。

六　古代婚礼的几个特色

古代婚礼与今日婚礼迥异其趣或相因不绝之处甚多，下面略举其要。

由《士昏礼》可知，先秦婚礼相当简朴，不仅夫妇成婚的菜肴仅有数品，而且没有庆贺和举乐的仪节，与今日竞奢斗富的婚礼相比，反差非常鲜明。《礼记·郊特牲》说："昏礼不用乐，幽阴之义也。乐，阳气也。"用阴阳之义作解释；又说："昏礼不贺，人之序也。"认为婚礼是异姓之间的联姻，目的是繁衍宗族，家家都有，人人必经，因此无喜可贺，无乐可举。《礼记·曾子问》则引孔子的话说："嫁女之家，三夜不息烛，思相离也。取（娶）妇之家，三日不举乐，思嗣亲也。"意思是说，妇家因女儿出嫁而离别，父母思念，无心举乐；夫家则将因娶新妇而取代年老的母亲在家中的地位，不免哀戚，也无心举乐。但是，从汉代起，婚礼就不断朝着奢靡的方向发展。据《汉书·宣帝本纪》，五凤二年秋，宣帝下诏说"婚姻之礼，人伦之大者也。酒食之会，所以行礼乐也"，指责某些官员"禁民嫁娶不得具酒食相贺召"是"苛禁"。以后，帝王以及皇室成员婚礼的规格不断攀升。到唐代，民间也有借婚礼大肆铺陈挥霍的，政府曾用《士昏礼》为轨则加以干涉，但成效不大。

新婚夫妇没有特别的服饰。新郎穿的是爵弁服，下裳为纁色，镶有黑色的边。新娘头戴发饰，身穿镶有黑边的纯玄色衣裳，都是以黑色为主调的衣服。连新郎、新娘乘坐的车，也是黑色的。这与后世婚礼喜欢大红大彩的风气完全不同。

此外，新娘没有"盖头"。杜佑《通典》"拜时妇三日妇轻重议"条说，在社会动荡或有重大变故，但是恰逢婚嫁的好日子，双方急于嫁娶，则仪式可以变通，"以纱縠嫄女氏之首，而夫氏发之，因拜舅姑，便以成妇"。蒙住新娘之首的"纱縠"与后世的盖头有些类似，但这是特殊情况下的权宜之法，并非常礼。

《世说新语·假谲》说晋人温峤的堂姑母委托温峤为其女儿物色夫婿。几天后，温峤说已经物色好，门第与身世不低于自己。婚礼时，新娘用手拨开纱扇，发现新郎就是温峤。这就是"却扇"一词的出典。清代平步青的《霞外攟屑》说："古时婚礼，侍儿以纱扇蔽新妇，彻扇曰却扇。"南北朝庾信的《为上黄侯世子赠妇》诗说："分杯帐里，却扇床前。"也是用温峤娶妇的典故。

到唐代，却扇成为普遍的礼俗。《资治通鉴》记载，唐中宗景龙二年（708），赐婚御史大夫窦从："内侍引烛笼、步障，金缕罗扇，自西廊而上，扇后有人。"两人相对而坐之后，中宗命窦从"诵却扇诗数首，扇却，去花易服而出"。胡三省的注说："唐人成婚之夕，有催妆诗、却扇诗。"新娘要等新郎做了却扇诗之后，才肯除去挡脸的扇子，确实很有文人婚礼的情趣，于此也可见唐代诗风之盛。唐封演的《封氏闻见记》说："近代婚嫁有障车、下婿、却扇及观花烛之事。""上自皇室，下至士庶皆然。"

直到宋代，才出现了如同今日的盖头。宋代吴自牧《梦粱录》卷二十，记当时婚礼，要请男家一位福寿双全的女亲，用秤杆或纺梭挑起新娘的盖头。后来，变为由新郎亲手掀起盖头。

从先秦时代起，婚礼使用的器物就有超越身份的现象，例如，士亲迎用的墨车，是大夫的车；用作见面礼的雁，也是大夫的规格。郑玄将这种现象解释为"摄盛"，意思是在婚礼这种特殊的场合，可以允许稍有越位的行为。后来，"摄盛"成为一种习俗而流传千年，新郎即使是平头百姓，在结婚之日也可以戴纱帽、穿官服，大家还可以称他为"新郎官"。至于车、轿之类就更不用说了。

11

十一

礼尚往来：士相见礼

清代《万国来朝图》

人与人交接、相见，是生活中最常见的现象。古代中国有知识的人相见，不是拍拍肩膀、套套近乎，而是要经过相当程式化的礼仪，以表达内心的诚敬。《仪礼》有《士相见礼》一篇，记叙入仕的士初次去见职位相近的士的礼节，以及贵族之间相交的杂仪。《礼记·曲礼》说："礼者，自卑而尊人。"意思是说，所谓礼，就是通过自谦的方式来表示对他人的敬意。这一观念在《士相见礼》中表现得非常突出，仪节似乎有些琐碎，但却散发着典雅的气息。

一　不以挚，不敢见尊者

初始入仕的士，要去见另一位职位相近的士，是一件很郑重的事。彼此素昧平生，对方是否愿意接见不得而知，如果贸然闯到对方家中求见，则有强加于人之嫌，是不礼貌的表现。或者虽然对方不会拒绝接见，但时间上不方便，不速之客会使主人手足无措，同样是失礼的表现。因此，事先一定要通过"将命者"去转达求见之意，"将命"是"传命"的意思，指居中沟通双方意愿的人。

古礼，彼此身份相当者，可以"分庭抗礼"；只有当彼此身份有尊卑之别时，才需要通过对方的下人来递话，例如，大臣称天子为"陛下"，意谓不敢与天子对话，而只能通过阶下的执事传话。士去见另一位士，身份相当，按理可以平起平坐，而求见者依然以自卑的姿态说话和行事，并通过"将命者"传递信息，以表达自卑、谦远的心情。这种方式在书信中普遍使用，例如给朋友写信，彼此身份、年龄相当，但为了表示对对方的尊敬，信封上写"某某先生书童收"，意谓不敢直接交给对方，而只能请其书童转呈。或写作"某某先生俯收"，以表示彼高己卑之意。类似的表达方式，今日依然在某些文人雅士中使用。

求见一方得到主人的同意之后，要带着"挚"（见面的礼物）前往拜访，这是一种表示郑重的方式，所以《士相见礼》说"不以挚，不敢见"。士与士相见用雉

（野鸡）作为礼物，由于雉无法生养，所以一般情况下都是死雉。如果适逢炎热的夏天，则要用风干的雉，以防腐臭。

古人之所以用雉作为士相见的礼物，富其寓意，《白虎通》解释说："士以雉为挚者，取其不可诱之以食，慑之以威，必死不可生畜，士行威介，守节私义，不当转移也。"可见，当时的士人以雉为礼物，是取雉不受引诱、不惧威慑、宁死不屈的特点，来隐喻自己的节操。

为了行文的方便，我们把求见者称为"宾"，将求见的对方称为"主人"。宾到达主人家大门外时，先不能与主人直接见面，而要通过"摈者"（协助主人行礼的人）与主人对话。彼此的遣词极为谦敬，而且有固定的辞令格式。宾说："某人一直想来拜见，但无缘自达。今天将命者终于以您的命令让我前来。"双方的地位相当，而对方亲自上门求见，是屈尊的表现，如果直接让客人进来见面，是自大的表现，所以主人要"请返"，请客人返回，以便自己能登门拜见，主人说："某人请将命者向您转达希望相见之意。不料您今天屈尊先来，真是不敢当，请先回尊府，某人随即前往拜见。"来宾表示还是在此相见，说："您的命令某人实在不敢当，还是请就此赐见。"此时，主人要谦虚地"再请返"，说："某人绝非虚情假意，务请先回尊府，某人随即前往拜见。"宾说："某人也绝非虚情假意，所以再次请求。"在来宾再次表达在此见面的愿望之后，主人表示同意接见来宾。

但宾是执挚而来，而执挚是向主人表示敬意的礼节，主人若不经推辞就"受挚"，也是自大的表现，所以主人要"辞挚"，以示谦虚。主人说："既然某人一再推辞而不能得到您的允许，理应随即出门相迎。但听说您执挚而来，实在是不敢当，谨辞谢您的礼物。"宾说："某人若不带着礼物而来，就不敢见所尊敬的人。"此时，主人要"再辞挚"，说："某人实在不敢当此大礼，谨再次辞谢。"宾说："某人如果不凭借礼物来表达敬意，就不敢前来拜见，所以再次请求收下。"在再辞挚之后，主人方可以正式同意接见来宾。主人说："某人一再推辞而不能得到您的允许，岂敢不恭恭敬敬地从命！"

于是，主人出大门迎接宾客，行再拜之礼。宾以再拜之礼作答。主人揖请宾入内，自己先从门的右侧进入。宾捧着雉，从门左侧进入。宾、主双方首先行受挚之礼。来宾授挚，主人再拜之后受挚，宾也行再拜之礼。

礼毕，宾出门。主人让摈者向来宾转达希望叙谈之意。宾乃返回，与主人相见，叙毕退出。主人送宾到大门外，行再拜之礼。

二　来而不往，非礼也

主人经过请返、再请返、辞挚、再辞挚，然后受挚、会客、送客，以今人的眼光来看，见面的礼仪已经结束。古礼不然。《礼记·曲礼》说："礼尚往来。往而不来，非礼也；来而不往，亦非礼也。"古代礼仪讲究对等，只有单方面的行为，就不成其为礼。既然对方屈尊而来，则自己应当登门回访，否则依然是自大的表现。在主、宾双方相互拜见之后，相见的礼仪才算完成。之所以称为"士相见礼"，而不称为"士见面礼"，正是这个意思。

回访的时间，一般是在对方来访的次日。回访之日，主、宾身份发生了转换，昨天的主人变成了宾，而昨天的宾则变成了主人。回访者手持昨日客人来访时带来的雉来到主人家的大门外，通过摈者与主人对话，说："昨日，承蒙屈尊光临敝舍，使某人得以拜见。请允许某人将雉奉还给将命者。"来宾不说"将挚奉还给您"，而说"将挚奉还将命者"，是自卑谦远的说法。主人说："彼此已经见面，不敢烦劳尊驾前来，谨辞谢。"宾说："某人卑微，不敢求见尊敬的主人，只是希望将雉奉还给将命者。"主人说："某人昨日已经拜见，不敢再劳尊驾，故再次辞谢。"宾说："某人不敢以还雉之事惊动您，所以再次求见将命者。"主人回答说："某人一再地推辞而不能得到您的允许，敢不恭敬从命？"得到主人同意后，宾执挚入门，主人向宾再拜后收下挚。宾出门。主人送宾到大门外，行再拜之礼。

至此我们可以发现，古人执挚相见，不过是借此表达内心的敬意和忠信的一种方式，其中丝毫没有猥琐的动机。士以德行相交，而不以钱财衡量友谊。唯其如此，受挚的一方在次日就将礼物奉还对方，否则就有贪财之嫌，真所谓"君子之交淡如水"。在人际关系日益商业化的今天，动辄以礼物相赠，送礼者表面上客客气气，内心却是希望对方给予某种方便，全无诚敬之心；受礼者则认为，以权受礼，天经地义。礼物的授受，完全变了味道。

礼尚往来的传统，在近现代社会依然残留着，这里有一个广为人知的例子。1925年，清华大学决定延聘王国维先生为国学研究院导师。最初，以校长曹云祥的名义，给王国维先生寄送了聘书。吴宓先生认为，对于像王国维这样的大师，以一纸聘书相邀，是不郑重、不诚敬的表现。所以，吴宓先生亲自到王国维先生家中，行三鞠躬之礼，然后转达校长的聘请之意。王先生见其执礼甚恭，决定应聘，并在不久之后，到吴宓先生家回访。王国维先生熟知传统礼仪，故处事非常得体。

士与士平等相待的原则，可以引申到大夫与大夫、诸侯与诸侯、国与国等各种关系。从《左传》可知，春秋时期，国与国的交往，同样遵循着平等的原则。在当今的国际外交事务中，国与国的对等，是世界各国交往的准则之一。例如A国总统出访B国，B国总统必须在适当的时候回访A国，彼此所受到的礼遇也是对等的，而这一原则，我国早在先秦时期就已经确立。

三　士、大夫、国君交往的杂仪

《士相见礼》除了记载士与士相见的礼节，还记载了由此推及的士见大夫、大夫相见、士大夫见于国君等仪节，有助于我们进一步了解贵族阶层的交际礼仪，下面略作介绍。

士与大夫的身份有尊卑之别，因此，彼此见面的礼仪也有所不同。士初次拜见大夫，大夫不需要到门外迎接。士到来后，只要在他进门后行一拜之礼即可。士告辞时，大夫以再拜之礼送别，但不必像士相见那样送到大门口。

不同身份的人见面，地位高的一方如何处理对方的"献挚"，是一个很复杂的问题，需要视具体情况而定。士向大夫献挚，大夫三次"辞挚"之后，依然不能接受礼物。其原因是，地位平等的双方（如士与士），主人可以接受宾的挚，但回访时要还挚；地位相差悬殊的，如国君与臣相见，国君是一国的至尊，可以接受臣下的献挚，而不必回访和还挚。大夫与士的关系不然，如果受挚后不回访、还挚，则有僭君之嫌；如果受挚后回访、还挚，则有将自己降同于士之嫌，所以只能"终辞其挚"。

如果来宾在大夫家当过家臣，即所谓的"旧臣"，则来宾在入门之后，要先把礼物放在地上，再向主人行再拜之礼。主人以一拜之礼作答。来宾献挚，因为彼此的关系非同一般，所以大夫谦辞一次就可以收下，说："某人辞谢你的礼物而不能得到允许，不敢再次辞谢。"但来宾出门后，主人要派摈者到门口将礼物还给宾，说："主人让某人将礼物奉还于您。"来宾回答说："某人已经献挚而且拜见主人，因此不能接受您的要求。"摈者说："主人吩咐我：'送还礼物的事决不能虚情假意。'所以务请收下。"宾回答说："某人不过是主人卑贱的私臣，岂敢让主人行宾客还挚之礼，所以再次辞谢！"摈者说："某人奉主人之命来办此事，不敢对您虚情假意，再次请您收下！"宾回答说："某人屡次辞谢而不能得到同意，敢不从命？"于是再拜之后收下礼物。

如果是外邦之臣来见国君，由于不是自己的臣下，礼节也就不同。双方行礼完毕，摈者奉命将挚退还客人，不能说受挚的话，只说还挚："寡君派某人还挚。"宾不能说推辞的话，只能说："君不愿以外臣为臣，岂敢再推辞。"于是再拜叩首后收下礼物。

大夫之间相见所执的挚，不能用雉，那是士相见用的礼物。具体以什么为挚，要视大夫的等级身份而定。如果是下大夫之间初次相见，则用鹅为挚。鹅身裹着绘有纹饰的布，双足用绳子系着。捧持鹅的方式和士相见时一样，鹅头朝左。如果是上大夫之间初次相见，则以羔羊为挚。羊身上用绘有纹饰的布裹着，四足两两相系，绳子要在羊背上交叉后回到胸前打结。捧持时，羊头朝左，执持的方式与秋天行献麛礼时执麛的方式相同。大夫相见的仪节与士相见礼相同，只是所用的挚不同罢了。

君在朝或者燕息时，臣下求见都不必执挚，唯独新臣首次拜见国君，一定要执挚。新臣走到国君的堂下时，容貌要愈加恭敬。

士大夫首次见君，要先将挚放在地上，行再拜叩首之礼。国君通常不对臣下行答拜礼，因为是首次见面，所以要答以一拜之礼。

古代国君因巡行、田猎而到达乡间，与庶人见面时，庶人以鹜为挚，往见国君时，不必像贵族那样保持奔走翔行的仪容，只是进退时要疾走，以表示敬意。

四　燕见国君的杂仪

士大夫与国君在朝上见面，有正式的礼仪。退朝之后私见国君（文献称为"燕见"），礼仪不如在朝中那样烦琐，但也有必须遵守的规范。燕见时的君臣之位，也是以国君面朝南的位置为正位。如果国君站立的不是面朝南，则要取国君正东面或正西面的方位行礼，不能因为国君的方位不正就草草地在斜方向行礼。国君在堂上时，臣走哪个台阶没有严格的规定，君靠近哪个台阶，就从哪个台阶上堂。

贵族彼此相见时，议论的话题、说话时的神态，也都属于礼的范围，于此可以窥知谈话者的关于礼的修养。凡是向国君进言，而不是回答国君的发问，一定要等国君安坐之后再开口。闲处时谈论的话题，因对象的不同而不同，但都要有利于提升德行道艺：与国君，应该谈如何使用臣下；与卿大夫，应该谈如何奉事君上；与年老的长辈，应该谈如何教育弟子；与年轻人，应该谈如何孝悌于父兄；与一般人，应该谈如何以忠信慈祥处世；与士以下的官吏，应该谈如何忠信奉公。

向尊长进言时，视线的方向很重要。视线高于对方的面部，就显得傲慢；视线过低，在对方的腰带以下，则显得忧愁；目光游移不定，则显得漫不经心。与卿大夫说话时，开始时视线要落在对方脸部，观察其气色，看是否可以开口说话；话说完后，视线要移到对方的胸部，以示尊敬，并给对方以思考的时间；停顿一段时间之后，再将视线移到对方脸部，观察对方是否已采纳自己的意见；整个过程，体态容颜不要随便变动。对在座的其他卿大夫，也是如此。如果是与父亲说话，因为关系特别亲密，则不必过于拘谨，目光可以略有游移。如果父亲不再说话，那么视线要落在他行走时最先动作的部位：站立则视其足部，坐则视其膝部。

如果是在卿大夫或国中的贤者左右陪坐，则要随时观察他们的体态反应，以便作出相应的举措。如果卿大夫或贤者不时打呵欠、伸懒腰，询问时间的早晚，这时要告诉他晚餐准备的情况，以便适时就餐。如果卿大夫或贤者在座位上不断变动姿势，表明已有倦意，这时可以请求告退。如果是在夜间陪坐，而卿大夫或贤者询问钟鼓漏刻的时数，或者用葱韭等辛菜作夜宵解困，表明他已经劳累，这时可以请求告退。

如果国君赐士一起用餐，国君要先作食前的祭祀。依礼，祭祀前应先由膳宰代国君尝食，如果膳宰不在，则要由士代为尝食，再遍尝各种菜肴、喝饮料，然后等候国君的命令。国君命令开始吃，再正式吃。如果有膳宰代尝饮食，则要等国君开始吃之后再吃。如果国君以酒爵赐给臣下，臣要离席，对国君再拜叩首，接过酒爵，然后登席献祭，将爵中的酒饮完，等国君也将爵中的酒饮完之后，再把酒爵交给赞礼者。退席后下堂，要跪着取鞋，然后到隐蔽之处把鞋穿好。国君要起身相送，要说："请别为我起身，否则，臣不敢告辞。"如果国君下堂相送，则不敢回头告辞，径直出门。如果客人是大夫，则可以向国君告辞，大夫起身退席时国君起身；下阶时，国君也下阶；到门口时，国君送行。在这三处仪节，大夫都可以辞谢国君。

如果有退休的官员或者在职的卿大夫，因为仰慕某士的德行而往见，由于彼此的地位及年齿相差悬殊，士要推辞，表示不敢当。如果他们执意要见，就说："某人没有德行可以让您辱临敝舍，但真诚的辞谢又得不到您的允许，某人只有随即前往拜见。"于是出门，率先拜而见之。

如果大夫不是奉国君之命出使，而是因私事出访，则称呼上要有所不同，摈者不得向对方称他为寡君的某人，而只能直称其名。如果是大夫卿士奉国君之命出使，则摈者可以向对方称他为"寡君之老"。凡是在国君面前的自称都要谦恭，士大夫统称为"下臣"；退休的官员，如果居宅在国中就自称"市井之臣"，在野外的就自称"草茅之臣"；庶人则自称"刺草之臣"。如果是其他国家的士大夫，则自称"外臣"。

面见国君时，一举手、一投足，都要体现出内心的敬意和郑重。例如，手执币帛去见国君，要谨慎，不要飞快地行走，越是走近国君，容貌要越恭敬。执玉器去见国君时，步伐要缓而小，前脚拖着后脚走，脚跟不离地，以免不小心将玉器摔碎。

12

十二

吾观于乡，而知王道之易易：乡饮酒礼

汉画像石宴饮图

乡饮酒礼始于周代，最初不过是乡人的一种聚会方式，儒家在其中注入了尊贤养老的思想，使一乡之人在宴饮欢聚之时受到教化。秦汉以后，乡饮酒礼长期为历代士大夫所遵用，直到道光二十三年（1843），清政府决定将各地乡饮酒礼的费用拨充军饷，才被下令废止，前后沿袭约三千年之久，在中国历史上产生了深远的影响。

一　宾兴贤能：在乡学举行的乡饮酒礼

据《周礼》记载，天子所居为都城，距离都城一百里之内称为郊。百里之郊分为六乡，乡之下依次划分为州、党、族、闾、比等五级行政单位。民户的具体数目是，五家为比；五比为闾，一闾二十五家；四闾为族，一族百家；五族为党，一党五百家；五党为州，一州两千五百家；五州为乡，每乡一万两千五百家。各级行政区的长官分别为乡大夫、州长、党正、族师、闾胥、比长。诸侯国的行政区划与此相同，但只有三乡。

礼书所见的周代教育体系，乡有乡学，州有州学。乡学称为"庠"，州学称为"序"。乡学的教师称为"乡先生"，由"致仕"（相当于今天的退休）回乡的官员担任。致仕前为中大夫的称为"父师"，为士的称为"少师"。

乡学招收乡中弟子入学，三年学成，称为"学士"。每隔三年的正月，各乡都要"大比"，就是选举学士中的贤能者荐献给天子或诸侯，以备国家任用，所以《周礼·乡大夫》说"三年则大比，考其德行道艺而兴贤者、能者"。为了表示尊隆，乡大夫先要以主人的身份在乡学庠（或序）中与贤能之士饮酒，意在倡导尊重人才的风气，此即乡饮酒礼。这种制度，《周礼·大司徒》称为"宾兴"，"兴"是"兴举"；"宾兴"是兴举贤能而宾礼之的意思。《仪礼·乡饮酒礼》记载的是由侯国乡大夫主持的乡饮酒礼。《礼记》有《乡饮酒义》一篇，说解在乡学、州学举行乡饮酒礼的礼义。

乡饮酒礼的主要仪节有：谋宾、迎宾、献宾、乐宾、旅酬、无算爵乐、宾返拜等。孔子说："吾观于乡，而知王道之易易。"孔子所说的"乡"，是指乡饮酒礼；"易易"，是"易"字的重复，是为了语句的顺畅而有意作的叠加，犹言"平平"；意思是说，看了乡饮酒礼，才知道实行王道是多么容易。一场饮酒的礼仪，何以会得到孔子如此高度的赞誉？儒家究竟赋予它一些怎样的礼义呢？

谋宾和迎宾

乡饮酒礼的主角是宾，因此，行礼之前最首要的仪节就是确定宾的人选。乡大夫与乡先生根据学成者德行才能的高下来确定宾的人选，称为"谋宾"：以德行才能最优的一位为宾（正宾），其次者一位为介（陪客），再次者三人为众宾之长。此外，主人还要从属吏中选定一位德行较优者担任"僎（zūn）"，辅助自己行礼。

宾、介的人选一旦确定，主人要亲自到其家中通报，并致邀请之意。先邀请宾，宾谦辞后接受，主人行再拜之礼，以示为国求贤的郑重。接着邀请介，仪节也是如此。行礼之日，主人先后到宾、介的家中召请。于是，介和众宾先到宾的家门口，然后一起前往乡学。主人在乡学的门前迎接宾客。主人向宾行再拜之礼，宾答拜；又向介行一拜之礼，介答拜；又向众宾拱手行礼。然后，客人跟随主人入门。众宾入门后在门内等候，宾、介与主人前行。

上古时代庠的建筑格局与贵族的家居类似，门与堂都不是正对着的，所以，入门后要三次拐弯才能到达堂前的台阶。每次拐弯，宾主都要互相作揖谦让。主宾到达各自的台阶前，彼此要三次谦让，然后才登堂。

宾登堂后，主人要"拜至"，即拜谢宾的到来。主宾彼此行礼后入席。宾主在堂上的席位有严格的规定：宾在西北方，面朝南；主人在东南方，面朝西；介在西南方，面朝东；僎在东北方，面朝西。宾是乡饮酒礼中最主要的人物，必须面朝南而坐之外，其余三人都是相向而坐，《乡饮酒义》说："四面之坐，象四时也。"

在今人看来再简单不过的主宾名分和座位的方位，儒家却赋予了很深的象征意义。《乡饮酒义》说，宾主象天地，介僎象阴阳，三宾象三光。至于宾主四人席位的安排，《乡饮酒义》解释说，天地之间的严凝之气，起始于西南方而极盛于西北方，是天地的尊严之气，即"义"气，主人为了表示对宾的尊敬，又鉴于宾以义与人交往，所以将宾的席位安排在此，以与天地的义气相

陕西乾县唐代章怀太子墓壁画礼宾图

对应。介是宾的陪客，所以安排他坐在西南方来辅助正宾。天地之间的温厚之气，发生于东北而极盛于东南，是天地的盛德之气，也是天地的"仁"气。主人以仁德宽厚待人接物，所以坐在东南方，以与天地的仁气相对应。僎是主人的副手，所以安排他坐在东北方来辅助主人。

献宾

献宾是整个乡饮酒礼的重心，分为献、酢、酬三大节。主人向宾献酒称为"献"；宾回敬主人称为"酢"；主人先自饮，再劝宾一起饮，称为"酬"；三者合称为

"一献之礼"。古代献酒，礼数最高为"九献之礼"，如《左传》僖公二十三年（前637）提到："楚子入飨于郑，九献。"《国语·晋语四》晋公子重耳到楚，楚成王以国君之礼待之，"以周礼享之，九献"。乡饮酒礼是乡大夫向处士献酒，虽说是尊贤，但毕竟地位相差悬殊，所以只能用一献之礼。

献宾的每一个仪节都相当讲究、相当程式化。主人献酒之前，先要下堂洗爵。宾不敢独自在堂上安坐，那样有役使主人之嫌，所以随之下堂，此时主人要辞谢宾的下堂，称为"辞降"；宾谦辞作答。洗毕，主人上堂，然后再次下堂洗手，准备斟酒，此时，宾要辞谢主人，称为"辞洗"；主人作答后洗手。洗毕，主人拱手行礼，请宾先上堂，双方谦让一次后登阶。上堂后，宾要拜谢主人为自己洗爵，称为"拜洗"。主人斟满酒，高高举起，称为"扬觯"，然后献给宾，宾要先拜而后受爵，称为"拜受"。宾接爵后，主人要"拜送"，即拜送爵。彼此拜谢时，受拜者都要稍稍后退，以示谦避。宾按照当时的礼节，要先作食前的祭祀，再将爵中的酒饮尽，此时主人要"拜既爵"。

宾酢主人的仪节大致相同，只是主宾的行动发生了转换，因为是宾向主人回敬，所以下堂洗爵、洗手的人变成了宾，而不敢在堂上安坐的变成了主人。经过辞降、辞洗、拜洗、扬觯、拜受、拜送、拜既爵等仪节洗毕上堂，宾完成了回敬主人的礼节。

主人酬宾的仪节与上述大略相似，但有省简。主人下堂洗觯，宾随之下堂，主人辞降，但宾不必辞洗。洗毕，宾主拱手谦让后登堂。主人斟酒，拜请宾饮酒。宾拜谢主人。于是，主人作食前祭，然后将觯中之酒饮毕，拜宾。宾答拜。主人再次下堂洗觯，然后斟酒，捧觯于宾，宾拜受，主人拜送。主宾的一拜之礼至此完成。

接着是主人与介为礼，分为两节：先由主人献介，然后介酢主人。主人与宾先下堂，以便让主人与介上堂行饮酒礼。主人拱手请介上堂，彼此揖让、登堂、相拜的仪节与迎宾时一样。主人下堂洗爵，介随之下堂，彼此辞谢的仪节与献宾时一样，只是双方升堂后，介不必拜洗。主人斟酒献给介，介谢受，主人拜送。介作食前祭祀的方式比宾简略，祭毕，将爵中的酒饮完，拜谢主人。主人答拜。主人献介的仪节至此完成。介酢主人的仪节，与宾酢主人时一样，此不赘述。

最后是主人与众宾行饮酒礼。主人向介拱手行礼后下堂，介随之下堂。主人走到大门内侧，向等候在此的众宾行三拜之礼，众宾都以一拜之礼作答。走到庭中后，主人向众宾拱手行礼后登堂，接着下堂洗爵、上堂斟酒，在西阶上献给众宾。三位众宾之长登堂拜受，主人拜送。食前祭祀之后，他们将酒饮毕，然后回到堂下。其他的众宾，接受主人的献酒不必拜谢就可以接爵，然后祭祀、饮酒。在所有来宾都行过饮酒礼之后，主人持空爵下堂，放入篚内，不再使用。

乐宾

乐宾是为宾客演奏乐曲，以示尊敬和慰劳，意在使宾欢愉。乐宾包括升歌、笙奏、间歌、合乐等四段。

1.升歌。四位乐工（鼓瑟者二人，歌者二人）升堂，在堂上歌唱《诗经·小雅》的《鹿鸣》《四牡》《皇皇者华》，用瑟伴奏，称为"升歌"。

《鹿鸣》篇有"我有嘉宾，德音孔昭""我有旨酒，以燕乐嘉宾之心"的诗句，故用作迎宾之辞。《四牡》篇有"王事靡盬，不遑启处""不遑将父""不遑将母"的诗句，故借以赞扬宾客的辛劳。《皇皇者华》篇有"周爰咨诹""周爰咨谋""周爰咨询"的诗句，用以表达希望请教宾客的心情。以上歌曲都是乡饮酒礼中的正式节目，故称"正歌"。歌毕，主人向乐工献酒。

2.笙奏。吹笙者入场，站在堂下的磬架之前，吹奏的乐曲是《诗经·小雅》中的《南陔》《白华》和《华黍》。奏毕，主人在西阶上向奏乐者献酒。吹笙者中的一位年长者走到最高的一级台阶拜谢主人，接过酒爵；主人拜送。长者下阶，在阶前坐下祭酒，站着饮酒，饮毕不必拜谢主人。其余的吹笙者则不必拜谢主人就可以受爵，在阶前坐下祭酒，站着饮酒，但不必祭脯醢。《南陔》《白华》和《华黍》三篇早已亡佚，内容已无从考索。

3.间歌。堂上升歌与堂下笙奏交替演奏乐歌：堂上鼓瑟唱《鱼丽》之歌，堂下则笙奏《由庚》之曲；堂上鼓瑟唱《南有嘉鱼》之歌，堂下则笙奏《崇丘》之曲；堂上鼓瑟唱《南山有台》之歌，堂下则笙奏《由仪》之曲。《鱼丽》原诗赞美太平之年物产丰饶，此处暗含酒旨菜美、优礼于宾的意思。《南有嘉鱼》原诗说太平之年君子有美酒，乐与贤者分享，此处含有礼贤下士、与之燕乐的意思。《南山有台》原诗说太平之治以贤者为本，此处含有礼遇贤者为邦国之本的意思。《由庚》《崇丘》《由仪》三首诗，也早已亡佚，内容已经不可得知。

4.合乐。升歌与笙奏同起，奏唱《诗经·周南》的《关雎》《葛覃》《卷耳》，《召南》的《雀巢》《采蘩》《采蘋》。歌罢，乐工报告乐正：正歌备！乐正再报告宾。正式的礼乐到此结束。

主人与宾拱手礼让后先登堂。宾向介长揖后接着登堂，介向众宾长揖后也随之登堂。最后，众宾依次登堂就席。赞礼者在庭中洗觯后上堂，代表主人向宾举觯；接着斟酒，拜宾，宾在席末答拜还礼。赞礼者祭祀，然后将觯中的酒饮完，拜宾，宾答拜。赞礼者下堂洗濯自己刚用过的觯，再上堂斟酒，宾拜谢准备受觯。赞礼者在宾席西坐下，把觯放在脯醢西边，表示不敢亲授于尊者。宾谦辞后接觯。举觯的赞礼者拜送宾，然后下堂。

主人向乐工献酒。乐工左瑟而避，乐工之长拜谢主人，不起身而受爵。主人在阼阶上拜送受爵者。有司为乐工进上干肉和肉酱。主人命人赞助乐工祭祀。乐工饮酒，饮毕不必拜谢，只要将酒爵授给主人。众工则不必拜谢主人就可受爵，祭酒之后方可饮。每人都备有干肉和肉酱，但不必祭祀。如果是向太师献酒，则主人先要为他洗爵。宾和介下堂时，主人要辞谢。工不必下堂辞谢。

旅酬

宾将告辞。主人命司正"安宾"，请宾安座。宾谦辞后同意。主人在阼阶上行再拜之礼，感谢宾的留坐，宾答拜还礼。于是，开始旅酬，旅酬是尊者酬于卑者，是自上而下的劝酒。旅酬的顺序是：宾酬主人、主人酬介、介酬众宾，众宾再依年齿长幼依次相酬。

司正盥手洗觯，宾取觯，到阼阶上酬主人。主人离席，宾向主人行拜礼，主人答拜。宾不必祭酒，可以站着饮酒，也不必拜主人，饮毕不必洗觯；然后斟酒授给主人。主人拜受觯，宾拜送。主人在西阶之上酬介，仪节与宾酬主人相同。酬毕，主人拱手行礼，回到自己的席位。

由于场内饮酒的人多而杂，为了防止有人在旅酬过程中放肆失礼，所以命令司正负责监礼。司正上堂，按年齿的长幼顺序招呼："某子前来接受酬酒。"被点名者立即离席上堂。司正退立于西序的端头，面朝东方而立，以便为上下的众宾让道。受到介酬酒的众宾从介的右侧走过，其余的接受酬酒者从介的左侧走过，他们的拜、起身、饮酒等仪节，都和宾酬主人时一样。酬酒遍及堂下的每位众宾。最后一位接受酬酒的人，要拿着觯下堂，坐下将觯放入庭中的篚内。然后司正下堂，回到自己原来的位置。

无算爵、无算乐

乐宾之后，主宾饮酒不必再像献酒时那样有严格的爵数。主人与来客频频举爵，不计其数，尽兴而止，故称"无算爵"。同时乐工不断歌奏，尽欢而止，是为"无算乐"。

"无算爵"是从司正命二位小吏举觯向宾、介进酬酒开始的。二位先下堂洗手、洗觯，然后上堂斟酒，向宾、介行拜礼，宾、介答拜。二位小吏将觯中之酒饮完，向宾、介行拜礼，宾、介再次答拜。二位小吏下堂洗觯，再升堂斟酒；宾、介拜谢之。二位小吏分别将觯放在宾、介的席前，表示不敢亲授，宾、介辞谢后取觯。

主人请宾安坐。宾推辞说，有俎在堂，不敢坐下。因为俎是诸多肴馔中最为尊贵的礼器，有它在，就不敢进行后面的比较随便的仪节。于是，经主人同意后宾捧起俎，交给司正，司正捧俎下堂，宾、主人、众宾等也随之下堂。

接着，主人、宾、介、众宾按先前登堂的顺序，再次揖让、登堂，就席。有司进上菜肴。由宾、介起，用两觯交错进酬酒，不限次数，一醉方休。堂上、堂下的音乐或间或合，歌奏不已，尽欢。

宾告辞，出门时奏《陔》的乐曲，"陔"是"戒"的意思，以《陔》作为出门时的乐节，说明整个仪式没有失礼之处。主人送到门外，行再拜之礼。

次日，宾前往主人家，拜谢昨天的款待。主人迎见，拜谢宾屈尊光临。会见结束后，主人慰劳昨日仪式中担任司正等职务的属隶，仪式比较随便，宾和介都不再参加，以司正为宾，不设陪客，也不设俎，食品用家中现有的就行。昨天无法邀请的亲友，今天都可以邀请，对于乡中已退休或在职的卿、大夫，只向他们通报一下，来不来随意。宴饮时，《周南》《召南》中的六首乐章可以随意点奏。

二 在乡序齿：养老的乡饮酒礼

唐代学者孔颖达《礼记正义》认为，周代的乡饮酒礼并非只有三年大比、宾兴贤能的一类，还有另一种类型的饮酒礼，如州长在每年春、秋举行的射礼之前而举行的饮酒礼；又如党正在每年十二月大蜡祭时在党中举行的饮酒礼；它们虽然是州、党行政长官主持的饮酒礼，但州党同为乡的属地，所以也称为乡饮酒礼。

两类乡饮酒礼的仪节基本相同，不同之处是，上面提到的乡饮酒礼的宗旨是宾兴贤能，所以宾、介、众宾之长都是根据德行道艺选定的青年后学；后一类乡饮酒礼不然，其主旨是序正齿位，提倡尊老养老的风气，所以宾、介、众宾之长都由老迈年高者担任，其余的老人为众宾。六十岁以上的老人都在堂上就座。正宾以下的老者，依次排在正宾的右侧（西侧）面朝南而坐，如果人数比较多，可以折而往南坐，面朝东。六十岁以上的老者可以坐着饮酒，五十岁的只能在堂下面朝北而立，听凭差遣，《礼记·乡饮酒义》说"所以明尊长也"，是为了昌明尊敬长者的风气。

中国自古有尊老、养老的传统。所谓"养老"，是用酒食招待老人的礼仪。年龄越大，身体越差，《王制》说："五十始衰，六十非肉不饱，七十非帛不暖，八十非人不暖，九十虽得人不暖矣。"人到五十岁就开始衰老；

到六十岁，不吃肉食就觉得没吃饱；到七十岁，不穿丝帛就觉得不暖和；到八十岁，没有人伴睡就觉得不暖和；到九十岁，即使有人伴睡也不觉得暖和了。因此，《王制》说，必须在饮食上对老人有所优礼，五十岁的人可以吃细粮，六十岁的人有预备的肉食，七十岁的人每餐应该有两个好菜，八十岁的人应该常吃美食，九十岁的人饮食都在寝室，偶尔外出，侍从应该携带酒浆以应不时之需。

老人可以享受各种优待，《王制》说，七十岁的官员朝见国君后就可以告退，不必等到朝仪结束；八十岁的致仕官员，天子每月派人去存问；九十岁的致仕官员，天子要每天派人馈赠食品。人到了五十岁就可以不服力役，六十岁就可以不服兵役，七十岁就可以不参加应酬宾客的活动，八十岁连斋戒、丧礼都可以不参加。

除了家庭的照顾，老人必须得到国家的关心。《礼记·王制》记载了虞、夏、商、周四代的养老制度，四代养老礼的名称："有虞氏以燕礼，夏后氏以飨礼，殷人以食礼，周人修而兼用之。"一代比一代复杂和完善。四代的养老机构是："有虞氏养国老于上庠，养庶老于下庠；夏后氏养国老于东序，养庶老于西序；殷人养国老于右学，养庶老于左学；周人养国老于东胶，养庶老于虞庠，虞庠在国之西郊。"上庠、东序、右学、东胶，是国学，也是国家款待退休的卿大夫的地方；下庠、西序、左学、虞庠是小学，是款待退休的士和年老的平民的场所。

通过对《王制》的了解，我们就不难明白乡饮酒礼序正齿位的礼仪了。乡饮酒礼中除了六十者坐、五十者立的规定，还按照年龄的高低配设不等的豆数：六十岁者三豆，七十岁者四豆，八十岁者五豆，九十岁者六豆。豆内所盛，是奉养老人的食物。豆数不同，则所受到的奉养也不同，《乡饮酒义》说"所以明养老也"。中国人有一句老话，叫作"在朝序爵，在野序齿"。朝廷中以官爵大小为序，而民间不然，是以年齿为序，少不越长。乡饮酒礼正是要提倡尊老的风气。

《乡饮酒义》说："民知尊长养老，而后乃能入孝弟。民入孝弟，出尊长养老，而后成教。成教而后国可安也。"意思是说，参加了乡饮酒礼，人们就会懂得尊长养老的道理，回去之后就会有孝悌的行动。人民在家里懂得孝悌，出外懂得尊长养老，就能形成良好的风教。有了良好的社会风教，国家就安定了。儒家倡导伦理思想，而伦理思想的基础是孝悌。儒家提倡孝悌，不是用空洞的说教，而是"教之乡饮酒之礼，而孝弟之行立矣"。

三　吾观于乡，而知王道之易易

两类乡饮酒礼的仪节，我们已经有了大致的了解，那么它究竟蕴含了怎样的礼义呢？下面我们来回顾和分析主要仪节的内涵。

举行乡饮酒礼之日，主人只到宾和介家中迎接，而众宾则自行跟从宾来乡学；宾、介等到达庠门之外时，主人与他们行拜礼，对众宾只是拱手致意，这是因为他们的德行道艺有高下之别，需要体现出其中"贵贱之义"。

主人与宾入门后，每逢拐弯处都要作揖，经过三次作揖来到各自的台阶前；又经过三次作揖谦让才上堂；上堂之后，彼此又有拜至、献酬等复杂的礼节。而主人与介饮酒的礼节就有所省略，主人与众宾饮酒的过程就更为简单。可见，对于德行道艺高者礼数要隆，对于德行道艺低者礼数要杀减，这是制礼者所要表明的"隆杀之义"。

乐宾时，首先，堂上的乐工用瑟伴奏，演唱三首诗歌，唱毕，主人向他们献酒；其次，堂下的乐工吹奏三首诗歌，奏毕，主人向他们献酒；再次，堂上、堂下的乐工轮流交替，各演奏三首诗歌；最后，堂上、堂下合奏三首诗歌。正歌演奏结束，场上欢乐的气氛达到高潮。在旅酬开始前，先立司正监酒，以防止有人醉后失态，流于放肆，这就叫"和乐而不流"。

　　旅酬时，先是宾酬主人，然后是主人酬介，接着是介酬众宾，再往下则按照年龄的大小，依次而酬，一直到"沃洗者"，也就是协助宾主洗手洗爵的人。可见，乡饮酒礼能做到"弟长而无遗"，惠及在场的每一个人。

　　旅酬之后，虽说是"无算爵"，但君子懂得"饮酒之节，朝不废朝，莫不废夕"的道理，早晨不会影响上朝，晚上不会影响夜间要处理的事务。所以，宾告辞出门，主人拜送，依然礼节秩然。可见，乡饮酒礼能做到"安燕而不乱"。

　　所以，《乡饮酒义》说："贵贱明，隆杀辨，和乐而不流，弟长而无遗，安燕而不乱，此五行者，足以正身安国矣。彼国安而天下安，故曰：'吾观于乡，而知王道之易易也。'"整个乡饮酒礼，宾客的尊卑分明；礼数的高低有别；一乡之人快乐而不放肆；无论长幼都得到惠泽，没有人被遗忘；安乐而有秩序。做到这五条，就足以正身安国。能做到正身安国，天下也就安定了。

此外，乡饮酒礼还处处体现出君子之交的原则。例如，宾主入门后，彼此三揖、三让才登堂，这是君子交往时"尊让"的原则。主人献酒用的爵，尽管事先已经洗过，但在献酒前还要再次下堂洗涤；斟酒之前又要专门下堂洗手，这是君子相交时"洁净"的原则。献酒时，宾主之间又有拜至、拜洗、拜受、拜送、拜既等的仪节，这是君子相交时"恭敬"的原则。《乡饮酒义》说："君子尊让则不争，洁、敬则不慢；不慢不争，则远于斗、辨矣；不斗、辨，则无暴乱之祸矣。"彼此懂得尊让，就不会争斗；懂得用洁和敬的态度与人相交，就不会怠慢他人。不与人争斗，不怠慢他人，就能远离斗辨，与暴乱无缘。

乡饮酒礼名为饮酒，其实旨在教化，这往往在一些看似不经意的地方表现出来。例如，宾在食前祭祀之后尝酒，一定要移到坐席的末端，而不敢在坐席的正中进行，因为坐席的正中之位是为行礼而设的，而不是为饮食而设的。因此，在席末啐酒，含有"贵礼而贱财"的意思。宾的移席有示范的意义，意在使"民作敬让而不争"。

《乡饮酒义》还说，宾主以仁义相接，堂上的俎豆有一定之数，就是"圣"。以圣为基础，持之以敬，就是"礼"。用礼来体现长幼之道，就是"德"。所谓德，就是得于自身。研究德行道艺，就是要使自己在身心上有所得。所以，圣人努力践行这种隐含仁义道德的宾主之礼。

儒家的教化之道，主要在于尊贤和养老。尊贤是治国之本，养老是安邦之本，而乡饮酒礼兼有尊贤和养老两义，孔子如此重视它，不正是在情理之中吗？

13

十三

立德正己之礼：射礼

陕西乾县唐代章怀太子墓壁画狩猎出行图

弓箭是人类在中石器时代发明的狩猎工具，同时也是一种武器，在社会生活中具有重要作用。相传黄帝发明弓箭，夏代有羿射十日的传说。甲骨文中"侯"字写作"𥎦"，有学者研究，"侯"字像箭射向箭靶之形。上古崇尚勇武，射中者得为首领，这就是诸侯之"侯"的来历。

春秋时期，诸侯纷争，弓箭愈益成为战争中不可或缺的角色，出现了诸如养由基那样能百步穿杨的高手。意味深长的是，正是在这崇尚武力的时代，儒家却将弓箭变成礼乐教化之具，引导社会走向平和，这就是射礼。

一　射礼梗概

从传世文献来看，先秦时期可能有四种射礼。一是大射礼，是天子在重大祭祀之前，为了挑选助祭者而举行的射礼，大射礼的礼法，见于《仪礼》的《大射仪》；二是乡射礼，是每年春秋各州为教民礼让、敦化成俗而举行的射礼，参加者有卿、大夫、士等，乡射礼的礼法，见于《仪礼·乡射礼》；三是燕射礼，是国君与大臣在燕饮之后举行的射礼，旨在明君臣之义，燕射礼的礼法文献失载；四是宾射礼，此说仅见于《周礼》，据载，是与故旧朋友的射礼。《礼记》有《射义》一篇，综论射礼的礼义。大射礼与乡射礼的级别不同，参加的人员也不同，但仪程基本相同，故本文主要介绍乡射礼。

乡射礼的地点在州的学校"序"举行。行乡射礼之前，先行乡饮酒礼，其仪式与前面《乡饮酒礼》大致相同，这里不再重复。需要说明的是，主持乡射礼的是宾，而不是地方行政长官，这一点与乡饮酒礼相同。宾是尚未获得官爵的处士，但德行卓著，由宾来担任射礼的主角，显然是为了提倡尊贤的风气。人选一经确定，州长要亲自登门约请。行礼之日，州长要在序的门外迎接宾。

射礼的具体指挥者是司射，司射与前面乡饮酒礼中

四川汉画像砖弋射收获图

的司正是同一个人，只是换了一个称呼而已。射位在序的堂上，用空心的"十"字做标志。箭靶称为"侯"，设置在堂的正南方三十丈远的地方，侯的左前方有一曲圆形的皮制小屏，是报靶者的藏身之处，称为"乏"，意思是箭到此处已经乏力。一切准备完毕后，司射上堂报告宾，宾说可以宣布射礼开始。州学的弟子们把弓、箭、算筹以及各种器具全部搬到西堂下陈设好。

乡射礼的核心活动是三番射，"番"是次、轮的意思，三番射就是射手之间的三轮比射。第一番射侧重于射的教练。司射挑选六名德才兼备的弟子，将射艺相近者两两配合为一组，一共是三组，分别称为上耦、次耦、下耦，是所谓"三耦"，每耦有上射、下射各一名。每番比射都是发射四支箭，所以比赛之前，每位射手都要到堂前各取四支箭。

射礼正式开始，报靶者将报靶用的旌旗倚靠在侯的中央，为全场指示箭靶中心的位置。司射命令三耦："依次而射，不得杂越！"三耦都脱去左臂的外衣衣袖，在右手拇指上戴上钩弓弦用的扳指，在左手臂上套好臂衣。三耦都手执弓，所取的箭，三支插在腰带中，另一支夹在右手的指间。

第一番射　三耦在堂下站定，司射在堂上作射仪的示范：先将左足踩到射位符号上，面朝西，再扭头向南，注视靶的中部，表示心志在射箭，然后俯身察看双足，调整步武，最后开弓射箭，直至将四支箭全部射完。

于是，上耦的两位射手上堂射击，按照司射的要求，先用左足踩住射位符号，然后调整好面、头向和步式，目光盯住靶心，等待司射的命令。司射在堂下注视着上射，命令道："不许射伤报靶者！不许惊吓报靶者！"
上射向司射行礼后开始射击，射出一箭后，从腰间抽出
一支箭搭在弦上，然后由下射射，如此轮流更替，直到
将各自的四支箭全部射完。报靶者扬声向堂上报告射中
的结果。由于一番射是习射，所以不管射中与否，都不
计成绩。

其次，上耦下堂，由次耦上堂习射，双方在西阶前
交错时，彼此相揖致意。次耦习射的仪式与上耦相同。
最后，次耦下堂，下耦上堂习射，仪节也都是一样。于
是，司射上堂禀告宾说："三耦都已射毕。"

第二番射　第二番射是正式的比赛，参加者除三
耦之外，还有主人、宾、大夫和众宾。主人与宾配合为
一耦，主人担任下射，以示谦敬；大夫身份比较高，但
为了表示谦虚，都与士一一配合为耦，以示自谦。堂下
的众宾全部配合成耦。二番射的最后，要根据射箭的成
绩，分出胜负。

首先由三耦比射，到箭架前轮流取满四支箭。堂下
的众宾也各自取四支箭，然后在三耦的南面顺序而立，
以北面的位置为尊。以有大夫的耦为尊。

司射命令上耦开始射击，两位射手相互拱手行礼后

上堂，报靶者迅速离开靶位。司射宣布说："凡是没有射穿箭靶的，一律不计成绩！"两位射手像第一番射时那样，轮流开弓射箭，如果射中箭靶，负责计算成绩的有司，就抽出一支算筹丢在地上。上射的算筹丢在右边，下射的算筹丢在左边。如此这般，三耦全部射毕。

其次是由宾与主人配合成的耦上堂比射，然后由大夫与士配合成的耦比射，程序与三耦比射时相同。最后由众宾之耦习射。计算中靶次数的方法与三耦一样。射毕，计算成绩的有司拿起剩余的算筹报告宾："左右射都已射完。"司射命令将射出的箭送回，报靶者闻声应诺，拿着旌旗背朝箭靶站好。

于是，计算成绩的有司开始统计左右射的算筹数量，先数右面那一堆算筹。计数时，以两根算筹为一"纯"，右手一纯一纯地取起放在左手上；取满十纯则作一堆，纵向放在盛筹器的西侧；再取满十纯时，应另作一堆分开放；剩下的筹，如果是双数，就按"纯"为单位，横向放在十纯一堆的西侧，如果是单数，则要把零单的筹竖向放在"纯"的西侧，使总数一目了然。然后数左获的算筹。释筹者将胜方净胜的算筹拿在手上，向宾报告比赛结果。如果是右获一方胜，就说："右方胜了左方。"如果是左获一方胜，就说："左方胜了右方。"净胜数如果是双数，要以"纯"为单位报告；如果有单数，则在纯数之后再报单数。如果左、右获算筹的数量相等，就从双方的算筹中各取出一支报告宾，说："左、右方算筹的数量相等。"

司射命令三耦和众宾："胜方射手一律脱去左袖，戴上扳指，套上护臂，手执拉紧弦的弓，表示能射。负方射手一律穿上左衣袖，脱下扳指和护臂，将弓弦松开。"在司射的指挥下，三耦以及其余的射手先后上堂，由负方喝罚酒。负方射手上堂

射礼图

后，站着将罚酒喝完，再向胜方射手行拱手礼。其次，是宾、主人、大夫与合耦者上堂，饮罚酒的仪式与三耦相同。但如果负方是宾、主人和大夫，则不必执弓，以示尊优。最后，众宾上堂，直至负方的射手全部上堂饮过罚酒。

司射酌酒向报靶者献酒，并到靶前的左、中、右三处致祭。司射酌酒向堂下的释筹者献酒，第二番射至此完成。

第三番射 第三番射的过程与第二番射基本相同，只是比射时有音乐伴奏。在宾的授意下，司射命令三耦和众宾进入射位。接着，三耦到箭架前取箭。然后是宾、主人、大夫和众宾先后取箭。

乐工开始演奏《诗经·召南》中的《驺虞》，按照司射和乐正的命令，乐曲的节拍，演奏得均匀如一。司射在堂下宣布："不按鼓的节奏射箭的，不得计数！"第三番射开始。如同第二番射时那样，先由三耦比射，然后是按宾、主人、大夫和众宾顺序比射。凡是应着鼓的节拍而射中靶心者，计算成绩的有司就抽出一支算筹扔到地上。其余的仪节与二番射时一样。最后，计算成绩的有司将比赛的结果禀告宾：胜方赢若干筹，或者是双方射平。三耦、宾、主人、大夫、众宾按顺序上堂，负方射手喝罚酒。三番射至此结束。

旅酬　旅酬是射礼的余兴节目，程序与乡饮酒礼的旅酬基本相同，从身份高的人开始，依次向下进酬酒，先由宾酬主人，大夫酬众宾之长。按照尊卑之序，两只觯交替向下酬酒。如此，将在堂上就座的所有宾客都一一进了酬酒；最后二位受酬者站在西阶上向堂下的各位众宾酬酒，依尊卑之序一一进行酬酒，直到轮遍。赞礼者也受酬。赞礼者又取觯洗濯、酌酒，然后放在宾和大夫的席前，准备下一轮酬酒。整个酬酒的过程中，堂上堂下的音乐或间或合，歌奏不已，尽欢而止。

宾起身告辞，走到西阶时，乐工奏《陔》的乐曲。宾出大门，众宾也都随之出门，主人在门外以再拜之礼相送。次日，宾到主人家拜谢，随后，主人到宾家拜谢。

二　射以观盛德

射礼的性质是什么？也就是说，儒家为什么要制定射礼？这是首先要回答的问题。有学者认为，射礼"具有军事训练的性质"；也有学者见古代国学、乡学中有教射的科目，故认为是军事教育。由于人们通常把弓箭理解为武器，所以这些说法很少有人怀疑。射礼的性质究竟如何，对射礼的内容和相关文献作仔细分析之后，自然就能明白。

在古代社会素朴的自然分工中，射属于男子之事。所以，上古的风俗，男孩出生之初，父母要做的第一件事，就是用弓箭射向天地和四方，希冀他将来志在天地四方，成为一名优秀的男子汉。

高超的射艺，原本是勇力与技巧相结合的技艺。例如，养由基百步穿杨，孟子说："其至，尔力也；其中，非尔力也。"（《孟子·万章下》）能射出百步之远，是勇力过人的表现；而能射穿百步之外的杨树叶，就不仅仅是勇力所能达到的了，还必须有技巧。

但是，儒家反对暴力，所以并不强调勇力和技艺。春秋时期，人们习射注重力量和准确性，《左传》成公十六年（前575）记载，潘党与养由基将七副盔甲叠在一起，居然一箭射穿。古代的箭靶用兽皮或布制作，但通常用"皮"来概称，这种以较量射中、射穿为目的的比赛，称为"主皮之射"。孔子对这种把人们的注意力引向力量的比赛很不以为然，认为其违背了"古之道"，他说:"射不主皮,为力不同科,古之道也。"(《论语·八佾》)孔子认为,能否射中"皮",主要取决于射手的体能,不值得看重;所当注重的,应该是射手的德行和修养。因此,儒家的射礼与军队的射击训练有着本质的区别,它是一种"饰之以礼乐"(《礼记·射义》)、寓教于射的活动。

儒家认为,要想射中目标,必须"内志正,外体直","持弓矢审固"(《礼记·射义》)。正如我们在前面所介绍的,儒家礼乐思想的主旨,正是强调用乐来引导心志的中正、用礼来规范形体的正直。因而,儒家巧妙地抓住了射与礼乐的结合点,在保留比射的形式同时,重塑了射礼的灵魂。由射礼的礼法可知,射手一步一式都必须体现礼乐之道,"进退周旋必中礼"(《礼记·射义》)。四肢发达、勇力无比而不知礼义者,在射礼中将会手足无措。

射礼并非军事教育的证据,还见于《周礼》。据《周礼·地官·乡大夫》记载,行乡射礼时,乡大夫要向围观的众庶征询对射手表现的评价。评价的项目有五条:"一曰和,二曰容,三曰主皮,四曰和容,五曰兴舞。"其中的第一项是"和",第二项是"容",第四条是"和容"，三者有重复之处，彼此关系究竟如何？历来不得其解。清人凌廷堪在总结前人成说的基础上，提出了如下的解释，得到多数学者的认同。凌廷堪认为，这是指乡射礼的三番射。第一番射，不计成绩，只要求容体合于礼，所以说是"容"。第二番射，属于正式的比射，射中箭靶才能计算成绩，所以说是"主皮"。第三番射，射手不仅要容体合于礼，而且要按照乐节发射，所以说是"和容"；由于射姿与乐节相配合，所以又说是"兴舞"（《礼经释例·周官乡射五物考》）。由此可见，在乡射礼的评价体系中，所注重的是"和"与"容"。汉儒马融将"和"解释为"志体和"，就是心志与体态相和，很是有理。"和容"是射礼所要求的最高境界，是射手深层修养的外现。

可见，儒家的射礼，实际上是逐步诱导射手学习礼乐，使心志与形体都合于"德"的教化过程。

三　"发而不中，反求诸己"

儒家将往昔的田猎之射，提升为富有哲理的普遍之道，其内涵十分丰富，其中之一，就是把射礼作为正心修身、反躬自省的一种方式。

《射义》说："射之为言者绎也，或曰舍也。绎者，各绎己之志也。故心平体正，持弓矢审固，持弓矢审固则射中矣。故曰：为人父者，以为父鹄；为人子者，以为子鹄；为人君者，以为君鹄；为人臣者，以为臣鹄。故射者，各射己之鹄。"意思是说，所谓射，是寻绎的意思。射者身份各不相同，都应该在射礼的过程中寻绎自己的志向。只有心气平和，体态正直，紧握弓箭，瞄准目标，才可能射中。所以，做父亲的射箭时，要把箭靶当作为父的标准来射；做儿子的要把箭靶当作为子的标准来射；做人君的要把箭靶当作为人君的标准来射；做人臣的要把箭靶当作为臣子的标准来射；都要把箭靶作为自己的道德标准来射。所以，虽然是同一个箭靶，但各人所要射的"鹄"，也就是所要达到的具体道德目标却是不同的。射鹄的过程，就是反复内省、存养、进取的过程。因此，孔子说："发而不失正鹄者，其唯贤者乎！"（《礼记·射义》）

儒家提倡修身、齐家、治国、平天下。其中，修身是第一位的。人生不会一帆风顺，如何对待失败、培养百折不回的毅力、从失败走向成功等，都可以从射礼中得到体悟。《礼记·射义》说："射求正诸己，己正而后发，发而不中，则不怨胜己者，反求诸己而已矣。"（《孟子·公孙丑上》也有类似的说法）射箭的成败，关键在于能否调整好自己的体态和心志。发而不中，根本原因在于自身。因此，不要怨天尤人，尤其不要埋怨射中者，而是要"反求诸己"，反躬自问。

中国古代的射礼传入朝鲜半岛后，对当地的儒家文化产生了重要影响。这种影响，至今仍能强烈地感觉到。韩国人把射箭称为"弓道"，认为它不是一种简单的体育运动，它含有深刻哲理，在健身的同时，可以涵养心性和道德。目前，韩国弓道协会有二十多万会员。我曾在韩国汉城（今首尔）参观过白云山弓道俱乐部，见到了古代的角弓，教练为我作了使用的示范。墙上贴着的"练功八法"中，就有"发而不中，反求诸己"等《礼记·射义》中的文句，这是国内已经看不到的场面，令人既感到亲切，又感到失落。

四 "君子无所争，必也射乎"

人在社会中生存，就必然会与他人之间出现竞争，甚至发生利益冲突，如果没有健康的竞争心态，就很容易引发争斗、影响社会安定。如何处理这类问题，关系到国家长治久安。

孔子认为，只要人们都注重提升精神境界，自然就会淡泊名利，就会平心静气地对待竞争。他说："君子无所争，必也射乎！揖让而升，下而饮，其争也君子。"（《论语·八佾》）意思是说，君子以修身进德为本，所以不妄与别人争高低，如果一定要说有的话，那就是比射了，比射是要分胜负的，输了要当众饮罚酒，这是很不体面的事，所以君子在比赛中要力争胜利，但在争胜时，却是揖让而升，下来后一起饮酒，是所谓君子之争。

所谓"揖让而升"，包括两个方面。一是指与合耦的射手上堂比射时的一连串礼节。例如，第一番射开始时，上耦的两位射手拱手谦让后，从庭西并排往东走，上射在左侧，下射在右侧；走到正对着西阶的地方，两人拱手谦让，然后北行；到西阶下，彼此再次拱手谦让。于是，上射先登阶，走到第三级台阶上时，下射才走上第一级台阶，两人之间要空一级台阶。上射走到堂上后，要略向左侧站立，以便为下射让出登堂的地方，并在此等待；下射登堂后，上射面朝东向他拱手行礼，然后并排向东走去。当两人都走到正对着射位符号的地方时，面朝北行拱手礼，然后北行；走到射位符号前时，再次面朝北行拱手礼。司射在合耦时，充分考虑到了他们的水平，每一耦的上射与下射，水平都比较接近，竞争必然比较激烈，二者之间必有胜负。但是，竞争者有较高的修养，所以，在每一个仪节都彼此敬让。每一番射都是如此。

二是指耦与耦相遇时的礼节。比赛的胜负，是以三耦的上射为一组、下射为另一组来计算的。因此，除了自己的一耦中有自己的对手，其他两耦中也有自己的对手。在射礼中，耦与耦相遇，也有详密的礼仪，以示尊敬。例如，上耦射毕，并排下堂，上射在左侧。此时，中耦已开始上堂，在西阶前与上耦交错，对方都在各自的左侧，此时彼此拱手致意。再如，在取箭的途中，上耦取箭完毕离开时，与正在走往箭架的中耦相遇，对方都在各自的左侧，此时双方拱手致意。又如，饮罚酒时，负方射手下堂时，在西阶之前与接着上堂饮酒的下一耦射手交错而过，对方都在各自的左侧，此时彼此拱手行礼。可见，尽管射礼是一种计算胜负的礼仪，竞争激烈，但颇有些"友谊第一"的意思。

儒家的这一思想，在东亚文化圈中有着重要影响，时至今日，我们依然可以看到，日本、朝鲜的相扑、跆拳道等传统竞赛项目，在比赛之前，双方都要作揖或者鞠躬等，互致敬意，比赛结束时也是如此，显示了君子之争的风度。

五　射礼与择士

射礼还有一种功能，就是天子选拔人才。《礼记·射义》说，天子在举行重大祭祀之前，"必先习射于泽。泽者，所以择士也"。"泽"是天子的射宫名，之所以取名为泽，是因为这里是择助祭的诸侯的地方。《射义》还说，古代圣明之时，诸侯每年都要向天子述职，天子则要借此机会在射宫"试射"，以测验诸侯的射艺。只有容体合于礼，动作合于乐，而且屡屡射中者，才准许他们参与祭典。不仅如此，凡被选中者，得"进爵纳地"，参与祭典越多，就越会受到奖赏，甚至要增加其领地，把更多的人民、土地交给他来领导。反之，射礼中的表现不佳，一定是德行不佳。德行不佳者，怎能有资格参与国家的祭典？作为责罚，对他们要"让"，就是责让、训斥，并且要"削以地"，收回部分统治权。

《射义》说："射者，所以观盛德也。是故古者天子以射选诸侯、卿、大夫、士。"可见，不仅天子用射礼选诸侯，而且用射礼选卿、大夫、士。射礼中的表现，是被作为治政资质的重要内容来对待的。

六　孔子射于矍相之圃

儒家不断在射礼中注入人文思想，《礼记·射义》记载的一件事，有相当的代表性。孔子与弟子在矍相之地的园圃中举行射礼，围观者层层密密如同墙一样。乡饮酒礼结束，立司马，孔子派子路手执弓矢，延请围观者入内参加即将开始的射礼，说："除了败军之将，对国家灭亡负有责任的大夫，以及为了贪财而成为别人后嗣的人不得入场，其余的人都可以入内。"于是，大约有一半的人惭愧地自动离去，另外一半人留下了。比赛结束，即将举行旅酬的仪式，孔子又让公罔之裘和序点两人，举着酒觯对大家说话。公罔之裘举起酒觯说："从少年到壮年都有孝悌之行，到了六七十岁依然好礼，不从

清代任熊《投壶图》

流俗，修身以尽天年，有这样的人吗？请到宾位就座。"
于是又走了一半人，留下了一半人。接着，序点举起酒
觯说："好学不倦，好礼不变，到了八九十岁甚至一百岁
依然言行合于道，有这样的人吗？请到宾位就座。"于
是，刚才留下的人几乎走光了。可见，孔子赋予了射礼
太多的内涵，只有有德行者，才配参加射礼；那些在国
难当头贪生怕死，或者为了贪图财产而舍弃家庭的人，
没有资格与乡人序齿，参与射礼。射礼中的宾，更是作
为道德形象要求人们取法的，只有德行超群者，才有资
格担任。这对于提倡正气，形成公众舆论，警世导民，
具有重要意义。

抗日战争期间，北平沦陷，当时的辅仁大学校长、
著名史学家陈垣先生在一次集会中，发挥了孔子在矍相
之圃的典故含义，他说："古代的运动会，有三种人不能
参加：'贲军之将，亡国之大夫，与为人后者不入。'"陈
垣先生把不能保卫国家、不能抵御敌人入侵的将军，国
亡后在敌政权任职的官员，以及为了个人目的而认贼
作父的人，都排斥在人民生活之外（《励耘书屋问学
记》），大大激励了全校师生抗日的意气。于此，也正可
以看到射礼所蕴含的另一层深意。

14

明君臣上下相尊之义：燕礼

清代郎世宁、王致诚《万树园赐宴图》

燕礼之"燕"通"宴"，义为安闲、休息。燕礼是古代贵族在政余闲暇之时，为联络与下属的感情而宴饮的礼仪。燕礼可以是为特定的对象而举行的，如出使而归的臣僚、新建功勋的属官、聘请的贵宾等，也可以是无特殊原因而宴请群臣。天子、诸侯、族人各有燕礼，但多已亡佚。本篇为诸侯宴请臣下之礼。燕礼的仪节比较简约，以饮酒为主，有折俎而没有饭，只行一献之礼，意在尽宾主之欢。《仪礼》有《燕礼》一篇记燕礼的礼法，《礼记》有《燕义》一篇记燕礼的礼义。

一　燕礼的陈设

　　燕礼是在路寝举行的。古代天子有六寝，路寝一，小寝五。诸侯有三寝：路寝一、小寝一、侧室一。路寝是正寝，天子、诸侯在此听政、处理事务；小寝是休息的地方。

燕礼开始之前，有司们要陈设好各种器物。膳宰将肴馔陈设在路寝的东侧。编钟、编磬、钟、镈、鼓等乐器陈设在堂下的东、西两阶之间。在正对着堂屋东侧屋檐滴水处的地方，放着洗手时接弃水用的盆——洗；洗的东边是盛水器——罍；洗的西边是被称为"篚"的竹篚，里面陈放着爵、觯等供卿大夫用的酒器。国君使用的酒器是用象牙装饰的，称为"象觚"。陈放象觚的篚称为"膳篚"，设在洗的北边。

国君与卿大夫的酒樽也是分开的。卿大夫用的是两只方壶，陈设在堂上的东楹柱之西。国君专用的酒樽称为"膳尊"，陈设在卿大夫的酒樽之南，上面用粗葛布或细麻布覆盖，樽的底部有托架。参加燕礼的还有许多尚未得到爵命的士，称为"士旅食者"，他们用的是两把圆壶，陈设在门内的西侧。

顺便要提到的是，燕礼吃的是狗肉。狗肉香气浓郁，又能补益身体，是古人喜爱的食品。古人在十分郑重的场合用牛、羊、豕；在相对随意的场合则用犬。古代寝庙门外的东、西两侧都有灶，吉礼用东边的灶，凶礼用西边的灶。燕礼的狗肉在东边的灶上烹煮。

二　席位与尊卑

参加燕礼的人很多，身份与地位有很大差别，因此，席位的安排要体现出尊卑与等差。

《燕义》说："君席阼阶之上，居主位也；君独升立席上，西面特立，莫敢适之义也。"国君的席位设在阼阶之上，居于整个礼仪的主位。仪式开始时，唯有国君一人上堂，独自面朝西而立，其余的人都站在堂下。"适"与"敌"通，是匹敌的意思，"莫敢适"是说国君是一国的至尊，没有人敢以与国君相匹敌的身份与之行礼。

国君就位之后，卿、大夫、士、士旅食者等在小臣的引导下进入寝门。卿大夫在门内的右侧、面朝北、按照尊卑的顺序并排而立，尊者在东。士在门内的左侧、面朝东并排而立，尊者在北。士旅食者在门内左侧、面朝北而立，尊者在东。

卿大夫等站定后，"君立阼阶之东南，南乡，尔卿，大夫皆少进，定位也"（《燕义》），意思是说，国君下堂，站在阼阶东南，"南乡"，"乡"通"向"，南向就是面朝南；"尔卿"，"尔"通"迩"，是靠近的意思，尔卿就是说国君向诸卿行礼，让他们近前来。于是，诸卿的队列转而面朝西，尊者在北；国君又向大夫行拜礼，让他们近前来，大夫只是稍稍上前，队列的方向不变；士的队列依然在原地。如此，国君面朝南，卿、大夫、士等分立于东、南、西三面，围拥着国君。君臣的这一方位，正是燕朝之位，所以这一程序含有定君臣之位的意思。

在燕礼进行的过程中，宾和卿大夫先后要登堂入席，他们在堂上的席位也预先作了安排：宾的席位在堂上的户（古人称单扇的门为户）、牖（yǒu，窗户）之间；上卿的席位在宾席的东侧，上卿中的尊者席位在东首。大小卿的席位在宾席的西侧，其尊者的席位在西首，靠近宾席；大夫的席位接着小卿的席位往西排，如果大夫的人数较多，西侧排不下，可以在西序之前折而往南坐。席位安排的原则是，地位越尊，离国君的距离越近。士没有资格在堂上就坐，席位安排在庭中的东方。

三　宾与主人

古代宴饮之礼，一定要设主人和宾，否则就不成其礼。前面介绍过的乡饮酒礼和乡射礼都是如此，燕礼自然不能例外。

1965年出土于成都百花潭的战国铜壶上的有关宴乐的纹饰

按照常理，燕礼的主人应该由国君担任，宾则由卿中的尊者担任。但是，礼仪中的主人与宾平起平坐，彼此匹敌。如此一来，就会发生两个问题：其一，卿在朝臣中的地位最高，地位仅次于国君，尊卑最为接近，如果以国君为主人、卿为宾，则国君势必要处处与卿分庭抗礼，不免有"国有二主"之嫌；其二，如果让国君担任主人、卿担任宾，则两人始终为烦琐礼仪所累，难以尽兴畅饮。因此，燕礼使用了一种变通的方法：让主管膳食的宰夫担任主人，宰夫的爵等是士；另选一位大夫担任宾。让宰夫和大夫去周旋揖让，不仅没有了君臣无别的顾忌，而且可以使国君和卿得到解脱，坐观其成，欢聚燕饮。所以，《燕义》说："设宾主，饮酒之礼也；使宰夫为献主，臣莫敢与君亢礼也；不以公卿为宾，而以大夫为宾，为疑也，明嫌之义也。"

宾的人选，由国君指名决定，被指名者要稍稍上前婉言推辞，表示不敢当。在国君重申刚才的决定之后，宾才再拜叩首，接受任命，并到大门外等待主人的正式邀请。于是，国君在庭中向卿大夫行拜礼，然后上堂入席。接着，有司迎宾入门，来到庭中。尽管燕礼中的宾并非严格意义上的宾，但在形式上依然是燕礼中的重要人物。所以，在宾进入中庭之后，国君要从堂上走下一级台阶向他作揖，以表示优礼。

同样，宰夫虽然担任主人，但只是代替国君献酒的主人，并非燕礼上真正的主人。因此，宰夫在上、下堂时都不得走阼阶，而只能与其他人一样走西阶。

四　宾主的一献之礼

燕礼从宾、主行一献之礼开始。宾主上堂后，彼此行礼。然后，主人准备向宾献酒。献酒的仪节是程式化的，在燕礼中反复出现，为了行文简明起见，这里先介绍献酒的礼节，后面从略，不再重复。按照宴饮礼节，主人在斟酒之前，要先下堂到庭中的"洗"之前洗手、洗酒爵（或觚），以表示郑重和洁敬。此时，宾不能独自在堂上安坐，那样有役使主人之嫌，是自大的表现，所以要随之下堂。此时，主人要辞谢对方下堂；宾则以礼作答。洗手、洗爵毕，双方一起上堂。接着，主人再次下堂洗手，以示为对方酌酒的郑重。出于同样的原因，宾要再次下堂，彼此之间辞让的仪节与刚才一样。于是，双方再次上堂，主人酌酒之后，向宾献酒。宾拜谢后接过爵，入席坐下作食前祭祀，即先用脯醢祭祀，再用酒祭酒，意在纪念先世创造这些食物的人。宾祭毕，要称赞酒的甘美；主人答拜；宾将爵中之酒饮尽，拜谢主人。主人答拜。这是主人向宾献酒，称为"献"。

接着是宾酌酒回敬主人，即所谓"酬"，仪节与"献"基本一样，只是宾、主的角色发生了转换：宾成了敬酒者，而主人成了接受敬酒者，因此，两人的礼节正好与前面相反。唯一的不同是，主人喝完酒之后，不能赞美酒的甘美，因为酒是自己的。酬毕，主人执持空觚下堂，放入庭中的篚内。

照例，此时再由主人酬宾，一献、一酢、一酬，一献之礼才算完成。但是，燕礼中的主人不是正主，宾也不是严格意义上的宾，主宾之礼不得掩盖国君。所以，燕礼在仪式上不得不有所变通，在保持宾主仪式的同时，要兼顾到国君的尊严。为此，在宾、主献、酢之后，插入了主人向国君献酒的仪节，这是其他宴饮礼节所没有的现象。

主人向国君献酒时，宾不敢在堂上安处，主动下堂回避。国君请宾上堂，以示优礼，宾这才上堂站在西序的内侧。主人下堂洗手、洗象觚（国君专用的酒器）；

然后上堂酌酒献给国君。国君拜谢后接过象觯。主人下堂面朝北向国君行拜送礼。于是，国君作食前祭，祭毕，将象觯中的酒饮尽，拜谢主人。主人在堂下答拜，然后上堂接过象觯，再下堂放入膳篚。

按理，接着要由国君洗手、洗爵，酌酒之后酢主人，但是主人不敢与国君行此大礼，所以只能自己为自己酢酒。主人下堂，另取一爵洗濯，再上堂酌酒。由于这酒是代表国君而酢，所以要从膳尊中酌取。然后下堂，在阼阶下向国君再拜叩首。国君答以再拜之礼。接

唐代长安韦氏家族墓壁画宴饮图

着，主人作食前祭祀，祭毕，将酒饮尽，向国君再拜叩首。国君答以再拜之礼，主人将空觚放入篚中。

主人酬宾的仪节，此时方才得以继续进行。主人下堂洗手、洗觚，上堂从方壶中酌酒后，向宾行拜礼。宾答拜还礼。主人代替国君祭酒，接着饮酒；宾不敢当此大礼而推辞。主人将觚中的酒饮尽后拜宾；宾答拜。主人洗觚之后从膳尊中酌酒，宾拜谢后接过觚，主人拜送。宾入席祭酒，祭毕，将觚放在脯和醢的东侧。

五　四举旅酬

主宾的献酬礼完成之后，是国君自上而下地为臣下进酒劝饮，即所谓"旅酬"。燕礼的旅酬，每次都以"举爵"作为开始的信号。而国君所举之爵，要由专门的人（《燕礼》称为"媵爵者"）准备好，并放在国君的席位前。

由于与礼的人数很多，彼此身份等级不同，而且每人都要被轮到，燕礼的程序相当漫长而繁复。《燕义》把这一系列程序概括为如下的几句话："献君，君举旅行酬；而后献卿，卿举旅行酬；而后献大夫，大夫举旅行酬；而后献士，士举旅行酬；而后献庶子。"

"献君，君举旅行酬"，是为宾举旅酬。"而后献卿，卿举旅行酬"，是为卿举旅酬。"而后献大夫，大夫举旅行酬"，是为大夫举旅酬。"而后献士，士举旅行酬"，是为士举旅酬。庶子的地位卑微，不再为之举旅酬。所以，在燕礼中先后要为宾、卿、大夫、士等四次举爵劝酒，即所谓"四举旅酬"。

燕礼旅酬的大致过程是：首先，主人向宾献酒之后，向国君献酒，国君饮尽后，往爵中酌满酒、高高举起，向在座者酬酒劝饮；其次，主人向卿献酒，卿饮尽后酌酒高举，向大家酬酒劝饮；再次，主人向大夫献酒，大夫饮尽后酌酒高举，向大家劝饮；又次，主人向士献酒，士饮尽后酌酒高举，向大家酬酒劝饮；最后，主人向庶子献酒。如此由上而下，酬及每一位与礼者。整个过程如同接力赛，一环扣一环，紧凑而又热烈。

其间，首先是堂上的乐工在瑟的伴奏下，歌唱《鹿鸣》《四牡》《皇皇者华》等乐曲。演唱完毕，主人向乐工献酒。其次，吹笙者站在钟、磬的中间，吹奏《南陔》《白华》《华黍》等乐曲。演奏完毕，主人向吹笙者献酒。再次，堂上堂下交替歌奏乐曲：堂上鼓瑟《鱼丽》之歌，堂下则笙奏《由庚》之曲；堂上鼓瑟《南有嘉鱼》之歌，堂下则笙奏《崇丘》之曲；堂上鼓瑟《南山有台》之歌，堂下则笙奏《由仪》之曲。接着歌奏地方乐曲：《周南》中的《关雎》《葛覃》《卷耳》，《召南》中的《鹊巢》《采蘩》《采𬞟》。此时，往往要用射箭的方式来乐宾，仪节与乡射礼一样。

正式的礼节至此结束，接着进入"无算爵"的阶段。每人的席前都摆上了佐酒的肴馔，此时饮酒，相互劝酒，不再计算行爵的次数，可以随意酌饮、相劝，至醉而休。需要指出的是，即使是在无算爵之时，也绝对不允许因醉失礼，为此而专门指定了监酒者对与礼者进行督责。

入夜，阼阶、西阶、庭中以及门外，都有火烛照明。宾微醉时，取走自己席前的脯，下堂。乐工奏《陔》的乐曲，宾将所取的脯赐给敲钟的乐工，然后出门。卿、大夫随之出门。

六　燕礼所要表达的君臣大义

中国古礼的高妙之处在于，每一个看似平淡的仪节，都赋予了很深的礼义，行礼之时，即不知不觉受到德的浸润，即使在燕礼这样的闲暇之礼中也不例外。

例如，国君举酬酒于宾，或者赐爵于其他人，受赐者都要特地下堂、面朝北行再拜稽首之礼，这是臣子对国君应有的礼节。之所以如此，是因为国君是国家的代表，不如此则不足以表达内心的崇高敬意。制礼者希望通过这样的礼节，来培养臣下勤勉于国事的意识。

国君虽然是一国的至尊，但礼是双方的行为，中国古礼的原则之一，是讲究礼尚往来。如果一方虔敬地行礼，而另一方却毫无表示，是非常失礼的。即使尊卑如君与臣，也是如此。因此，国君为了表示谦让，让小臣下堂加以阻止，于是受赐者上堂完成拜礼。不仅如此，每次臣下向国君行礼之后，国君都要以礼答拜，这就是《燕义》所说的"礼无不答"。礼无不答就是礼尚往来，是东方人交往和沟通时尊重对方的特有方式。由答拜之礼可以引申到君臣之道，就是《燕义》所说的"礼无不答，言上之不虚取于下也"。不虚取于下，是儒家提倡的君臣之道的重要原则，《燕义》解释说："臣下竭力尽能以立功于国，君必报之以爵禄，故臣下皆务竭力尽能以立功，是以国安而君宁。"礼无不答是对国君的一种提示：不能只是要求臣下尽心竭力，而自己没有相应的表示。在礼仪场合是如此，在治国之道上也是如此，对于为国家建功立业的臣下，国君应该用爵禄来报答。如此，所有的臣下也都会努力地去建功立业，因而也才会有君臣的和谐与国家的长治久安。所以，《燕义》又说："燕礼者，所以明君臣之义也。"这就是儒家所说的君臣上下之大义。

由君臣关系可以引申到君民关系。《燕义》说："上必明正道以道民，民道之而有功，然后取其什一，故上用足而下不匮也。是以上下和亲而不相怨也。"意思是说，国君必须用"正道"来引导人民，人民接受了正确的引导，勉力去从事各自的工作，就一定会创造出充足的物质财富来。即使如此，国君依然轻徭薄赋，仅仅征取其十分之一用于政府开支。君民相亲无怨就是"和"，上下财用都不缺乏就是"宁"；"和宁"就可以走向天下大治。所以，《燕义》又说："和宁，礼之用也。"可见，燕礼并非一场简单的宴请，而有深义存焉，不过处处自然合理，毫无说教的痕迹罢了。

十五

诸侯相接以敬让：聘礼

西汉洛阳古墓壁画车马出行图

在古代，天子与诸侯、诸侯与诸侯之间，一般要在盟会等场合才有机会见面。如果长期没有盟会，为了联络感情，要派卿大夫相互聘问，此即聘礼。聘礼是贵族之间的高级会见礼。天子与诸侯相聘问的礼节文献阙如，今已不能得知。诸侯之间的聘礼，有大聘、小聘之分，两者的仪节基本相同，只是使者的身份、礼物的多少等有所不同。《仪礼·聘礼》记载了大聘的仪节，《礼记·聘义》则阐述了聘礼的礼义。

一　聘礼梗概

组团　告庙　出发

出聘的国家和使者，由国君和诸卿商定，并选择一位卿担任正使，称为宾；一位大夫担任副使，称为上介；随行的其他正式成员由士担任，称为众介，由司马任命。

出行前一天，有国君在场，逐一核验礼品，确认齐备无误后装车，礼单交给使者。出行之日，使者要先在自家的祢庙进行告庙仪式，把行将出聘的事向庙主报告。出行之初，使者及随行者要以物祭祀道路神。卿大夫在土堆旁用酒和干肉致祭，接着饮酒，为使者饯行。

入境　郊劳　设馆　致饔

到达聘问国国境前，使团要演习聘问的仪式。先堆土为坛，再画上台阶，模拟宫殿的殿堂；北面设置帷围，象征国君所在的方位；演习是郑重的表示。入境时，所有人员起誓，决不违反聘问国的礼法。接着，谒见关人，说明来意。经国君同意后，使团入境。

使者到达近郊后，国君派卿带着束帛前往慰劳，代国君致慰问之辞。使者用皮和束锦酬谢卿。接着，国君夫人派下大夫带着枣和栗前往慰劳，使者用皮和束锦酬谢下大夫。

使者来到聘往国的外朝，大夫为使团安排馆舍，上卿在此致国君之命，请使者在此下榻，使者再拜叩首致谢。宰夫在堂上陈设馈赠给使者的食品，门外有米、禾草等物，对副使和随行人员也分别馈赠食品。正式的食礼，应该包括腥（宰杀后尚未煮的牲）、饪（宰杀后煮熟的牲）、饩（未经宰杀的活牲）三类，而此时提供给使团的食品只有腥和饪，属于非正式的礼仪，称为飧。

聘享

聘享是聘礼中最核心的部分，分为聘国君、享国君、聘国君夫人、享国君夫人等四个仪节。聘享之日，国君派下大夫到宾馆迎接使者。使者将币帛等礼品在庙门外展陈。国君任命卿为上摈，大夫为承摈，士为绍摈，自己在大门内迎请使者。国君与使者上堂。使者面朝东代表自己的国君致辞，并将圭呈给国君。国君面朝西向使者行再拜之礼，亲手接过圭。

聘毕，使者下堂出门，然后再次入门行享礼。使者奉束帛加璧，上堂面朝东代表自己的国君致辞，并向国君赠送币帛。国君面朝西向使者行再拜之礼，亲手接过币帛。

向国君夫人行聘礼时，玉器用璋；行享礼时则用琮，仪节与聘享国君时一样。但夫人不亲自接受，而由国君代为接受。

私觌

聘享之礼是代表自己的国家而进行的，此后，使者等还要以个人的名义拜谒国君，这一礼仪称为私觌。私觌之前，先要由国君礼宾。国君出庙门迎宾入内，双方上堂后，国君亲自将漆几授于使者，并用醴酒款待他。有司在庭中陈设作为礼物的四匹马。接着，国君向使者赠送束帛，使者再拜接受。

使者私下见国君，一手捧束锦，一手总揽四匹马的辔绳而入。国君与使者相互揖让后上堂。使者向国君呈献币帛，国君亲手接受。副使、随行人员私见国君的仪式与此类似。

归饔饩

国君出庙门送使者。即将到大门口时，国君询问对方国君的起居情况。使者回答后，国君行再拜礼，祝他平安无恙。国君又问及对方卿大夫的情况，并对使者辛劳而来表示慰问，又慰问随行人员。

国君向使团馈赠驻在期间的食物，称为归饔饩。馈赠的食物为饪一牢、腥二牢、饩二牢，总共五牢；醴酒和肉酱共一百瓮，米一百筥；此外还有米三十车，禾草三十车，柴薪和草料六十车。国君的夫人、卿大夫等也有馈赠。副使、随行人员也分别受赠有相应的食物。

其间，国君邀请使团观国之光，参观宗庙和宫殿等。国君还以飨礼、食礼、燕礼等形式款待使者和副使；卿也以飨礼、食礼款待之。

问卿大夫

使者以国君的名义问候诸卿，随后又以私人的名义拜见诸卿。副使等只以私人的名义拜见诸卿。

还玉　贿　礼

使团行将归国之前，国君派卿将使者在聘礼中致送给自己的圭、致送给夫人的璋一并交还使者。之后，国君将束锦交给使者，请他转交给他的国君，这一礼仪称为"贿"；又用币帛等物作为对享礼的回赠，这一礼仪称为"礼"。国君夫人派下大夫向使者回赠以笾、豆和酒。大夫向使者致送束帛等礼物。副使和随行人员也都各有馈赠。

送宾

国君亲往宾馆会见使者，对使者奉君命来向自己和夫人行聘享之礼，又问候各位大夫表示感谢，对使者即将归国表示送别之意。使者到朝上行三拜之礼，感谢国君的赐予。于是使者一行踏上归途，当日在近郊住宿。

国君又派卿前往赠物送行，派下大夫向副使赠物送行，派士向使者的随行人员赠物送行。士要一直将使者一行送到国境。

复命 告庙

使者回到本国近郊时，请郊人禀告国君，然后穿上朝服，举行襐祭后入城。使者将对方国君、卿大夫赠送的币帛陈列在治朝上，使者执圭面朝北而立，副使手执璋站在使者的一侧。使者向国君复命，详尽禀告出使的经过。国君慰问使者、副使和随行人员，并一一赐以币帛。

使者在家的大门旁用束帛告庙仪式，告知庙主，出使归来，酬劳随行人员。副使回到自己家中，也要如此举行告庙仪式。

二 圣王贵勇敢强有力者

在儒家的礼仪中，行礼时间的长短有很大差别。礼越重，则礼节越复杂、行礼的时间越长。聘礼、射礼属于至大之礼，主要的礼节从天刚亮开始，差不多要到正午时才能结束。如此冗长的礼仪，一般的人来说，无法想象，如果不是强有德力者，没有超群的精神力量，就不可能坚持到底。

行礼的过程中，彼此敬酒，都只是象征性地喝一口，即使是口渴难当，也不会取饮；席上的肉都快晾干了，即使饥肠辘辘，也不会去吃；到日暮时分，别人都因疲倦而懈怠了，而行礼者依然庄敬、整肃，认真地履行着每一个仪节，因为他知道，君臣、父子、长幼之意就蕴藏在其中。

只有能自始至终地完成全部礼仪的人，才是德行强劲者。《聘义》说："此众人之所难，而君子行之，故谓之有行。有行之谓有义，有义之谓勇敢。"君子就是有德行之士，有德行的士行事必然处处得宜（此处的"义"是"宜"的意思），能把握分寸，临事必然果决勇敢。

《聘义》说有两种强有力的勇敢者，一种是将勇力用于私斗的勇敢者，实际上是危害社会的人，无足称道；另一种勇敢者，"天下无事，则用之于礼义；天下有事，则用之于战胜"；《聘义》说，后者才是古昔圣王所推崇的勇敢者。这样的勇敢者，在战争年代能为公义而战，而且有决战决胜的能力；在和平年代能奉行天子制定的重要礼仪，达到天下之大顺；"外无敌，内顺治，此之谓盛德。故圣王之贵勇敢、强有力如此也"。

可见，聘礼、射礼等礼仪具有磨砺人的意志、激励人的精神的作用。儒家制礼，并要求人们时时习行，正是要使礼义潜移默化，造就君子。

三　圭璋与德

聘礼中最重要的礼物是玉器，如聘国君的圭、享国君的璧；聘国君夫人的璋、享国君夫人的琮等，其中又以圭最为重要。

古代用以朝见天子的圭有九寸长，下面有长度相等的托板。圭厚半寸，宽三寸，顶部左右各削去一寸半，呈锐角形；托板上用三种颜色横向画有六道圆圈，颜色的顺序依次是朱色、白色、苍色、朱色、白色、苍色。聘问诸侯用的圭，托板只有朱色和绿色两种颜色，圭和托板的长度都是八寸。这两种托板末端都有长一尺的丝带，上面为玄色，下面为缥色。

在出发前的告庙仪式之上，有司打开珍藏玉器的椟，取出圭，交给宰。宰将圭交给使者。使者捧圭聆听国君之命，并复述国君之命。然后接过璧、璋。最后，逐一仔细装入盒子，然后启程。使团入境、到达远郊和下榻宾馆后都要核验礼品。三次核验的重点是圭、璋等玉器，不仅要检查其是否完好，还要取出擦拭。对此珍视的程度可以想见。

据《聘义》记载，子贡对这样的现象非常不解，因而问孔子，为什么君子"贵玉而贱珉"（珉是与玉非常相似的石头）？是否因为珉多而玉少，物以稀为贵？孔子回答说，并不是因为珉多而贱之、玉少而贵之，而是因为玉的手感、观感、质地都有独特的优点；这些特点与君子所追求的品格非常相似：玉色温润而有光泽，很像仁；纹理缜密而坚硬，好比智；虽有棱角而不伤人，如同义；玉体垂之而下坠，似人的谦卑有礼；用物敲击它所发出的声音，开始时清扬远播，结束时戛然而止，如儒家的为乐之法；瑕不掩瑜、瑜不掩瑕，与人的忠心外露相似；彩色见于外表，像人的信用没有隐掩；玉的白气，如虹贯日，好比是天；玉藏于山川，精气彻见于外，犹如地气；行聘礼使用圭璋时，不需要再加其他物品，恰如有德之人；天下之人都喜爱玉，好比万物离不开道。玉具有的仁、义、礼、智、乐、忠、信、天、地、德、道等十一种美好的品质，正是君子修身所要追求的目标，所以孔子说"君子比德于玉"，因而深深宝爱之。孔子引《诗经·秦风·小戎》"言念君子，温其如玉"之语，说明诗人心目中的君子，温润如美玉。

中国与墨西哥、新西兰并称世界三大古玉产地。中国的玉材分布地区广泛，玉器制作源远流长。早在新石器时期，我国南北各地都已经能制作精美的玉器，而且器型丰富多姿，出现了系列化的倾向。到了夏商周时期，玉器的制作工艺已经相当成熟。与墨西哥、新西兰不同的是，由于儒家赋予玉器以丰富的人文内涵，中国玉器就不再是仅供玩赏的工艺品，而成了文人展示内心德行或价值趋向的特殊物品，进而形成君子佩玉之风。中国与玉相关的成语相当之多，与琳琅满目的玉器相映成趣，形成独特的中华玉文化（参拙著《文物精品与文化中国》第四讲《良渚"琮王"与中国史前时代的玉文化》，清华大学出版社，2002）。至此，玉器在聘礼中的重要含义也就不难理解了。

四　还玉与重礼轻财

如前所述，出聘的使者在国君面前秉受圭璋是相当郑重的。行聘享礼时更是如此：有司启椟取圭，交给副使；副使恭敬地转授给正使；正使此时要"袭"。古代有"裼（xī）袭礼"，古人平时穿葛布衣或裘皮衣，外面要加一件称为"裼"的漂亮罩衣，正式的礼服则穿在裼衣之外。在一般的礼仪中，行礼者的前襟不扣，并脱去左袖，意在露出里面的裼衣。在特别隆重的场合，则要扣好前襟，套上左袖，将裼衣遮掩住，这就是所谓的"袭"。使者此时即将向聘问国国君行聘享礼，所以要"袭"而执圭。由于礼仪隆重，聘问国一方先要"辞玉"，以示谦虚、不敢当，然后才同意使者上堂行聘享之礼。国君受玉时也要"袭"，以示对圭的敬重。可见，聘礼的隆重主要是透过对圭璋的敬意来体现的。

国君受玉完毕，使者的主要任务似乎已经完成。但是，在使者即将归国之时，聘问国的国君派卿到使者的馆舍举行"还玉"的仪式，就是将先前接受的圭、璋原物奉还使者。使者"袭"而受圭，极其郑重。接着还璋，仪式与还圭一样。

人们不禁要问，国君既然已经收下圭璋，为什么又要送还呢？这一看似奇怪的现象，其实藏有很深的含义。试想，如果使者带去的玉器非常精美、数量十分之多，而作为主人的一方照单全收，则行礼双方的兴奋点就落在了礼品上，不仅有贪财之嫌，而且有违聘礼的本义。天子为了亲和诸侯，规定比年一小聘，三年一大聘，使彼此以礼来相互勉励。诸侯能以礼相交，就会外不相侵，内不相陵。这就是天子引导诸侯的高妙之处。因此，聘礼的目的在于联络感情，而不在于所收礼物的厚薄。用圭璋行聘，正是希望彼此以德行相砥砺。如果带去的玉器太多，聘礼就成了以财物为主，礼的本意就会被淹没，势必有伤于德行。《聘义》说："以圭、璋聘，重礼也；已聘而还圭、璋，此轻财而重礼之义也。诸侯相厉以轻财重礼，则民作让矣。"一方面要用辞玉、受玉以及袭等的礼仪来突出礼的规格和庄重，另一方面又要用还玉的方式来突出礼的人文趋向，防止礼因规格很高而变质。

诸侯相聘问能重礼轻财，就是为天下作表率，人民就会崇尚礼让之风。这就是聘礼的制作之本义之一。

五　介绍而传命，敬之至也

"介绍"一词，在现代汉语中使用得非常广泛，一般指沟通双方的第三者的言语或行为，但很少有人知道，"介绍"原本是指古代礼仪中的一种传话方式。

古代公侯伯子男五等诸侯朝见天子或者诸侯相聘问，相见伊始，彼此之间有相当的距离，主、宾不能直接对话，而要通过站立在彼此之间的人来传话，客人一方的传话者称为"介"，主人一方的传话者称为"摈"。主、宾之间的距离长短，依双方的地位而定，地位越尊，距离越远，中间的介也就越多。《聘义》说："上公七介、侯伯五介、子男三介。"几位介都有专门的名称，居首者一人称"上介"；居中者或一人，或三人，或五人，均称为"承介"，承是承接的意思；居尾者称"末介"。摈也是如此，有上摈、承摈、末摈之别，只是人数比介要少些。摈、介的身份有尊卑之别，一般来说，上摈为卿，承摈为大夫，绍摈为士。介也是如此。

双方相见之初，各陈摈、介。宾要对主人说的话，先告知上介，上介传于承介，承介传于末介；末介再传于对方的上摈，上摈传于承摈，承摈传于末摈，末摈传于主人。主人的回话，则按照与此相反的顺序传达于来宾。这就是《聘义》所说的"介绍而传命"，"绍"是继续、承接的意思。《聘礼》中，使者行聘享之礼前，双方在庙门内各陈摈介，但行文相当简略。所以，我们必须作如上的说明，读者才能明白。

为什么双方说话要由介来绍而传之呢？这是古人表示敬意的一种方式。古人相接，不能直指对方姓名，那样是失礼的表现，而要称对方的表字，这样就能在谦远之中显示出尊敬；称对方为阁下、称天子为陛下等，都是同样的意思。《聘义》说："介绍而传命，君子于其所尊弗敢质，敬之至也。"意思是说，君子对于尊者，不敢直面对话，因而用通过摈介传命的方式来表达备极敬重的心意。现代汉语中的"介绍"一词正是来源于此，并且残留着古意。

六　最早的外交礼仪程式

《聘礼》是我国现存最早的外交礼仪规范的文本，也是世界上最早的外交礼仪规范的文本。它确立了一系列外交礼仪的原则，展现了我国古代发达的礼仪文化的一个侧面，下面略举数端。

互利互惠　出访途中往往要经由其他国家，在到达其边境时不得随意闯入，而应该向边防管理者提出借道的申请，先征得对方同意，这是对他国领土和主权的尊重。过往国国君一般应该准予通行，并提供方便，向过境人员馈赠牛、羊、豕等食物以及牲口用的草料等必须的物品，然后派人带路，直到走出国境为止。过境者在入境之前则要起誓，保证遵守过往国的法令，在到达其边境时不扰民。类似规定提供了外交活动中彼此尊重、互利互惠的关系的、可供操作的范式。

外交礼遇 使团是国家的代表，在出访时理应受到东道国的特别关照。例如，使团入境后，国君要派人到边境迎接，接着要派大夫前往行郊劳之礼，慰问风尘仆仆的客人；下榻以后，主人要提供客人三天洗一次头、五天洗一次澡的条件；要提供驻在期间所需的各种食物；邀请他们参观宗庙、宫殿等地，即所谓"观国之光"；回国前要为之准备旅途中所需的各种食物。类似的规定，《聘礼》中触目皆是。

礼仪规范 外交是国与国的交往，处处涉及国家的形象。在繁复的礼仪中先后出面的人物，其身份、举止、语言都要合乎礼，《聘礼》中都给出了规范，使出访者有所遵循。

例如，聘享之礼，国君要亲自到庙门之内迎接使者，接受圭璋的仪式要在宗庙举行，北面拜觌，拜君命之辱，所以致敬也。为了表示自谦，出聘者不能在与自己身份相当的人的宗庙中下榻，而应该降一等，卿住在大夫的宗庙，大夫住在士的宗庙，士则住在工商之人的舍中。

馈赠使团成员的腥、饪、饩、米禾、刍薪等的数量，以及陈设时正鼎、陪鼎、笾豆、簠簋的位置、朝向等，都有严格的规定，不得随意摆放。

国君宴请使者，食礼一次，飨礼两次；宴请副使，则食礼一次、飨礼一次；使者和副使都要在次日到朝上拜谢国君。大夫宴请使者，飨礼一次、食礼一次。大夫宴请副使，则食礼、飨礼选其一就可以了。

限于篇幅，不再列举，有兴趣的读者可以阅读原文。《仪礼》记载的各种规范，成为我国古代外交礼仪的渊薮，被历代政府所沿用或根据社会的变迁而改造。

16

称情而立文：丧服

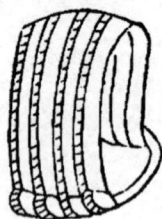

斬衰冠

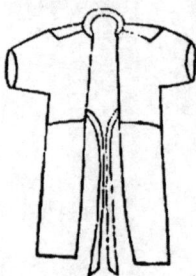

斬衰衣

斬衰裳

纓繩冠

斬衰至膺卒哭其衰芟後衹長二尺三寸

大凡文化比较进步的民族，在亲人死亡时，都会用某种特定的形式来表达内心的哀痛。在我国古代的礼仪中，有"礼莫重于丧"之说。因为一般的礼仪一天或者几个时辰就结束了，而丧礼前后长达三年之久，而且仪节极为复杂，内涵也相当丰富。丧服制度是丧礼的重要组成部分，它与古代宗法制度相为表里，是古代社会生活中非常突出的文化现象之一。《仪礼》有《丧服》一篇，是古代丧服制度的原典性文献，相传为子夏所传。《礼记》则有《杂记》《丧服小记》《大传》《丧大记》《问丧》《服问》《三年问》《丧服四制》等篇讨论丧服的礼义。历代学者讨论丧服的著述可谓汗牛充栋，丧服问题极其复杂，本文试作粗浅的介绍。

一　以三为五，以五为九：亲属关系的确立

　　丧服制度的原则，《荀子·礼论》说是"称情而立文"，意思是说，丧服的节文是按照生者与死者的感情

深浅来确立的，而感情的深浅是由彼此关系的亲疏决定的。

从理论上来说，一个家族的繁衍永远没有穷尽，因此，人的亲属系统总是在向上下、左右不断扩大。为了生活和管理的便利，需要划分家族。任何人与父亲、儿子的血缘关系都是最近，相处最为密切，恩情也最深。因此，古人将父、己、子三代作为家族的核心。以此为基点，通过两次往外扩展来确定家族的范围，这就是《礼记·丧服小记》所说的"亲亲，以三为五，以五为九"。"三"，指的就是父、己、子三代。由父亲往上推一代是祖父，由儿子向下推一代就是孙子，经过这样一次扩展，亲属关系就由原来的三代延伸为祖、父、己、子、孙五代，这就是"以三为五"的意思。接着，再由祖、父、己、子、孙五代分别再向上、向下推两代，经过这一次扩展，亲属关系就延伸为高祖、曾祖、祖、父、己、子、孙、曾孙、玄孙九代，这就是"以五为九"的意思。

为什么要将亲属关系扩展到九代呢？因为人一生中能够见到的直系亲属，向上数最多不过到高祖，向下数最多到玄孙，这是一个极限范围。以此为基础，旁系亲属从兄弟开始，可以有从父兄弟（与自己同祖父的兄弟）、从祖兄弟（与自己同曾祖的兄弟），最远只能到族兄弟（与自己同高祖的兄弟）。如此，上至高祖四代，下至玄孙四代，加上自身一代，一共九代，包括从父兄弟、从祖兄弟、族兄弟等在内，构成了习惯上说的九族，囊括了本宗家族的全部成员。

中国古代用九族划分家族的方法，至迟在宋代就传到朝鲜，并为朝野普遍接受，世世代代沿袭不废。为了更加简明，他们用"寸"作为基本单位来表示家族之内的关系，对于我们理解亲疏关系有一定帮助，要点如下。

凡是父子直系相传的关系都是一寸。高祖与曾祖、曾祖与祖父、祖父与父亲，儿子与孙子、孙子与曾孙、曾孙与玄孙，彼此都是父子关系，所以都是一寸的关系。在宗法理论中，夫妇一体，所以夫妇之间没有"寸"的距离。一母所生的兄弟姐妹，彼此也没有"寸"的距离。因此，子女与母亲的关系同于和父亲的关系，都是一寸。

横向的关系都是两寸。父亲的兄弟属于旁系亲属，他们都要另立一宗，彼此的关系要比父子关系疏远，因此规定为两寸，如自己与堂兄弟、堂兄弟与再从兄弟、再从兄弟与三从兄弟，都是两寸的关系。

如此，在五服关系的坐标上彼此的亲疏关系，只要说出寸数，就完全清楚了。如堂兄弟是二寸，从兄弟是四寸，再从兄弟是六寸，都是兄弟关系；与伯叔的关系用直系的寸数加上旁系的寸数，如叔叔是三寸，堂叔是五寸，从叔是七寸，都是单数。寸数越多，关系越疏。从高祖到玄孙，关系最远的是八寸，所以，韩国人常用"同高祖八寸"表示一个家族，图示如下：

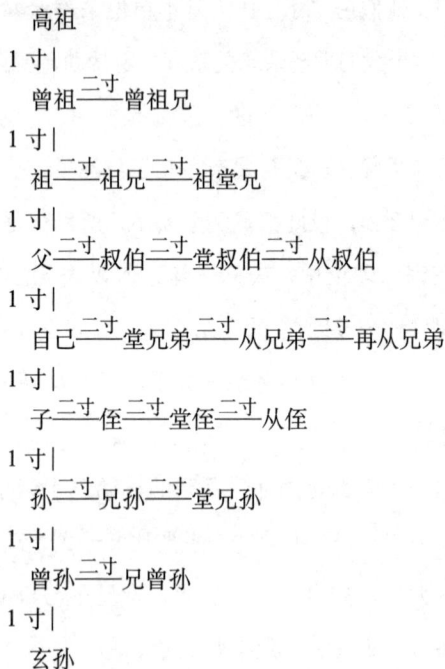

高祖
1寸|
曾祖——二寸——曾祖兄
1寸|
祖——二寸——祖兄——二寸——祖堂兄
1寸|
父——二寸——叔伯——二寸——堂叔伯——二寸——从叔伯
1寸|
自己——二寸——堂兄弟——二寸——从兄弟——二寸——再从兄弟
1寸|
子——二寸——侄——二寸——堂侄——二寸——从侄
1寸|
孙——二寸——兄孙——二寸——堂兄孙
1寸|
曾孙——二寸——兄曾孙
1寸|
玄孙

这种方法在南北朝鲜至今仍在使用，我们在与他们交往时，常常可以听到他们直接用寸数来表示亲属关系。几年前，韩国岭南大学的一位教授在东北找到了他的一位失散多年的亲戚，回到北京后，他激动地告诉笔者："他是我的五寸叔父！"五寸叔父是堂叔父，关系很近，所以他特别高兴。

二　上杀、下杀、旁杀：丧服等差的确立

如果凡是沾一点亲的人死了都要服丧，则人生的大部分时间都在服丧，就很难有正常的生活，社会也就没法发展。因此，古人将服丧的范围限制在九族之内。

但是，九族之内的亲疏关系有很大差别。父、己、子三代最亲，而无论向上、向下还是向旁系，亲情关系都是越来越疏远，自己与祖父、孙子不仅在血缘上隔了一层，而且相处的时间一般也比父、子少，彼此的情感自然会递衰。与曾祖、高祖就更是如此了，甚至可能从未见过面，只是听父祖说起，情感自然会再度递衰。这种递衰的现象礼书称其为"减杀（shài）"，"杀"是减少、减损的意思。

韩国丧冠图

如前所述，礼的表现形式是与人的内心情感相一致的。在如此亲疏不同、恩情不一的家族中，自然不可能用同一种丧服。古人根据家族内亲情"减杀"的原则，制定了与之相对应的五种等次的丧服：斩衰（cuī）、齐（zī）衰、大功、小功、缌（sī）麻。

直系向上，亲情逐代减杀，丧服的等级也由重到轻地下降，称为"上杀"。例如，为父亲服斩衰，为祖父母服不杖期，为曾祖父母、高祖父母服齐衰三月。

直系向下，亲情也逐代减杀，丧服的等级也由重到轻地下降，称为"下杀"。例如，父亲为嫡长子服斩衰，为嫡孙服不杖期，为曾孙、玄孙服缌麻。

同样，亲情向旁系亲属的减杀，称为"旁杀"，如为亲兄弟服齐衰不杖期，为从父兄弟服大功，为从祖兄弟服小功，为族兄弟服缌麻。

不同的亲属关系服不同的丧服，《荀子·礼论》说是"称情而立文"，是与不同的情感相适应的。上杀、下杀、旁杀的结果，涵盖了人一生中所有的亲属，所以《礼记·丧服小记》说"上杀、下杀、旁杀而亲毕矣"。

五等丧服的范围，包括了高、曾、祖、父四代以内的所有亲属，最轻的丧服是缌麻，所以《礼记·大传》说："四世而缌，服之穷也。"因此民间往往用"五服"来指代家族关系，用是否出了五服来衡量彼此是否属于同一个家族。那么，出了五服的远亲有丧事时，应该如何处理呢？《大传》说有两条原则，一是"五世袒免"，就是说，五世之亲有丧事，不必为之服丧，只要在入殓、出殡时左袒、著免（是在头上结一条一寸宽的丧带。免音问）就可以了；二是"六世，亲属竭矣"，到了六世，尽管彼此的先祖有亲缘关系，但亲属关系就此斩断，即使对方有丧事，也可以不作任何表示。可见，"五世袒免"是一种过渡性的丧饰。

三　五等丧服的十一小类

五等丧服，由重到轻依次为斩衰、齐衰、大功、小功、缌麻。五服之内又有细分，一共有十一种服丧的情况，其名目和服丧对象大略如下：

斩衰　是五等丧服中最重的一等。

1.斩衰三年。《礼记·丧服四制》说："其恩厚者其服重，故为父斩衰三年，以恩制者也。"服斩衰的对象最少，在本宗内只限于子女为父亲、妻子为丈夫、父亲为嫡长子等少数几种情况。

齐衰　是次于斩衰的丧等。根据亲疏的不同，有用杖（丧杖）与不用杖的区别，丧期也有长短，总共有四种情况：

2.齐衰三年。父卒为母，母为长子服。《丧服四制》说："资于事父以事母而爱同。天无二日，土无二王，国无二君，家无二尊，以一治之也。"子女对于父亲、母亲的恩爱是相同的，但在丧服上却有所不同，主要是出于"家无二尊"的考虑，实际上是为了突出父系的主体性。

3.齐衰杖期。父在为母、夫为妻服；丧服与齐衰三年全同，但丧期为期年（一年）。

4.齐衰不杖期。为祖父母，世、叔父母，兄弟，等等服之；与以上两种丧服的主要差别是不杖。

5.齐衰三月。为曾祖父母等服之，庶人为国君也用此服。

大功

6.大功殇九月、七月。此服主要是为殇者而服。为子、女的长殇、中殇，兄弟之长殇、中殇，等等服之。

7.大功九月、七月。为从父兄弟、丈夫的祖父母等服之。

缌衰

8.缌衰是一种特殊的丧服，诸侯之臣为天子服之。

小功

9.小功殇五月。为叔父之下殇、兄弟之下殇等服之。

10.小功五月。为从祖祖父母，从祖父母，外祖父母，等等服之。

缌麻

11.缌麻三月。为族曾祖父母、族祖父母、族父母、族兄弟，以及妻之父母、舅、甥、婿等外亲服之。

五服与九族以及外亲、妻亲（外亲和妻亲详见第六节）的关系非常复杂，因此，古人每每画为图表，以便查阅、记诵。长沙马王堆帛书中出现"丧服图"。在敦煌文书中也发现了依据唐代丧服制度而作的"丧服图"，但分为三图，比较复杂。现在我们将先秦时期的丧服关系简略列表如下：

				高祖父母（齐衰三月）		
			族曾祖父母（缌麻）	曾祖父母（齐衰三月）		
		族祖父母（缌麻）	从祖祖父母（小功）	祖父母（不杖期）	外祖父母、从母（小功）	
	族父母（缌麻）	从祖父母（小功）	世父母、叔父母（不杖期）	父（斩衰三年）	母：父卒则为母（齐衰三年）；父在为母（杖期）	从母昆弟、舅、舅之子、甥（缌麻）
族昆弟（缌麻）	从祖昆弟（小功）	从父昆弟（大功）	昆弟（不杖期）	己	妻（杖期）	妻之父母（缌麻）
	族昆弟之子（缌麻）	从父昆弟之子（大功）	昆弟之子（不杖期）	子：长子（斩衰三年）；众子（不杖期）	嫡妇（大功）；庶妇（小功）	
		从父昆弟之孙（缌麻）	昆弟之孙（小功）	孙：嫡孙（不杖期）；庶孙（大功）		
			昆弟之曾孙（缌麻）	曾孙（缌麻）		
				玄孙（缌麻）		

四　服术有六：确定丧服的原则

服丧的原则，以单个的家族为主体，但又不局限于该家族。家族不过是社会的一个细胞，细胞要存活，就要与其他细胞、有机体联系。简单来说，一个家族不同辈分的人都要与异姓家族建立婚姻关系，既有娶进门的异姓，又有嫁出去的同姓。如此一进一出，原本没有血缘关系的家族之间就建立了亲属关系，某些原本是本宗的人却成了异姓家族的人，许多人的身份发生了变化，角色发生了转换。这种错综复杂的社会关系，在丧服制度上必然要有所体现。此外，每个家族都在一定的行政区中生活，家族与社会的联系非常密切。因此，当诸如一国的行政首脑去世之后，各个家族如何为之服丧，也需要有相应的规定。

《礼记·大传》归纳了形形色色的丧服条例，认为其中贯穿着六种原则，称之为"六术"："服术有六：一曰亲亲，二曰尊尊，三曰名，四曰出入，五曰长幼，六曰从服。"

"亲亲"是六术中最基本的原则，即按照血缘关系的亲疏远近来决定丧等。亲亲以父亲为首，次及于妻、子、伯叔等。亲亲的相关情况，已在上文作了介绍，此处不再复述。

"尊尊"，是指为没有血缘关系，但有社会地位的人服丧。尊尊以国君为首，次及于公卿、大夫等，意在确立君臣关系。为什么要为这些没有血缘关系的人服丧呢？根据儒家的理论，一个人的地位应该与德行相称，地位越高，德行也应该越高。国君等是社会的组织者和领导者，肩负重大的责任，应该受到社会的尊敬。《丧服四制》说，平时要像尊敬父亲那样尊敬国君，君丧则要比照父丧服斩衰："资于事父以事君而敬同，贵贵尊尊，义之大者也。故为君亦斩衰三年，以义制者也。"根据尊尊的原则，卿、大夫、士、百姓要为国君服丧，诸侯、卿、大夫要为天子服丧。

"名"，指异姓女子嫁到本族之后而形成的名分关系。例如伯母、叔母与自己并没有血缘关系，但她们通过婚姻，已经与伯伯、叔叔结为一体，又与自己的母亲平辈，因而有了"母"的名分，所以要为之服丧。对儿子的妻子、弟弟的妻子等也是如此。

"出入"，主要包括两种情况，一是女孩子出嫁与否，出嫁之前属于本家人，应该为之服正服；出嫁以后成了外家人，尽管还是本家的血统，但地位变轻了，因此丧服要降；等等。如姑、姊、妹尚未出嫁就已去世，应该为她服齐衰期年；如果出嫁之后才去世，就只能为之服大功九月。二是男孩过继给别人，成了他家的嗣子，身份发生了变化，本宗人为他服丧也要降等。

"长幼"，长幼是指成年或未成年。成年者是家族的正式成员，未成年者则是家族抚养的对象，因而丧服也有区别。古人称未成年（不满二十岁者）而死为"殇"，按照殇者的年龄大小，殇又分为三种：十六岁至十九岁为长殇，十二岁至十五岁为中殇，八岁至十一岁为下殇。为殇者服丧称为"殇服"，殇服要降，等等。例如，为叔父应该服齐衰期年，但如果他是长殇或者中殇，就要降为大功九月；如果是下殇，就只能服小功五月。

未满八岁而死，称为"无服之殇"。无服之殇不穿丧服，仅仅哀哭之。哀哭的时间与实际年龄相应，就是将死者的年龄折合成月数，然后"以日易月"，生一月则哭一日。古礼，孩子生下来三个月才取名，如果是尚未取名就死去，则不必为之哀哭。

"从服"，从服的情况相当复杂，这里只介绍两种，一种是指彼此原本没有直接的亲属关系，但随从亲属或尊者而为之服丧，例如，儿子随母亲为外祖父母服丧，妻子随丈夫为丈夫的亲属服丧。另一种是彼此没有任何亲属关系，只是由于君臣关系或其他间接的关系等连类而及的丧服，如臣下必须为国君服丧，而连带为国君的某些亲属服丧；又如妻子因为丈夫的关系，要为丈夫的国君服丧；等等，都属于从服。

五　丧服的精粗与轻重

从文献记载来看，至迟在春秋时期，丧服就已经在各国流行，先看《左传》中的两条记载。

僖公六年（前654）夏，中原诸侯攻打郑国。楚国为了救援郑国而包围了许国。到冬天，诸侯国屈服，遂由蔡穆侯带着许僖公前往武城去见楚王。许僖公双手反绑，嘴里衔着玉璧，以必死的罪犯自居，士用车载着棺材，大夫都"衰绖"。相传武王克商时，微子就是用这样的方式去见武王而得到赦免，所以许僖公仿微子故事。

鲁僖公十五年（前645），秦晋韩原之战，晋侯的戎马陷于泥淖，秦穆公俘虏了晋惠公，准备回国后用他祭祀上帝。秦穆公的夫人穆姬是晋惠公的姐姐，闻知此事，便带着太子罃、儿子弘和女儿简璧，登上搭好的高台，踩着上面的柴薪，派使者免冠束发"衰绖"去迎接秦伯，要挟说：如果要处死晋惠公，自己立即就死！秦穆公只得作罢。

以上两条记载中的"衰绖"，都是指丧服。为什么要把丧服称为衰绖呢？这要从古代的服饰制度讲起。

古人称上衣为"衣"，下衣为"裳"。丧服上衣的前襟缝有一块称为"衰"的布条，所以，通常又用"衰"来指代丧服。"绖"是用麻绳做的带子，有首绖和腰绖之别。古代男子戴冠，围在丧冠之外的称为首绖。古人平时穿衣，腰间有大带和革带。大带用来束衣，革带是用皮革做的，用来系挂小刀等物件。穿丧服时大带和革带都不用，而是另外用两条麻绳代替，其中一条由苴麻（或牡麻）制作，称为腰绖；另外一条称为绞带。腰绖像大带，绞带像革带。古代男子重首，女子重腰，故尤其看重绖。绖是最重要的丧饰之一，所以，《左传》每每"衰""绖"连用以指代丧服，也就不奇怪了。

丧服的功能之一，是要体现丧等的轻重。为不同亲属关系的死者服丧，丧服质料的精粗、制作的方法都有

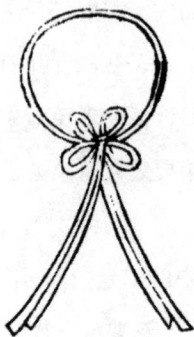

削杖　　　　　　　　　大带　　　　　　　　韨

差别。服丧者与死者的亲疏关系，只要看看丧服就可以
一目了然。

丧服的等差有多种表现方式。一是制作方法的繁
简。如斩衰之服的布料用刀斩断后，不再缝边，故名斩
衰裳。因为孝子骤然遭遇大丧，哀痛欲绝，无心修饰，
丧服的制作，当然处处从简。齐衰是次一等的丧服，哀
痛之心稍减，所以衰裳的边缘就缉了边，显得比较整
齐，故名。余可类推。

二是布料的精粗。古人织布，标准幅宽为二尺二
寸。古人用"升"表示布的精粗，一升为八十缕，就
是八十根经线。在同样的幅宽之内，线缕的数量越

苴杖　　　　　　　绞带　　　　　　　　腰绖

少，布料就显得越稀疏；反之，就越精细。古人日常所用的衣料为十六升，即在二尺二寸的幅宽内，排列有一千二百八十缕经线。丧服用布，因丧等的不同，升数有很大差别。丧越重则布料越粗疏，这也是与丧家心情的哀痛程度相一致的。就五等丧服的正服而言，斩衰为三升，齐衰为四升，繐衰为四升半，大功殇为七升，大功成人为八升，小功为十一升，缌麻为十四升半（一说为七升半）。缌麻的升数与日常布料已经非常接近。

三是加工程度的深浅。古人加工麻类植物，先剥去表皮层，再撕分韧皮层，使之成为条形纺材；再用浸泡、捶打等方法脱去表面的胶，使纤维分散而柔软；然后再漂白、纺成麻线，用来织布。斩衰和齐衰服的麻缕都只经过简单的加工，所以颜色粗恶。大功丧服，"大"是大略的意思，"功"指人工，大功布经过粗略捶打和水洗后，除去杂质并脱胶，纤维比较柔和，但颜色不太白。小功布则是在大功布的基础上进一步加工，使麻纤维显得更白。将麻线加工得细如丝线叫"缌"，缌麻之布的脱胶，做得比大功和小功之布更加仔细。

与丧服配合使用的还有丧杖。上古时代的杖，原本是有爵位者使用的。在丧礼中，杖成为专门的丧具，但并非服丧者都可以使用，而主要限于以下两种情况可以使用：一是丧主，丧杖具有表示其在丧家中的身份的作用；二是年老体衰或有病之人体力不支，需要借助于杖来支撑，具有"扶病"的作用。未成年的儿童不用杖，因为他们年龄小，还不太懂得丧失亲人的痛苦，不会因哀伤而致病。丧杖有竹杖和桐杖之别，为父亲服丧用竹杖；为母亲服丧用桐杖，就是用桐木削成的杖。丧杖的高度与心齐平，竹根一端朝下。

此外，在不同的丧等中，丧服的帽、缨带、鞋等的样式、质地等也各有区别，因过于琐碎，恕不赘述。

六　丧期的加隆与减杀

　　为至亲服丧，原本都以期年为断限而除服，这就是礼书上说的"至亲以期断"。因为自然界的循环是以一年作为周期的。一年中包含了四季，恰好是自然界万物代谢的一个轮回，人类生死的道理与万物相通，所以在确定丧服期限时，就比照了这一原则。既然如此，为什么又会有三年之丧呢?《荀子·礼论》解释道："加隆焉，案使倍之，故再期也。"意思是说，父亲是一家之主，为父亲服丧应该重于母亲，服丧的时间也应该"加隆"，于是将为母亲服期年之丧的时间"倍之"，变成"再期"，就是两个"期年"，然后再增加一个月，变成二十五个月，跨了三个年头。所以，通常所说的三年之丧，实际上是二十五个月（一说二十七个月）。

　　关于三年之丧的来历，儒家还有另外一种解释，那就是为了回报至亲的养育之恩。春秋时期，纲纪松弛，道德沦丧，表现在丧服问题上就是追求短丧，不愿将三年之丧服完。据《公羊传》记载，鲁哀公五年（前490）秋九月，齐景公去世，可是次年秋七月，丧期尚未过半，就"除景公丧"，全无哀敬之心。普通人也有这种情况，《论语·阳货》记载了这样一个故事：宰我对孔子说："三年之丧时间太长，一年即可，因为旧谷吃完了，新谷已经上来；钻木取火用的木头每季不同，一年也就轮了个遍；所以一年就可以了。"孔子反问他："父母死了仅仅一年，你就像常人那样吃精米，穿有文彩的衣服，于心可安？"宰我说："心安。"孔子说："君子居丧期间，总是口不甘味，闻乐不乐，居处不安。既然你觉得心安，那你就这么办吧！"宰我出去后。孔子生气地批评宰我"不仁"，说孩子生下之后，要精心抚养三年才能离开父母之怀。所以天下人都奉行三年之丧，为的是报答父母之恩。宰我这样的人，"有三年之爱于其父母乎"！

顺便要提及的是，对于子女而言，父母之恩没有高低。《礼记·丧服四制》说"资于事父以事母而爱同"，意思是说，用侍奉父亲之道去侍奉母亲，恩爱是相同的。既然如此，为何为父亲服斩衰三年，为母亲只服齐衰一年呢？《丧服四制》解释说："天无二日，土无二王，国无二君，家无二尊，以一治之也。故父在为母齐衰期者，见无二尊也。"可见，只要父亲尚健在，就只能为母亲服期年之丧，是为了突出父亲的家长地位。但为了顾及子女的哀思，期年之后可以"心丧"，直至三年期满。如果父亲先去世，那么可以为母亲服"齐衰三年之丧"，丧期与父亲相同，但丧等为"齐衰"，依然与斩衰有别。到了唐代武则天时，规定父母之丧一律为三年。

那么，为什么又会有九月、六月和三月的丧期呢？《荀子·礼论》解释道，那是因为死者不如父母亲。最初规定丧等轻的服半年，称为"功服"。为了进一步区分亲疏，又将功服分为大功和小功：丧等相对重一些的，就在服丧六个月的基础上加一季，成为大功九月。丧服相对轻一些的则在服丧六个月的基础上减少一季，成为缌麻三月。丧等居中的称为小功，六个月。可见，丧期的长短，是依据岁月和季节的转换，取法于天道而制定的，所以《荀子·礼论》说："上取象于天，下取象于地，中取则于人，人所以群居和一之理尽矣。故三年之丧，人道之至文者也，夫是之谓至隆。是百王之所同，古今之所一也。"

需要说明的是，在服丧的过程中，有些丧等需要在葬后改穿比较轻的丧服，礼书称为"受服"。一般来说，受服的现象一般出现在丧期比较长的丧等中。由于丧等比较重，服丧的时间漫长，哀思随着时间的推移而递减，逐步向正常生活过渡，为了比较自然地脱丧，所以需要变换轻的丧服。如斩衰三年之丧，丧服为三升布；到了既虞卒哭（详见下一章《士丧礼》），就改穿六升布的丧服；再如齐衰之丧，丧服为四升布，受服时改穿七升布的丧服；又如大功九月之丧，在服三月之后改服小功衰。而时间较短的丧服，一般穿到脱丧，中间不受服。如为曾祖父母、庶人为国君，丧期都只有三个月，故丧服自始至终不变，但是，中间往往采用除去某种丧饰的步骤，来向最终脱丧过渡，在此就不细谈了。

七 宗亲、外亲与妻亲

在一个大家族中，有直接血缘关系的本宗亲戚称为"宗亲"，宗亲者同姓。某些原本没有直接血缘关系的外姓人，因为婚姻的系联而成为家族成员，如母亲和妻子。母亲和妻子的本宗亲戚也由此成为自家的亲戚。但是，由于他们不是同姓，所以都不得进入自家的本宗之列，而分别称为外亲、妻亲。

外亲包括母亲的本宗亲戚，如母亲的父母、兄弟、姊妹等。此外，姑、姊妹是本宗亲戚，但他们的子女随其父之姓，因而也属于外亲。

凡是宗亲，一律纳入服丧的范围，通常用正常的丧等。而外姓亲戚不然，只有少量的人可以进入服丧范围，丧等也都压低。

为外亲服丧，母家的亲戚只有以下几种：一是母亲的父母，即外祖父母；二是母亲的兄弟姊妹，即舅舅和姨妈；三是舅舅、姨妈的儿子。本宗的女性外嫁，只有姑妈的儿子应该服丧。外亲的丧等都比较低，为外祖父母只服大功，为舅舅和姨妈服小功，为舅舅、姨妈、姑妈的儿子服缌麻。

妻亲的服丧对象就更少了，仅仅是妻子的父母，即岳父母，丧等仅为缌麻。反过来，岳父母也只为女婿和外孙服缌麻。

之所以出现上述内外有别的丧服规则，主要是由宗法制度决定的。宗法制度以男性世系为主体，而外亲和妻亲是依附于本宗的。如果三者混同不别，一律与宗亲同等对待，则服丧的对象和时间将增加三倍，不仅宗法体系将不复存在，而且人们服丧的次数和时间将大大增加。所以，严加区别，分清主从，不仅有利于维护宗法制度，而且能够减省人们耗费在服丧上的精力和时间。

前面我们谈到韩国人用"寸"表示亲属关系时，说的是本宗的亲属。韩国人对于外亲、妻亲系统的亲属也是严加区别的，方法是在寸数之前加区别字，如"外三寸""外五寸"等。同样，妻族的亲属则在寸数前面加上"妻"字，如"妻三寸""妻五寸"等。可见，尽管由于婚姻关系而成为一家人，但本宗和非本宗的区别依然存在。

八　恩服与义服

丧服有"恩服"与"义服"之别。恩服是为有血亲之恩的亲属所服的丧服，前面已经谈及；义服则是为某些没有血缘关系的人所服的丧服，典型的例子是为国君服丧。其原因何在？让我们来看看儒家的解释。

《荀子·礼论》说，国君是"治辨之主""文理之原"，治理国家，使得法理条贯，其本原在于国君。因此，群臣尽忠敬之心，"相率而致隆之"，就是用最隆重的丧礼来悼念他，这是理所当然的事。《礼论》引《诗经·大雅·泂酌》加以申述。《泂酌》是歌颂周王或诸侯爱护人民的诗篇，《诗经》中说"恺悌君子，民之父母"，意思是说，和乐平易的君子啊，就像人民的父母一样！因为父亲能把孩子生下来，却未必有能力抚养他；母亲能哺育他，却未必能教诲他。而一国之君，不仅能给他俸禄，而且能教诲他。可见，国君对臣子，兼有父母之恩，用三年之丧来报答他，难道过分吗？

《礼记·丧服四制》则从"义"的角度来论说："资于事父以事君，而敬同，贵贵尊尊，义之大者也。故为君亦斩衰三年，以义制者也。"意思是说，用侍奉父亲之道来侍奉君，其恭敬的心情是等同的。贵其所当贵，尊其所当尊，就是最大的义了。所以，臣子为诸侯、天子服斩衰三年，就是根据"义"来制定的。

从文献看，最初只是臣子为国君、天子服丧，后来，随着君王权威的提高，君丧逐渐成为每位普通百姓都要服丧的国丧、大丧。

朋友之间，虽然没有血缘关系，但有同道之恩，如果发生丧事，前往吊唁时，不穿丧服，只要系上缌麻之服的首绖和腰绖即可，而且吊唁结束之后就可以除去。

如果有人客死他乡，周围没有亲人可以为之主丧，怎么办呢？这时，他的朋友应该负责将他的遗体护送回故乡。这位朋友不是他的血亲，但又不能穿平常的衣服料理丧事，礼书上规定了一种权变的办法：先袒免（wèn），就是袒露左臂，再用一条一寸宽的麻带从颈后向前额绕去，然后再往回绕到发髻处打结，此外，再系上朋友吊唁用的首绖和腰绖。一旦将遗体运回故乡，丧事就由死者的亲属接管，护送者就可以除去丧饰。

九　服丧期间必须坚守的原则

古人很看重人在服丧期间的表现，以此来判断人的情感的真假，以及德行的高下。《左传》襄公三十一年（前542）记载了这样一件事。鲁襄公卒，鲁襄公之妾敬归的妹妹齐归的儿子公子裯被立为国君，也就是鲁昭公。由于他是庶出，既非嫡子，又非长子，德行也不好，襄公死了，他"居丧而不哀，在戚而有嘉容"，本应哀戚，却有喜色，所以大臣穆叔极力反对他继位。昭公当时已经十九岁，而童心不减，在安葬襄公之日，依然嬉戏如常，以致将丧服弄脏，"三易衰，衰衽如故衰"，一连换了三次丧服，而衣襟还是脏得像旧的一样，"君子是以知其不能终也"，认为从他在丧期中的表现，就可以断定他不得善终。

《礼记·檀弓下》也记载了一个故事。晋国的大夫智悼子（即荀盈）死了，还没有埋葬，晋平公就喝起酒来，还让乐师师旷和近臣李调陪饮、鼓钟助兴。杜蒉听说后，直接进入寝门，走上堂，酙了一杯酒命令师旷喝，又酙了一杯酒让李调喝，然后自己喝了一杯，什么也不说就下堂了。晋平公感到奇怪，把他喊了回来，问他刚才的举止是什么意思？杜蒉说：纣王死于甲子日，夏桀在乙卯日被流放，后来的君王都把甲子、乙卯作为忌日，不敢奏乐。如今，您的大臣智悼子的灵柩尚未安葬，这种悲痛要比甲子、乙卯之日大得多，您却饮酒作乐。师旷身为晋国的乐师，居然没有提醒国君，所以，我让他喝罚酒。李调是国君的近臣，竟为了酒食而忘了国君的过错，所以，我也让他喝罚酒。晋平公问杜蒉：为什么你自己也喝酒呢？杜蒉说：我不过是执掌膳食的宰夫，却超越职权，过问起国君的过失，所以也要受罚。于是，杜蒉洗了酒爵，酙了酒，高高举起。晋平公十分惭愧，对侍者说：将来我死了，一定不要废了这个酒爵，要永远记住杜蒉的劝诫。这个故事说的是，君臣之间在丧期如果不能体现出应有的情分，君臣关系就会不正常。到南宋时，国君甚至不出席朝廷重臣的丧礼，朱熹认为这不仅是君臣感情淡漠的表现，而且是国家衰乱的重要原因之一。

失亲之痛，发自内心，丧服是为了体现内心悲伤而制定的，丧期的长短是由生者与死者的恩情决定的。因此，在服丧期间，应该时时追思死者对自己的恩情，为失去至亲骨肉而哀伤不已，哪里会有心情去享用酒肉美食、欣赏音乐舞蹈，更不会有男女之欢。所以，在古代社会，凡是居丧期间有饮酒作乐、生儿子等行为的，都会被视为丧失人性、不知亲情的禽兽之行，为社会所不齿，甚至受到官府的制裁。有关的记载，史不绝书，此不赘引。

十　丧服制度在海外的孑遗

中国的丧服制度传入朝鲜半岛后，被当地普遍遵行。时至今日，由于西方宗教与文化的强劲进入，以及工业经济下的人们生活节奏大大加快，在韩国的城市里已经很少看到身穿丧服的人。但在传统文化的积淀比较深厚的韩国农村，特别是在某些世家大族中，丧服制度还比较完整地保留着。1998年初，韩国庆尚北道清道有一位年逾九旬的老人去世，他的子孙和弟子决定为他举行"儒林葬"，即地道的儒家葬礼，实际上是《朱子家礼》中的丧葬礼仪。笔者前往考察时发现，死者的几位儿子都身着斩衰的丧服，据说布料是用专门从中国进口的麻做的；丧服的边缘都不缝边，可以看到刀斩的痕迹；丧服的下衣和上衣的衰、负版等丧饰，以及丧冠的样式等与中国古代礼书所记载的完全一样；首绖和腰绖用颜色十分粗恶的麻绳搓成。由于死者已是九十岁高龄，家族中五代同堂，服丧者有上百人之多，不同亲属关系的亲戚，根据五等丧服服丧，衣服的颜色、精粗等判然有别。整个丧礼，严格按照《朱子家礼》中所述的仪节进行。据说，由于工业化的飞速发展，即使在韩国能这样按照古礼办丧事的人家也越来越少了，所以前往观礼的专家学者、摄影爱好者、民俗研究者以及电视台的记者等竟有几百人之多。在远离中国的地方看到千年之前传播而来的、如同活化石的丧礼，令人唏嘘不已。

时移势易，丧服制度无论在祖国大陆，还是在海外的华人世界中早已不存在，但丧服关系的称呼却依然在台湾报纸的"讣闻"中被使用着，这似乎并不奇怪。令人吃惊的是，远在南洋的菲律宾群岛，居然也可以看到相同的"讣闻"。2002年，笔者到菲律宾参加学术会议期间，翻阅当地的华人报刊，发现有一版内容全部是讣闻，内中不乏沿用古代丧服关系称呼的，这里略举两例。其中一条讣文说，某夫妇不幸丧子，丧家将于某月某日在某教堂举行丧礼，敬请亲友参加云云，丧主夫妇的署名前有"反服"二字。意思很清楚，按照一般的规律，本当儿子为父母服丧，如今白发人送黑发人，父母反过来为儿子服丧。

另一条讣文说，某君不幸丧德配（配偶），将于某时在某地举行遗体告别仪式云云。讣文的末尾署为："杖期夫某某。"这种称谓的含义，目前大陆已经很少有人能明白了。按照《仪礼》丧服制度的规定，妻子死，丈夫为之服期年之丧，期年之丧又有"用杖"和"不用杖"的区别。根据东汉经学家郑玄的解释，如果丧主的父母亲尚健在，那么，丧主服丧时就不能用丧杖；反之，就可以用杖。这位丧主自称"杖期夫"，可知其父母已经故去，当是中年或老年丧偶。仅此两例可见，尽管在菲律宾社会已经没有了持丧杖、服齐衰之服的做法，甚至丧礼借用教堂举行，但中华两千多年来的文化积淀，依然深深地存在于海外华人的血液之中。

十七

侍奉逝者的魂魄：士丧礼

出殡（送葬）之日，死者亲属及亲朋好友随柩行至坟地，又有"赙""路祭"等仪式，然后落葬。

如何处理亲人的遗体，是人类社会的重要文化现象之一，这在宗教团体中表现尤盛。无论是佛教、伊斯兰教，还是基督教，都有相当复杂的丧礼，从而显示出不同的文化观。儒学不是宗教，儒家丧礼最鲜明的特色是处处体现出生者对于死者的温情。

由于文献缺佚，先秦丧礼的全貌已经无法考索。所幸的是，《仪礼》一书记载了诸侯之士为父母、妻子、长子所行丧礼的详细过程。由于丧礼仪节复杂，篇帙繁重，故《仪礼》的编撰者分之为两篇，上篇为《士丧礼》，下篇为《既夕礼》。《士丧礼》从死者新亡起，至卜择葬日止，都是在启殡以前的事，主要仪节有招魂、报丧、设奠、沐浴、饭含、袭尸、小敛、大敛、朝夕哭、筮宅、卜葬日等，下面扼要介绍。为了叙述方便，某些仪节作了归并。

一　寿终正寝

《士丧礼》的第一句话是"死于適室"。"適室"就是適寝之室，通常称为正寝。古代从天子到士的居室，都有正寝和燕寝。燕寝是平常居住的地方，正寝不然，《礼记·檀弓》说："君子非致斋也，非疾也，不昼夜居于内。"这里的"内"，是指正寝；可见正寝只有斋戒和生病时才用。古人认为，正寝是正性情的地方，人必须死在正处，所以，自古有"寿终正寝"之说。天子、诸侯的正寝称为路寝，《春秋》宣公十八年（前591），"公薨于路寝"，正是说鲁宣公死于正寝。正寝在堂后，朝南。南墙的左面是"户"，右面是牖。

二　复

判断病人是否咽气的方法，《礼记·丧大记》说是"属纩（kuàng）以俟绝气"。"纩"是一种极其轻薄的丝絮，放在病人的鼻孔前，只要一息尚存，纩就会飘动。如果纩纹丝不动，表示已经气绝，家属最害怕的事已经发生！但是，亲人们不能接受，希望奇迹能够出现。复是招魂的意思。古人认为，人的生命由魂和魄组成，魂是灵魂，是一种精气；魄是躯体，是魂的寄寓之处。灵魂附着在体魄中，则生命存在；灵魂如果离开了体魄，人就会昏迷或者死亡。古人认为，人刚死的时候，魂气离开体魄不远，大声呼喊，或许能让它回复于体魄之中，使生命重新存在，楚辞中的《招魂》正有此意。因此，丧礼中把招魂的仪节称为"复"。

复的程序是，命令一人担任"复者"（意思是招魂者），找出一套死者生前穿过的，并且能代表死者身份的衣服——对于士来说，就是爵弁服；把衣和裳缀连在一起。复者将它搭在左肩上，衣领插入自己的衣带内固定，然后登上屋脊，面朝北拉长声音呼喊道："噢——某人回来吧！"如果死者是男子，就喊他的名；如果是女子，就喊她的字。连喊三遍，然后将衣服从屋前扔下，堂下的人随即将衣服拿进屋，覆盖在死者身上，希冀魂能回复于体魄。

人死不能复生，复的仪节几乎不可能带来奇迹，但复的仪节体现人死之初，家属不能接受现实，不愿马上就把亲人当死者来对待的至爱之情。所以，《礼记·檀弓》说："复，尽爱之道也。"

三　奠

　　在当今的追悼会上，亲友致送的花圈正中都写着一个"奠"字，这是什么意思？恐怕已经很少有人能说清楚了。

　　古代丧礼包含两大理路，一是对死者遗体（魄）的处理，二是对死者精神（魂）的处理。从下文的沐浴、梳洗，一直到埋葬棺柩，都是对遗体的处理；而此时开始的奠祭，则是奉事死者精神的开始。什么是奠祭呢？上古时期，人们将器物放在地上叫"奠"。丧礼中，把酒食等祭品放在地上的祭祀称为奠祭，或者径称"奠"。为什么要用这种形式祭祀呢？原因有三：第一，古人认为，尽管死者的灵魂已经离开体魄，但灵魂依然要享食，只要亲人摆上酒食，灵魂就会来附，所以供品就是鬼神的凭依之处；第二，丧家遭逢大丧，哀痛欲绝，不免诸事仓促，所以祭祀的仪式也就因陋就简；第三，古人以死者为鬼神，正式祭祀鬼神要立"尸"，尸由未成年的孩子担任，在祭祀时代表受祭者。但死者新亡，家属一时不能接受这一残酷的现实，不忍心马上就用鬼神之礼祭祀，所以把死者生前食用过的酒食端来，放在死者的右侧，含有依然侍奉他进餐的意思。

古人把从始死到棺柩落葬之前的祭祀统称为"奠"。治丧期间，凡是有新的仪节，或者遇有特殊的日子，都要举行奠祭，所以有始死奠、小敛奠、大敛奠、朝夕哭奠、朔月奠、荐新奠、迁柩朝庙奠、祖奠、大遣奠等名目，下面择要介绍。

小敛奠是小敛时在室内进行的奠祭，祭品是醴酒、脯醢和牲肉。牲肉放在俎上，俎的两端是牲的左右两髀，内侧是左右两肩，再向内是两肋，带有脊骨的肺放在最中间，牲肉都倒扣着放，骨的根部都朝前。

大敛奠是大敛时进行的奠祭。祭席设在室内西南角，席面朝东。俎上的食物，鱼头朝左，鳍朝前，一共三列，每列三条鱼；腊肉的骨根朝前。在席前设豆，最右边是盛菹的豆，左边是盛肉酱的豆，菹豆南边是盛栗脯的笾，栗东边是盛干肉的豆。豚俎在豆的东边，再往东是鱼俎。腊肉单独放在两俎的北边，醴、酒放在栗笾之南。

朔奠或称朔月奠，是大敛后如果适逢朔（初一）而举行的祭祀。祭品是一只小猪、鱼和风干的兔肉，都放在俎上，此外还有醴、酒、菹、醢、黍、稷等。陈设的位置是：盛肉酱的豆在北、盛菹的豆在南，豚俎在两豆之东，鱼俎又在其东，腊肉单独放在俎豆之北。盛黍稷的敦放在大敛时放笵的位置。醴、酒的位置与大敛时一样。牲肉上用巾遮盖。

现代社会的火化相当于古代的落葬，追悼会一般在火化之前进行。生者将花圈放在死者遗体的周围，上面写着"奠"字，正是古代奠祭的孑遗。

四 哭位

家中发生丧事，往往会乱成一团，如此，不仅会使丧事无法顺利进行，而且族人与死者的亲疏、上下、内外关系完全被淹没，丧礼的原则也就难以体现。因此，必须规定不同身份的服丧者的哭泣之位。

尸体放在室内南墙的窗下，头朝南、足朝北。丧主的哭位在尸床的东侧，丧主之妻在尸床西侧，与丧主夹床相对；两人都坐着。丧主的庶兄弟都站在他身后，面朝西；妾和众子孙站在尸床西侧，面朝东。他们都是大功以上的亲戚。小功以下亲戚的哭位分两处：妇人都站在室户之外的堂上，因为妇人的活动范围是在堂上和房，连送客人都不下堂；男子站在堂下，因为他们的活动范围是在堂下与门。但不管站在堂上还是堂下，都面朝北向着尸床。显而易见，哭位的安排，是依照内外、亲疏的原则安排的。

五 报丧和吊唁

在当今，我国每逢国家领导人逝世，都要向国内外发"讣告"。在港澳台和海外华人世界里，丧家也一般要在报刊上发"讣闻"向亲友报丧，这些都是古代丧礼的遗风。

丧事的第一天，丧主首先要向国君报丧。死者有士的身份，是国君的臣下，犹如国君的股肱耳目，彼此有恩情。因此，国君得悉噩耗后，随即派一位士前往丧家吊唁。作为国君委派的代表，士要向丧家致哀悼之意。此外，国君还要另外派人致送助丧的物品。丧家要按照丧礼的要求治丧，必然会有家中没有或者一时来不及备办的物品，因而特别需要周围人的帮助。身份越高，需要的丧具也就越复杂。先秦时期，一国有君丧，天子和诸侯都要来助丧，《左传》隐公元年（前722），"秋七月，天王使宰咺来归惠公仲子之赗"。《穀梁传》解释说："乘马曰赗，衣衾曰禭，贝玉曰含，钱财曰赙。"

吊唁是与死者的告别，是生者表达内心情意的最后机会。《颜氏家训·风操》记载，南北朝时期的江南，生活在同一城邑的好朋友，闻丧而三日之内不去吊唁，丧家就会与之绝交，日后即使在路上相遇，也是回避而不打照面，"怨其不己悯也"。因有他故或者路远不能前往吊唁者，可以用书信致哀并说明情况，"无书亦如之"，连书信也没有者，也与之绝交。

六　沐浴、饭含、袭

首先，有司用煮过的淘米水为死者洗头，梳理头发，再用巾拭干。其次，用巾为死者澡身，再用浴衣拭干。再次，为死者剪指甲，理顺胡须，就像平时为主人所做的那样。最后，用丝带为死者束发，插上发笄，穿上贴身的衣服。

接着要在死者口中放米和贝，这一仪节称为"饭含"。丧主在床边坐下，用角匙从敦中取米，放入死者口内的右侧，放三匙，再加一枚贝。接着，用同样的方法在口中间和左侧放米、贝。然后再往口内放米，直至填满口腔。饭含的仪节，表达了子女不忍心让亲人空着嘴离开人世的心情，所以《礼记·檀弓下》说："饭用米贝，弗忍虚也。"饭含是身后得到奉养的表现，《战国策·赵策三》说"邹鲁之臣，生则不得事养，死则不得饭含"，正是这个意思。

"袭"是沐浴、饭含之后为死者设掩和幎目、穿鞋衣，直至加帽，等等一系列仪节的总称。为了入殓的方便，死者不能戴生前的帽子，于是用一块称为"掩"的布覆盖在死者的头顶，然后将布的两端撕开，分别向前面的颐下与脑后的颈部打结。死者的两耳用丝绵填塞。然后用一块称为"幎目"的布覆盖在死者面部，将丝带

幎目正面

幎目背面

向脑后系结。最后为死者穿鞋，鞋带结在足面上，再用剩余的带子将两只鞋的鞋带孔穿结在一起，以免死者的双足分开。紧接着为死者穿衣服，一共三套，贴身的衣服不在此数。然后，在三套衣之外结以大带，又将手板插入带内，在死者的右手拇指套上扳指，带子系在手腕处，在拇指根处打结；再在左手缠绕一块称为"握"的布，其丝带与扳指的丝带相连接；再用"冒"（尸套）将尸体装入，"冒"分上下两截，先用下截从脚下往上套，再用上截从头部往下套。最后用衾被覆盖。

七 为铭和设重

家中发生丧事，丧家需要让过往的人周知，于是将死者生前所用的旗旌插在堂的西阶上，这就是"为铭"。如果死者生前是没有资格建旗的不命之士，就用一块一尺长的黑布，下面缀以二尺长的赤色的布，宽都是三寸，在下端赤色的布上写上："某氏某人之柩。"旗杆长度为三尺。笔者在韩国访问时，曾见到某一店家门上贴着一张纸，上面写着"丧中"，屋檐下则悬挂着一个韩式的方形灯笼，灯笼的上下两截用了蓝、白两种颜色，应当就是古代丧礼中"铭"的一种变化形式。

沐浴、穿衣完毕，要为死者"设重"。按照丧礼的规定，要到棺柩落葬之后，才可以为他做"木主"，也就是通常说的牌位。作为过渡，此时要在庭中立一根称为"重"的木柱，意思是让死者的灵魂有一个比较固定的依附之处。重的形制是，先在上端斫削再凿眼，插入一根稍细的木棍，然后在两端各悬挂一个鬲，鬲口用粗布盖住，鬲中是用饭含剩余的米熬成的粥。于是用苇席将重木和鬲掩卷起来，然后用竹篾索缚住。

由于死者已经装进尸袋，死者的面貌已经看不到，为了彰显行将出现的棺柩中的死者的身份，有司要将放在西阶上的铭插在重木上。

八　小敛

小敛是死后第二天中最重要的仪节，主要内容是为死者穿衣、加衾，地点依然是適室之内。

小敛时应该穿多少套衣服，因死者的身份高低而有不同的规定，士为十九套。士平时穿的衣服，不过是爵弁服、皮弁服、褖衣等几种，这时一定要凑满十九套。

含义何在呢？郑玄说是"法天地之终数"，古人认为天数一、地数二，依次往下数，最终是天九、地十；人死在天地之间，所以小敛的衣服要取天地的终数。前面说过，尸体经过"袭"之后，已经装入尸袋，实际上已经无法再为死者穿衣了。所以，小敛的所谓穿衣，实际上是将衣服裹在尸袋上下。为了保持外形的整齐，死者两肩上方的空虚处要用卷好的衣服填满。最后，要用布带捆扎，使之牢固。捆扎的布带是"横三缩一"，即横向三条，纵向一条。

小敛完毕，丧主、丧主之妇在尸床两侧抚尸，顿足痛哭。由于此时还没有成服，而丧事已经开始，故不得不采取一些权宜的措施：丧主用麻挽发，袒露左臂，丧主的庶兄弟等用布束发，去冠戴免，妇人们麻与发合结。

接着，士抬起尸体，众男女则在两旁捧持着尸体，然后将尸体安放在堂上，用夷衾覆盖尸体，等待大敛。众男女在尸周围顿足而哭。

九　大敛

大敛是死后最重要的仪节，主要内容是将尸体装入棺柩。地点由適室转移到堂上，表示死者正一步一步地离开自己生活过的地方。

为了便于将尸体装殓入棺，先要在堂的西阶之上挖一个称为"肂"（sì）的坎穴，其深度以能见到棺与盖之际的木榫为准。然后用窆车将棺柩徐徐放入坎穴中，棺盖放在地上。

接着在堂上张设帷幕。妇人们站在尸体西侧，面朝东。丧主与亲属在尸体东侧，面朝西，袒露左臂。有司在东阶上铺席，并依次陈放敛尸用的绞带、单被、絮被、衣服，最好的祭服放在外面。将尸体抬到大敛席上，按与小敛类似的方法为死者加衣。根据丧礼的规定，士大敛所加的衣服为三十套。加毕，也用绞带捆扎，"横五缩三"，即横向五根，纵向三根。丧主号哭时，顿足不计次数。接着，丧主将尸体捧入棺木入殓，丧主察看坎穴中的棺木，接着在棺木四旁各放一筐炒熟的黍稷，这是为了吸引日后可能钻入棺木中的虫蚁，以免它们噬咬尸体；然后盖上棺盖，再在其上涂泥。丧主号哭，顿足不计次数。大敛完毕，撤去帷幕。丧主、丧主之妇抚棺痛哭，有司将标志死者身份的旗旌插在坎穴的东侧。大敛毕，丧主与亲属开始正式服丧，应该有丧杖的要执持丧杖。

大敛以后，棺枢停放在殡内，等待落葬。古人把停枢称为"殡"。今天，人们将停放尸体的地方称为殡仪馆，其源盖出于此。《礼记·王制》说："天子七日而殡，七月而葬。诸侯五日而殡，五月而葬。大夫、士、庶人三日而殡，三月而葬。"意思是说，从死到停枢，天子需要七天，诸侯需要五天，大夫以下者只要三天；停枢的时间，天子为七月，诸侯为五月，大夫以下者只要三月。这是因为葬礼的规模不同，需赶来参加丧礼的人相差悬殊，所以需要准备的时间也就有长短。

十　国君亲临大敛

丧礼的过程很长，国君不可能全部参加，一般来说，如果是大夫去世，国君要参加小敛和大敛；如果是士去世，那么，参加大敛就可以了。国君到达时，丧主要到外门之外迎接，看到国君车驾的马头，就不再号哭，回到门内面朝北而立，并与众主人一起袒露左臂。国君脱去吉服，进门后从阼阶上堂，面对尸体而哭。丧主奉命进行大敛，随同国君而来的公卿大夫依次奉命上堂，站在丧主之西。

大敛完毕，公卿大夫下堂，回到哭吊之位。国君有一个"坐抚当心"的仪节。在丧礼中，用接触死者身体的方式向死者作最后的告别，称为"冯（píng）尸"。不同身份的人冯尸的方式和具体的叫法各不相同。子女对于父母，是抱持尸体的心口，称为"冯尸"；父母对于儿子，是执持胸口的衣服，称为"执尸"；妻子对于丈夫，是执拘尸体的衣服，称为"拘尸"；国君对于臣下，是按抚尸体的心口，称为"抚尸"。四者之中，冯尸最重，拘尸次之，执尸又次之，抚尸最轻。四者的划分，体现了尊卑和恩情的深浅。

国君抚尸完毕，先后命令丧主、丧主之妇冯尸。他们不能抚摸国君抚摸过的地方。抬尸入棺时，丧主要捧住死者的头部。盖上棺盖后，有司在棺上涂饰。国君在祭席摆设完毕后出庙门，丧主号哭，拜送国君。

君亲坐抚当心的仪式直到北宋时还存在，如司马光死，哲宗哀临其丧。但凡是担任过执政，即使是致仕而死者，皇帝也必亲临丧礼，并为之罢乐。若大臣死于远方，皇帝无法亲临，则必定派遣郎官前往吊唁。到了南宋，风气丕变，除了秦桧死宋高宗亲自临丧，其余大臣丧礼皇帝均不亲临，君臣恩义之淡漠，不难想见。朱熹批评说："今日之事，至于死生之际，恝然不相关，不啻如路人！"（《朱子语类》卷八五）朱熹认为古代的君臣之礼，有其积极作用："看古礼，君于大夫，小敛往焉，大敛往焉；于士，既殡往焉，何其诚爱之至！""古之君臣所以事事做得成，缘是亲爱一体。"（《朱子语类》卷八九）可见，君临臣丧是体现君臣关系的重要仪节。

十一　成踊、代哭、朝夕哭

　　失去亲人所带来的痛苦犹如撕肝裂胆，但过度的悲伤会夺去生者的生命，以致前丧未了，后丧又起。而且，亲人的丧事尚未办完，丧主就死了，实际上没有尽到为父母送终的责任，这也是不可取的。为了防止酿成这类"以死伤生"的不良后果，需要从礼制上作出种种限制，使丧家都能面对现实，节哀顺变，于是就有了成踊、代哭、朝夕哭等规定。

　　人在悲伤之极时会情不自禁地"辟踊"，也就是捶胸顿足，所以《礼记·檀弓下》说："辟踊，哀之至也。"为了防止辟踊时失去控制，丧礼有"成踊"的规定，除了少数仪节可以不加限制，多数仪节为"三者三"，即每一仪节三踊，每一踊三跳，一共九跳。礼节中的这类数量限制，称为"有筭（suàn）"，《檀弓下》说："有筭，为之节文也。"

在大敛之前有"代哭"的规定。代是轮流更替的意思，代哭就是亲属轮流到殡宫哀哭，丧家既是哭声不绝，同时大家的身心又可得到保护。

大敛以后，哀痛之情稍杀，全家男女每天只要在朝、夕两个时间到殡宫号哭就可以了，不再代哭，称为朝夕哭。当然，哀痛所至时，也可以到殡宫痛哭，并非一律禁止。

十二　筮择墓地和卜葬日

墓地要通过卜筮来决定。选定安葬处后，冢人度量墓地。挖掘墓地时，四角的壤土堆在四角之外，墓地中央的壤土堆在墓地南侧。朝哭之后，丧主和众主人都前往预选的墓地之南，面朝北而立，解除带。宰站在主人右边。筮者打开筮草筒，面朝南接受丧主之命。主人命令说："哀子某人，为其父某甫卜筮选择墓地。选定此处为幽冥之宅，墓地始得，将来有灾难吗?"筮者闻命后，指着墓中央所起壤土卜筮。筮毕，筮者将得到的卦交给宰。宰看过后还给筮者，筮者面朝东，与其下属的筮人共同占筮此卦的吉凶，占筮毕，禀告宰和丧主:"占筮的结果是吉利。"丧主号哭。如果占筮的结果不吉利，再另选墓地占筮，仪节与前面相同。

古代棺外有呈井字形的椁，椁木做完后，丧主先拜谢工匠，然后周绕椁架一圈，检视质量是否合格。进献来做明器的木材放置在殡门之外，丧主也要进行检视。献尚未修饰的明器和已完工的明器，仪节也是如此。

落葬的日期要通过占卜来决定。占卜的仪式在殡宫外进行，丧主和众主人就位后，族长在门东即位。宗人将龟甲递给族长，并指示当灼的部位。族长以丧主的口气命令占卜葬日。宗人将命辞传达给龟，将龟甲交给卜人。卜人坐下，用荆树枝灼龟。族长接过龟甲观察。于是，三位占者一起占卜所得之卦，占毕，宗人向族长和丧主禀告占卜的结果。如果占卜的结果不吉利，可以重新占卜。

18

埋藏亲人的遗体：既夕礼

（三才圖會）

喪礼图

丧礼的前半部分，主要是通过小敛、大敛等方式，将遗体处理后装入棺柩。丧礼后半部分的主题则是将棺柩安葬。《说文解字》云："葬者，藏也。"葬的目的是掩藏尸体。远古时代没有墓葬制度，人们通常将亲人遗体弃置野外，再用薪草掩盖，《说文解字》说："古之葬者，厚衣之以薪，故人持弓，会驱禽也。"由于亲人的遗体每每为鸷禽猛兽撕咬，子女内心不忍，于是守在遗体旁，用弹弓驱赶鸟兽。相传到黄帝时开始使用棺椁，将遗体深埋，入土为安，体现了文明的演进。

《既夕礼》经文的第一句是"既夕哭"，古人好取开头两字作为篇名，所以将丧礼下篇名之为"既夕"。"既"是已经，既夕哭是夕哭之后。大敛之后，丧家朝夕哭于殡。到葬前二日的夕哭之后，丧家开始安排落葬事宜。

一　殡后居丧

大敛成殡之后，丧主哀毁无容，居住在门外倚墙搭建的丧庐中，晚上寝卧在草席上，用土块作枕头，首绖和腰绖都不解下。时刻想念着逝去的亲人，悲之所至就号哭，昼夜都没有定时，与丧事无关的话不说。只是喝粥，早晨煮一把米，傍晚煮一把米，不吃蔬菜和水果，热孝在身，完全没有心思去想饮食的滋味。丧主出行时乘坐的是粗劣的木制丧车：车厢的顶盖用尚未长成长毛的白狗皮制作，车后面和两侧的藩蔽用蒲草做成，驾车的马鞭用蒲草的茎制作；武器囊是用狗皮做，车毂端头的销钉是木质的，登车用的引绳和綦都是用绳子做的，马嚼子是木质的；驾车的马的鬃毛不加修剪。丧主配偶的车也是如此，只是车中的帷幕是用大功之布制作的。

每月初一，童子要左手拿着扫帚，木端向上，跟随撤祭席者入室。设祭席之前，先撤去先前设的祭席，童子扫除室内的尘土，垃圾堆在室内的东南角。祭席设置完毕，童子拿起扫帚，末端下垂，斜向自己，跟随执烛者出室。平日燕居时用的物品、朝夕吃的食物、沐浴用的水，都和往日一样在燕寝中准备着。

二 启殡

启殡在天色微明时举行，殡宫门外点燃了两支烛炬，用以照明。灵柩还半埋在堂上的坎穴内。丧家的众男女在门外朝夕哭的地方即位。为了避免喧嚣之声的干扰，此时在场的人都要停止哭泣。

丧主向各位前来参加葬礼的宾客行拜礼后，走进殡宫门，到堂下即位。接着，有司连续三次发出"噫兴"的叫声，以警醒死者的神灵；又连喊三次"启殡"，告诉死者的神灵行将出发。男女们开始号哭。祝将放置在坎穴前、写有死者名号的铭旌取出，插在庭中的"重"上。丧主哭踊，不计次数。有司将灵柩从坎穴中徐徐起出后，用大功之布拂拭灵柩，并将小敛时用过的夷衾覆盖。

死者生前每逢外出必须报告长辈，是所谓"出必告"。此时人已逝世，即将葬入墓地，但行前首先要到祖庙中告别，以最后一次表达孝顺之心，这一仪节称为"朝庙"或"朝祖"。这是一种相当人性化的处理，所以《礼记·檀弓》说："丧之朝也，顺死者之孝心也。其哀离其室也，故至于祖考之庙而后行。"

古代因身份尊卑的不同，庙数有其等差：天子七庙、诸侯五庙、大夫三庙、士二庙。士的二庙是指父庙（或称祢庙、考庙）和祖庙。士有上士和下士之别，庙制也就不同，上士父与祖各有一庙，下士则是父、祖同庙，称为祖庙。因此，下士朝庙一天就可以完成，而上士则要先朝祢庙，次日再朝祖庙，两天才能完成。

《既夕礼》是下士的丧礼，所以丧家在落葬前两天的夕哭之后开始安排葬事，次日朝祖，再次日安葬。如果是上士，则要在落葬前三天的夕哭之后开始安排葬事，中间空出两天朝父庙和祖庙。

三　朝祖

将灵柩从殡宫迁往祖庙，用的是一种称为"辁轴"的器具。辁轴的样子略如长方形的木框，但前后各有一根可以滚动的轴。迁柩的队伍，将插有铭旌的"重"作为前导安排在最前面，其次是祭品、烛炬、灵柩，再次又是烛炬，最后是丧主及其亲属。丧家的队伍排列，男子在前，女子在后；而无论是男是女，都按照与死者关系的亲疏为序，亲者在前，疏者在后，因为前面就是灵柩。

到达祖庙后，灵柩不能从阼阶抬上堂，因为那是庙主——父、祖专用的台阶；而要从西阶上堂，表示依然在行人子之道。祭品先放在堂下，等正柩后再上堂陈设。丧主跟随灵柩上堂。接着妇人上堂，面朝东而立。众主人在东阶下即位。灵柩要放在堂上的两楹柱之间的正中之处，因为这里是尊者的位置。接着将灵柩的方向调正为头朝北，并将灵柩安放在事先准备好的夷床上。丧主站到灵柩东侧，面朝西。"重"与在殡宫时一样放在中庭。有司先将堂上陈设的旧奠撤除，接着为迁柩于祖庙而设新奠，这就是所谓"迁祖奠"。丧主在堂上哭踊，然后下堂向来宾行拜礼，再到阼阶前哭踊。丧主之妇及大功以上的亲属在东阶上面朝西而立。

死者生前乘用过的乘车、道车和稾车，都陈设在庭中。因为棺柩朝北，所以车辕要朝北。它们如今是灵魂所依附之处，所以汉代以后统称之为"魂车"。乘车车前的横木上覆盖着浅色鹿皮，车上放着盾牌、箭袋、革制的马缰、皮弁服，旃旗插着。缨带、辔绳以及有贝饰的马络头，都悬挂在车衡上。死者生前上朝或燕游时乘坐的道车上放着朝服；田猎时乘坐的稾车上放着蓑衣和斗笠。

然后将驾车的马匹牵进来，马的缨带上用三种颜色的丝带作为装饰。圉人站在马两侧，御车者手持马鞭站在马后。丧主三番哭踊，随后圉人牵马走出庙门。接着，宾客出门，丧主送到门外。

四　装饰柩车

于是将堂上的灵柩装载到庭中的柩车上，丧主哭踊。灵柩束缚完毕，有司将方才设在堂上的奠移到灵柩之西陈设，用巾覆盖，然后装饰柩车。

灵柩内有死人，运往墓地时恐路人厌恶，所以要加以装饰。棺饰的总体设计很像是一座屋子，分上、下两部分，上部称为"柳"，基部是一个长方形木框，罩在灵柩的盖上。柳上用布覆盖，形状略如尖顶的房屋，称为"荒"，上面绘有文采。柳的前面和左右两侧用竹管围绕，称为"池"，如同屋檐之下的霤。据礼书记载，大夫一级的棺饰，池边悬挂着用铜片做的鱼，柩车前进时，铜鱼前后晃动，有"鱼越拂池"之感。近些年，北京民间文物市场的地摊上，偶尔可以看到有鱼形铜片，应当就是周代墓葬中的悬鱼，卖主不知为何物，所以出价往往很低。棺饰的下部称为"墙"，指灵柩的前面和左右两侧；两侧都用布围着，布称为"帷"；此时前部有一个形如屋的"池"，连接棺顶及四周白布的纽扣前后左右各一，前红后黑，车顶的圆盖有红、白、青三色，四周不悬挂贝。棺两侧各有两条帛带。

灵柩左右设有"披"，车的两边也系上了"引"，披和引的用途详见下文。

五　陈明器

明器是指随葬的器物，所以古人说是"藏器"，后世又称为"冥器"。明器不是实用的器物，因而做工粗恶，《礼记·檀弓》说是"竹不成用，瓦不成味，木不成斫，琴瑟张而不平，竽笙备而不和，有钟磬而无簨虡"，竹器、瓦器都无法使用，木器做得不平整，琴瑟和竽笙没有宫商之音，钟磬无法悬挂。之所以如此，并非欺死者无知，而是为节省人力、物力，《礼记·檀弓》说："孔子谓为明器者，知丧道矣，备物而不可用也。哀哉！死者而用生者之器也，不殆于用殉乎哉。"可见孔子认为，用实用器物殉葬，就像用活人殉葬一样可悲。

此时陈设明器，是为落葬作准备。明器陈设在乘车的西侧，具体位置是：以最西边一行的南端为尊位，自西向东，放完一行，再向相反方向转行。从茵之北：包裹羊肉、豕肉的苇包二个；盛放黍、稷、麦的畚箕三个。瓮三只：分别盛放醯、酱和姜桂的碎末。瓦甒两只：分别盛着醴和酒。每一器都有木架，器口都塞着。还有死者生前日常的器物，以及乐器和铠甲、头盔、盾牌和盛箭器等兵器，燕居时用的手杖、竹笠、雉扇。弓箭是新做的，构件虽然齐备，但做工粗劣，只要能张开就行。近距离射击用的箭和习射用的箭各四支，箭羽都很短。

六 祖奠

古人出行，有祭祀路神的习惯，《左传》昭公七年（前535），鲁昭公将要前往楚国，"梦襄公祖"，梦见鲁襄公为他"祖"，就是祭祀道路之神。类似的记载也见于其他文献，例如《诗经·大雅·韩奕》的"韩侯出祖"、《诗经·大雅·烝民》的"仲山甫出祖"中的

"祖"，都是指路神。

灵柩出发之前，也要进行祖祭。柩的方位在堂上两楹之间调正之后，丧主送宾客出门，此时，遂人与匠人将柩车拉到堂下东、西阶之间。祝在丧主之南陈设祖祭的供品，西侧正对着柩车的前辂，祭品上面用巾覆盖。

于是撤去柩车之西的迁祖奠，丧主在规定的仪节处哭踊。有司将柩车掉头朝南，表示即将出行。丧主顿足而哭，稍向南移到正对着灵柩前面的束带的地方。妇人下堂，在东、西阶之间即位。于是，挽转车头正式出发，祝将铭旌放在"茵"（详见后）上，有司将"重"的方向变为朝南。日头偏西时设祖奠，丧主哭踊。此时，驾车的马匹又被牵进来，就像第一次做的那样。于是，宾客告辞出门，丧主送至庙门外。有司请问落葬的日期后，主人入内，回到原位。

七　赠送助葬之物

送葬之前，国君和卿大夫再次赠予币帛、马匹等物，以帮助丧家安葬灵柩。

国君派使者致送的助丧之物是：黑色和浅黄色的

帛一束，马两匹。赠送马匹，是表示帮助丧家拉枢车之意。马匹牵进门后，陈设在庭中重木的南侧。帛放在枢车车厢的左侧，然后出门。家宰将帛收藏起来，士牵着马出庙门。

卿、大夫、士赠送助丧的财物，要派使者前往致命。使者的随从将赠送的马匹牵进庙门，陈设在"重"之南，帛放在枢车之左。

服丧的众兄弟，可以既赠送助丧之物，又赠送致祭的物品。平时互相熟知的人，则只赠送助丧之物，而不赠送致祭的物品。与死者熟知的人，可以既赠助葬之物，又赠送随葬之物；与生者熟知的人，可以既赠送助葬之物，又可向主人赠送财物。丧主命人将来宾赠送的物品记载在木板上，明器记载在简册上。记载明器的简册称为"遗册"，要葬入墓中，近几十年来，考古工作者在各地发现过很多的遗册。

在送葬的队伍出发以后，所赠助丧物品的清单要宣读，此时只有丧主及其配偶可以号哭，其他人若忍不住号哭，则要彼此劝诫。史宣读记载在木板上的清单，其助手抽算筹计数时可以坐着。大家都可以号哭。

八　大遣奠

安葬之日，天明之时，将大遣奠的祭品预先陈设在大门外。大遣奠是为安葬遗体而设的，所以又称葬奠。这是最后一次为死者举行奠祭，所以特别隆重，祭品的规格超过前面所有的奠祭。按照礼数，士礼的规格是特牲三鼎，此时升一等，用了少牢五鼎的规格，羊、豕、鱼、腊、鲜兽各一鼎。陈设在柩车之东的祭品是四豆、四笾，四个豆分别盛有牛胃、蚌肉酱、腌葵菜、蜗肉酱；四个笾分别盛着枣、米饼、栗、干肉。此外还有醴和酒。

昨天晚上收藏起来的明器，此时要再次陈列出来。参加葬礼的来宾入门时，丧主在庙内行拜礼，不能离开灵柩。

为了将预设在大门外的大遣奠的祭品正式陈列到庭中，有司先要将昨天陈设的祖奠撤除，撤下的祭品改设在柩车西北。接着将门外的五个鼎从门外抬进来，设在"重"的附近。四个豆呈方形排列：牛胃在西南方，蚌肉酱在其北侧，腌葵菜又在其东，蜗肉酱在其南，以南边的豆为尊，向相反的方向转行；四个笾也呈方形排列：枣在蜗肉酱之南，米饼又在其南，栗在米饼之东，干肉在栗之北，以北边的笾为尊，向相反方向转行。俎以两个为一组，从南向北排列，而以南边的俎为尊，不转行。鲜兔之俎单独陈设在豕俎之东。醴和酒在笾的西侧。

九　发引

大遣奠完毕后，送葬的队伍准备前往墓地。有司将"重"从庙门中央抬出去，再将驾车的马匹和车拉出门，套好车，等待出发。接着，撤除大遣奠的祭品，先把覆盖在祭品上的巾撤去后，有司将鼎中羊和豕的后肢的下端盛入"苞"里，准备带往墓地。所谓苞，就是苇草编成的圆筐。按照礼数的规定，士只能用两个苞。其他鼎里的鱼、腊、鲜兽不是正牲，所以不必盛入苞里。接着撤明器，茵席和瓮等用器也按顺序撤出。

发引是丧礼中的重要仪节。引，又写作"纼"，或者称为"绋"，是挽引柩车的绳索，柩车启动前往墓圹时，送丧者执引挽车走在前面，称为"发引"。《礼记·檀弓下》说："吊于葬者必执引，若从柩及圹，皆执绋。"可见，执引是亲友表示对丧事"助之以力"的举止。执引助葬，是古代通行的礼仪，如《左传》昭公三十年（前512）："晋之丧事，敝邑之间，先君有所助执绋矣。"杜预注："绋，挽索也。礼，送葬必执绋。"

执引的做法，流传很广，是人们彼此借以申述情谊、追思缅往的一种方式，时至今日，我们依然可以在丧礼中看到它的遗意。如今参加追悼会，人们在送花圈时，通常会在绶带末尾写一"挽"字，正是古代执引挽车的意思。明白了这个道理之后，我们就不难理解为什么哀悼死者的对联称为"挽联"，吊丧的布帛称为"挽幛"，送葬时唱的歌称为"挽歌"。

前往墓地的道路肯定会有凹凸不平之处，为了防止灵柩倾斜、翻倒，棺柩两旁在饰柩车时就系上了"披"，披是一种红色或者黑色的帛带，每条披由两位送丧者执持，在柩车晃动时用力拉住，以保持其平衡。披的多少，表示不同的身份，天子一边六披，两边为十二披；大夫一边四披，两边为八披；士一边两披，两边为四披。所以，士的丧礼出殡时，一共有八位士在车两旁执披，以保持灵柩的平稳。

柩车出发后，丧主与亲属跟在后面号哭踊。出宫门时，丧主想到亲人的遗体离家越来越远，悲从中来，顿足而哭。送葬的途中，柩车一般不能停在路上，只有国君派人前来赠助丧之物时，才能例外。这一仪节安排在柩车到达邦国的城门时进行。国君派宰夫前往赠送黑色和浅黄色的帛一束。宰夫致国君之命后，丧主号哭，拜了又叩首。宰夫登上柩车，将帛放在灵柩的帷盖内。丧主拜送宰夫后，柩车及送葬者继续行进。

十　窆和执绋

送葬的队伍来到墓穴前，乘车、道车、藁车以及随葬的明器陈设在墓道的两侧，众主人面朝西排列在墓道之东，妇人面朝东站在墓道之西。为了保持安静，确保下棺时万无一失，此时男女都不得哭泣。

下棺称为"窆"（biǎn）。为了防潮，先要在墓穴的底部垫上称为"茵"的布。茵是夹层的，中间塞进了茅秀和香草等有芳香气味的草本类植物。茵一共有五块：下面三块横向放置，上面两块纵向放置。

接着将灵柩抬下车，除去棺饰，然后在棺上系上"绋"（fú）。绋，文献中又往往与前面提到的"引"混称为"绋"。绋是指下棺用的绳索。当初在殡宫将灵柩从坎穴中托起来时用的绳索就是它，此时用它将灵柩托起，助丧者都要执挽绋，然后将灵柩徐徐降入墓圹。古代丧葬用绋的数量有严格的等级，据礼书记载，天子六绋、诸侯四绋、大夫二绋。据东汉经学家郑玄的解释，天子六绋，挽者约千人；诸侯四绋，挽者五百人；大夫二绋，挽者三百人。可见场面相当盛大。士的执绋人数，文献没有记载，当是在场的所有送丧者，人数当然不会超过大夫的三百人。灵柩落葬后，丧主哭踊，并将黑色和浅黄色的五匹帛献给死者，然后向灵柩跪拜叩首，起立后又哭踊。献毕，丧主和丧主之妇分别礼拜前来参加葬礼的宾客，然后各就其位哭踊。

有司将随葬的用器、兵器、乐器等放在灵柩的旁边；接着将柳、墙等棺饰摆放在灵柩的上面；再将

韩国执绋图

盛有牲肉的"苞"和盛有黍、稷、麦的"筲"等放置在棺、椁之间。摆设完毕，先在棺上架"折"。折是一块大木板，中间凿有若干方孔，形状略如窗格，纵向三条，横向五条。折的作用，是支撑上面的填土，防止棺椁被压坏。折架好后，上面铺抗席，以防灰土落入墓室。抗席上再加抗木，抗木的作用也是防止填土下压，其结构与棺底部的茵一样，也是横三、竖二，这是象征天数三、地数二，蕴含人长眠于天与地之中的意思。最后往墓穴中填土夯实。

顺便要提及的是，上古时代"墓而不坟"，墓地上没有隆起的封土，即后人所说的坟头。据《礼记·檀弓》记载，最早在坟上堆土为冢的是孔子。孔子早年丧父，许多年之后母亲去世，于是孔子将父母合葬在一个叫"防"的地方。孔子终年在列国之间奔走，是所谓"东南西北人也"，为了准确标记墓的位置，以便不时来凭吊，便在墓地上堆起了四尺高的封土。这是文献所见的最早的坟头。

灵柩落葬之后，将乘车、道车、槀车上的衣服等集中到柩车上带回。葬毕而归时，不驱赶车子，似乎觉得死者的精魂还要回家。

十一　反哭

葬事完毕，丧家男女从墓圹返回祖庙和殡宫号哭的礼节，称为"反哭"。祖庙是死者生前带领家人进行各种礼仪活动的场所，如今堂室依然，而人已化去，内心哀伤无比。《礼记·问丧》非常生动地描述了此时丧家的心情："其往送也，望望然、汲汲然如有追而弗及也；其反哭也，皇皇然若有求而弗得也。故其往送也如慕，其反也如疑。求而无所得之也，入门而弗见也，上堂又弗见也，入室又弗见也。亡矣丧矣！不可复见矣！故哭泣辟踊，尽哀而止矣。"丧主进入庙门后，从西阶上堂，面朝东而立。众主人在堂下西阶前面朝东而立。妇人入门时，男子们哭踊，妇人从阼阶上堂。丧主之妇登堂后入室，顿足而哭，然后出室，在阼阶上即位，与男子们轮流号哭、辟踊，尽哀而止。

前来吊唁的宾客来到堂下，其中的一位长者从西阶上堂，安慰丧主说："这是无可奈何的事！"丧主不忍心马上即主人之位，于是在主人之位的东面答拜。长者下堂，与其他宾客一起出庙门，丧主送到门外，再拜叩首，感谢他们前来送葬，并且亲临反哭之礼。

接着，丧家男女前往殡宫，这里是死者生前的居处，又是葬前的停殡之处，如今殡起人葬，空空如也，大家触景生情，又是号哭、辟踊，哀尽而止。

礼毕，先是同族兄弟出门，丧主拜送。接着是众主人出门。丧主合上殡宫的门，向众主人拱手行礼，于是大家分别回到自己的丧居。

十九

安魂之祭：士虞礼

清明扫墓图

整个丧礼，是围绕着处理死者的遗体和魂灵两个主题进行的。如果说既夕礼是"送形而往"，将死者的形体送到墓地安葬，则士虞礼就是"迎魂而返"，将死者的精气迎回殡宫，进行祭祀。

　　亲人的躯体已经不可再见，为什么还要祭祀？儒家认为，亲人的精气与神明永存于天地之间，有着佑善惩恶的能力。子女的思念也不会因时空而阻断。祭祀是沟通生者与逝者的方式，既可以表达子女对亲人绵绵不绝的思念，同时祈求列祖列宗的福佑。

　　《仪礼》有《士虞礼》一篇，记士举行虞祭的正礼。关于虞祭的得名与时间，郑玄解释说："虞，安也。骨肉归于土，精气无所不之，孝子为其彷徨，三祭以安之。朝葬，日中而虞，不忍一日离。"可知虞祭是安定死者精气，以免其彷徨漂泊的祭祀。虞祭的时间就在葬日当天的中午，因为孝子一天也不忍心离开亲人的魂神。

一　立尸

《礼记·檀弓下》落葬以后仪节的主要变化之一，是
"以虞易奠"。灵柩落葬之前，对死者的祭祀统称为"奠"；
灵柩落葬之后，最初的祭祀称为虞，并且要立"尸"。

古代祭祀，只要受祭者是成年后死亡的，就一定
要有尸。尸就是代表死者接受祭祀的人。郑玄在《士虞
礼》的注中解释说："尸，主也。孝子之祭，不见亲之形
象，心无所系，立尸而主意焉。"孝子不能漫无目标地
祭祀，因此要找一个人来代表死者，使生者的心意有所
归属，对尸的祭祀称为"飨尸"。那么，选择尸有哪些
条件呢？首先是性别。如果受祭者是男性，则尸必须是
男性；如果受祭者是女性，则尸必须是女性。

其次是班辈。尸必须由死者的孙辈担任，而不得由
儿子担任。如果尸是小孩，没有自我约束的能力，祭祀
时就让他的父亲抱着，所以《礼记》说"君子抱孙不抱
子"。如果死者没有嫡孙，可以从同姓的孙辈中挑选一
人。不过女性之尸的要求比较特殊，一定要找异姓之女
（不同于夫家的姓）担任，所以孙女不可以担任尸，一
般由孙妇为尸；又因为尸是与尊者相配的人，所以，不

可以让庶孙之妾那样地位低贱的人担任。

正常的祭祀，除了飨尸，还包括阴厌和阳厌。所谓阴厌，是在飨尸之前，先用祭品飨神，由于祭品设在室内终年不见阳光的西北隅，所以称为"阴厌"。阴厌的仪式比较简约，不举肺脊，没有肵俎和玄酒，最后也不必报告礼成，以食供神而已。所谓"阳厌"，是飨尸之后将祭品设在室内的西南隅，这里阳光尚能照到，故名。

如果受祭者属于尚未成年而亡，则不能享有成套的成人祭礼，不能设尸而祭，而只能用阳厌或者阴厌。正因为如此，如果受祭者为成年人而祭祀时没有尸，就等于把他当成短寿夭亡者来对待，是绝对不允许的。

对夭亡者的祭祀有两种情况：如果宗子，祭祀用"阴厌"；如果是庶子，或者是死而无后者，只能到宗子家祭祀，而且只能用"阳厌"。

二　阴厌

举行虞祭时，丧主、众兄弟、妇人等都穿着送葬时的丧服，助祭的宾客则穿着送葬时的吊服。

飨尸之前，先举行飨神的仪式，直接用食品供奉死者，也就是上面提到的"阴厌"。受祭者的席位，设在他生前居室的西南隅，坐西朝东，席右放着供神明凭依的小几。不同身份的人祭祀，所用主牲的规格也不同，士、大夫是用"特牲"，就是一头猪。先将猪对剖，只取其左半边，分解后放入鼎中煮熟，再取出放在俎上，此俎称为"牲俎"。与牲俎配合的有鱼俎、腊（兔肉）俎各一。三俎都放在神席前面，其他的供品还有：两只豆，一豆盛葵菹（腌葵菜），另一豆盛蠃醢（蜗牛酱）；两只敦，一敦是黍，另一敦是稷；盛着菜羹的铏和斟满醴酒的觯各一。祭品准备完毕，丧主将丧杖倚靠在西序下，走进室内。有司打开敦盖，丧主再拜叩首，飨神的仪式开始。丧祝告请死者的神灵前来享祭，有司将黍稷放在切碎的白茅上致祭。祭毕，取黍稷致祭，连续祭三次；接着取"肤"（猪颈脖上的皮）致祭，也是三次。丧祝用勺舀觯中之醴，浇在白茅上祭祀。丧主再拜叩首。丧祝宣读祝词，丧主再拜叩首，然后号哭着出门。

三　飨尸

丧祝迎接尸入庙。尸入门时，男子哭踊，妇人也跟着哭踊。尸入室后，丧主等继续跳踊，但停止号哭，以示对尸的尊敬。丧主和丧祝拜请尸安坐。

尸就座后先要进行各种食前的祭祀，这些祭祀可以分为隋祭和振祭两类，需要先作说明。隋祭是将祭品插入酱或者盐中，然后取出来祭祀，祭毕不吃它。振祭是将祭品插入酱或盐中，取出来时要振摇一下，将过多的盐粒之类洒落，然后再祭祀，祭毕要尝一口。

尸拿起觯，先取菹菜放在两豆之间隋祭。接着用黍稷和祭肺致祭，又用醴酒祭祀。祭毕，丧祝读祝词，丧主再拜叩首，劝尸饮醴酒。尸尝一口醴酒，又用肺、脊振祭。接着，又祭铏中的菜羹。

飨尸的主体部分是"九饭"。上古吃饭用手抓，抓一手称为一饭。一饭不是一口吞下，而是要分三次咽下。每饭之后要喝大羹，就着调料吃菜肴。虞祭中尸的九饭分作三次，每次三饭。第一番三饭后，尸用肋条肉振祭。第二番三饭，尸用猪的小腿肉振祭。第三番三饭，尸用猪肩肉振祭。佐食者又奉上鱼俎和腊俎，每俎都只放三条鱼或三块兔腊肉。尸吃完后，佐食者将吃剩的肺、脊放入篚中。

丧主洗涤废爵（没有足的爵），酌酒献给尸。尸祭爵中之酒，然后尝酒。尸左手执爵，右手取肝振祭，再将爵中之酒饮尽。丧祝酌酒递给尸，尸用它酢丧主。丧主先祭酒，然后饮尽。丧主酌酒献给丧祝，丧祝左手执爵，右手祭菹菜和肉酱，然后取肺祭祀，接着祭酒，祭毕尝酒；又用肝振祭，最后将爵中之酒饮尽。丧主酌酒献给佐食者，佐食者祭爵中之酒，然后饮尽，向丧主行拜礼。

丧主之妇在房中洗涤足爵（有足的爵），酌酒献给尸，这是继丧主之后的二次向尸献酒，称为"亚献"。丧主之妇把盛有枣、栗的笾放到尸席前。尸祭枣、栗，又祭酒。接着，宾跟从丧主之妇之后向尸献烤肉。尸祭烤肉后，将爵中之酒饮尽。丧主之妇又酌酒献给祝，并献上笾食和烤肉；最后向佐食者献酒，其间仪节与初献时一样。最后是来宾之长向尸三献。来宾之长洗爵后酌酒献给尸，接着献烤肉，整个仪节与前两次一样。

三献之礼完毕，为尸饯行。尸即席坐下。丧主洗涤废爵，酌酒献给尸。尸左手执爵，右手取肉干隋祭，又用俎上的肉干振祭；然后祭酒，再将爵中之酒饮尽。此时，丧主和众兄弟、妇人顿足而哭。丧主之妇洗涤足爵亚献，来宾之长洗涤爵三献，仪节也是如此。

丧祝走出室户禀告丧主，养礼已经完毕。丧主号哭，男众女众都随之号哭。尸出室下堂、出门时，丧主及男女都要哭踊。尸出门后，丧祝将神前的祭品改设到室的西北角，陈设方式与先前一样，即所谓的"阳厌"。祭品的外面用席围隔。

虞祭结束后，来宾出大门，丧主相送，拜了又叩首。

四 三虞、卒哭

虞祭的次数与所需要的时间有等差，士三虞、四天，大夫五虞、八天，诸侯七虞、十二天，天子九虞、十六天。古人用干支记日，凡是天干为甲、丙、戊、庚、壬者为刚日，天干为乙、丁、己、辛、癸者为柔日。古人安葬遗体用柔日，第一次虞祭在葬日的中午，所以必定是柔日。再虞之祭，隔一日举行，所以还是柔日。三虞之祭，在再虞的次日举行，所以是刚日。

祝词的大意是：哀子某人和亲属，日夜悲伤不安。谨用洁净的祭牲、菹醢、黍稷、新醴，"哀荐祫事"。"哀荐祫事"是祝文的最后一句，意思是哀痛地荐献祭品，愿您的神明与先祖会合。第二、第三次虞祭的祝文相同，只是最后一句要分别改成"哀荐虞事"（哀痛地进行虞祭）、"哀荐成事"（哀痛地将虞祭之事进行完毕）。

三虞之祭的次日天明，举行卒哭之祭。我们在士丧礼中谈到，大敛以后，丧家男女每天只要到朝、夕两个时间到殡宫号哭就可以了，不必整天哭声不断。朝、夕之外的时间，哀痛袭来时，也可以到殡宫痛哭，称为无时之哭。三虞之祭时，死者逝去已经百日左右，哀痛之心又有所减杀，所以有"卒哭"的仪节，这里的"卒"当停止讲，卒哭就是停止无时之哭。卒哭之祭后，丧家每天只有朝夕哭。卒哭是一个重要标志，卒哭之前的祭祀属于丧祭，卒哭之后的祭祀就属于吉祭了，所以《礼记·檀弓下》说："卒哭曰成事，是日也，以吉祭易丧祭。"

五　祔庙与作主

至此，我们要谈到祭祀中的木主（相当于后世的牌位）的问题。丧礼初始时，没有神主，所以用插着铭旌的"重"代替。从虞祭起，开始立神主，重则埋入地下。

神主有"桑主"和"栗主"两种。虞祭时用桑主。顾名思义，桑主用桑木制作，之所以如此，一是因为桑与丧谐音，可以以桑表丧；二是因为桑木粗劣，与孝子的哀痛之心正好相符。《国语·周语上》说："及期，命于武宫，设桑主，布几筵。"正是指此。

卒哭之祭后，新死者的桑主要按照昭穆次序祔庙，这就是《仪礼·士虞礼》所说的"以其班祔"。古人祭祀，太祖的神主居宗庙之中，坐西向东；子孙的神主按照昭穆的次序在太祖的左右两侧排列；左边的一列坐北朝南，南方明亮，故称为昭；右边的一列坐南朝北，北方幽暗肃穆，故称穆。昭穆表示辈分，父为昭则子为穆，孙又为昭，曾孙又为穆。此时三年之丧尚未结束，新死者还没有自己的庙可居，只能附在与自己昭穆之班相同的祖庙受祭，所以称为"祔祭"，或者"祔庙之祭"。与虞祭不同的是，虞祭祭于殡宫，桑主也在殡宫；祔祭祭于祖庙，祭祀时桑主从殡宫移到祖庙，祭毕，桑主送回殡宫。

小祥之祭时，要将桑主弃埋，改用栗主，就是栗木做的神主。小祥之祭也在祖庙举行，祭前将栗主移送到祖庙，祭毕再送回殡宫。

小祥之祭时，还要举行"坏庙"的仪式。《穀梁传》文公二年说："作主坏庙有时日，于练焉坏庙。坏庙之道，易檐可也，改涂可也。"坏庙又称毁庙，但并非毁坏旧庙，重建新庙，而只是对旧庙作某些象征性的改变。根据昭穆制度，新主的昭穆之位与其祖父相同，三年之丧完毕，新主要迁入祖庙。如果把祖庙原封不动地让给新主，则有苟且不敬之嫌；拆毁重建，又不免造成无谓的浪费。所以采取了一种两全其美的办法，通过"易檐"和"改涂"来整新旧庙。所谓易檐，就是改换屋檐的某一部分。改涂是重新涂饰祖庙。更换旧庙的屋檐，并重新涂饰一次，表示已不再是旧庙，可以视为新庙。整新，是古人以节俭的原则来处理祭祀对象或场所发生变更后所产生的各种问题的方法，在其他礼仪中常常使用，限于篇幅，不再列举。

大祥与禫祭是三年之丧的最后两次祭祀，祭祀的地点都在殡宫。禫祭之后，新主必须迁往新庙，然后撤除殡宫。但是，毁庙之主的迁动是一件大事，不能轻率为之，必须要先经过袷祭。而袷祭有固定的时间，未必刚好与禫祭同月。所以，禫祭之后，迁新主于祖父之庙，等待袷祭。

袷作为祭名，所指不一，有天子郊祭之袷，有殷祭之袷，有时祭之袷。有学者认为，此时的袷祭，是三年之丧结束后临时举行的一种合祭，把毁庙和未毁庙的神主一起迁到太庙合祭，审视其昭穆之序，远主迁祧，以下诸庙依序而升。

六　小祥、大祥和禫

从卒哭之祭到三年除丧，中间还要经过小祥、大祥、禫等几个重要仪节。

小祥是周年之祭，在第十三个月举行；大祥是两周年之祭，在第二十五个月举行；禫，是三年之丧中的最后一个祭名。禫祭的时间，《士虞礼·记》说是"中月而禫"，郑玄把"中"解释为间隔，就是与大祥之祭相隔一个月，在第二十七个月。王肃认为禫与大祥之祭在同一月，即在第二十五月。禫祭之后正式脱丧。

小祥是周年之祭，孝子的哀痛又有所减杀，于是开始用练冠代替原来的衰冠，所以小祥又名"练"。所谓练冠，就是用大功布加灰练之而成的布做的冠，练冠的性质介于凶服和吉服之间，标志着丧服由凶转吉的变化，所以《释名·释丧制》说："祥，善也，加小善之饰也。"

在此，我们还要提到"受服"的概念。在古代丧服制度中，每逢大的仪节都要祭祀，虞祭之后，每祭一次几乎都要使丧服的某一项变为轻服，如为父服斩衰，初丧之服是三升布，冠是六升布；卒哭之后，丧服改用六升布、冠用七升布。为母服齐衰，初丧用四升布，卒哭受服后，改用七升布，冠用八升布。此外，卒哭之后，男子要"去麻服葛"，就是把腰绖换成葛绖，这也是受服的内容之一。

小祥以后戴练冠，中衣也可以变成练衣，领口可以镶浅红色的边，但是，男子还不能除去腰间的葛绖。古代有"男子重首，妇人重带"之说，男子的丧服，以首绖最重要；女子则以腰绖为最重要。所以，脱丧从最重要的地方开始，但要逐步进行。

大祥是两周年的祭名。《礼记·杂记下》说："祥，主人之除也，于夕为期，朝服。祥，因其故服。"意思是说，大祥是丧主的除服之祭。祭祀的前一天晚上，丧主身穿朝服，宣布大祥之祭的时间，次日大祥，依然身穿朝服。大祥之后，服饰基本恢复正常，可以戴缟（白色的生绢）冠，冠边镶以白缘。《礼记》说，孔子在大祥之后五天开始弹琴，而不成声调，大祥逾月之后的十天吹笙，声调才和谐。禫祭是大祥后的除服之祭，从此正式脱丧，衣饰也不再有任何禁忌。禫是澹澹然平安的意思，丧家的哀痛之念至此逐渐平复。

期年之丧丧期虽然只有一年，但也必须包含小祥、大祥和禫的仪节，所以行礼的时间不得不有所错动，《礼记·杂记下》说："期之丧，十一月而练，十三月而祥，十五月禫。"意思是小祥之祭在第十一个月，大祥之祭在第十三个月，禫祭在第十五个月。

对于丧家来说，必须面对现实，不能无限期地沉浸在悲痛之中。凡事皆有终，《礼记·丧服四制》说"丧不过三年"，正是对丧礼的一种制断，以保证孝子"毁不灭性，不以死伤生"。儒家在丧礼中安排卒哭、小祥、大祥、禫等各种仪节的目的，就是不断通过新的祭祀，提示生者随着时间的推移渐次变换丧服，逐步从悲伤中解脱出来，回归到正常的生活中。

七　居丧要则

在不同的居丧阶段，人的悲伤程度也不同。礼是表达情感的，因而丧礼对守丧者的起居有许多阶段性的要求。除了上面已经提到，至少还有如下种种。

第一是居处。为父母服丧，要居住在倚庐（倚墙搭建的草棚）中，室内不作任何涂饰，晚上睡在苦草上，把土块当枕头，首绖和腰绖也不脱去。服齐衰之丧，居住在垩室（土坯垒砌的草屋），当卧具用的蒲席，边缘虽然剪齐，但没有扎边。服大功之丧，可以睡在席子上。服小功、缌麻之丧，可以睡在床上。此外，居父母之丧，卒哭之后，可以将倚庐近地的一边用柱子撑高，使棚内空间增大。棚顶的草也可以略作修剪，睡觉用的草苫，可以换成齐衰之丧的那种。小祥之后可以搬到垩室去住，可以睡席子。大祥之后，可以回到自己的寝室居住。禫祭之后，就可以恢复正常生活睡在床上了。如此的种种不同，《礼记·间传》说是"此哀之发于居处者也"。需要说明的是，居倚庐、寝苦草乃是针对男子而言，女子不在此列。

第二是饮食。失亲之痛必然会表现在饮食上。《礼记·檀弓上》说："哭泣之哀，齐斩之情，饘粥之食，自天子达。"可见，无论地位高低，只要是至亲去世，都会无心饮食，而以饘粥为继，甚至不吃不喝。为了防止哀毁伤生，儒家做了许多规定。

《礼记·丧大记》说，一国之中，国君去世就是国丧，世子、大夫、庶子、众士都三天不吃饭。三天后，世子、大夫、庶子可以吃粥，一般是早晨熬一把米，晚上熬一把米，不过不限次数，饿了就可以吃。众士可以吃糙米做的饭，可以喝水，也不限次数。

父母之丧，孝子三天不吃不喝。三天以后，就必须让他喝粥。《礼记·间传》说，卒哭之后，可以吃糙米饭和喝水，但不能吃蔬菜和水果；小祥以后才能吃蔬菜和水果；大祥以后才能吃肉，并且可以有醢、酱等调味品；禫祭之后可以饮醴酒。此外，父亲尚健在，为母、为妻服期年之丧，终丧不可以吃肉、饮酒。

关于上述饮食的规定，年老体衰者可以例外。如七十岁以上的人服丧，穿上丧服就可以了，饮食可以与平常一样。

第三是言谈。热孝在身，孝子必然沉默寡言，随着丧期的延长，才慢慢发生变化，《礼记》中相关的论述很多，《丧大记》说："父母之丧，非丧事不言。"《礼记·丧服四制》说："斩衰之丧，唯而不对；齐衰之丧，对而不言；大功之丧，言而不议；缌、小功之丧，议而不及乐。"可见，居丧者应该不谈丧事之外的事情；当宾客有所询问时，服斩衰之丧者只能表示是或者不是，而不作具体回答；服齐衰之丧者可以具体回答，但不可以主动发问；服大功之丧者可以主动发问，但不得发表议论；服缌麻、小功之丧者可以发表议论，但不能有显得快乐的表情。

落葬之后，如果孝子是国君，则可以谈天子的事，而不可以谈本国的事；如果孝子是大夫、士，可以谈本国的事，而不可以谈自家的私事。

第四是服饰。《礼记·间传》："期而小祥，练冠缭缘，要经不除，男子除乎首，妇人除乎带。男子何为除乎首也？妇人何为除乎带也？男子重首，妇人重带。除服者先重者，易服者易轻者。又期而大祥，素缟麻衣。中月而禫，禫而纤，无所不佩。""易服者何？为易轻者也。斩衰之丧，既虞卒哭，遭齐衰之丧，轻者包，重者特。既练，遭大功之丧，麻葛重。齐衰之丧，既虞卒哭，遭大功之丧，麻葛兼服之。斩衰之葛，与齐衰之麻同；齐衰之葛，与大功之麻同；大功之葛，与小功之麻同；小功之葛，与缌之麻同，麻同则兼服之。兼服之服重者，则易轻者也。"

第五是行为。《礼记·曾子问》说，小祥后主人虽然改服练冠练服，但哀痛尚深，所以，不与众人一起站立、走路，也不到别人家吊丧、哭泣。

《礼记·杂记上》说，在服丧期间，小功以上的亲属，如果不是有虞、祔、小祥、大祥，不可以沐浴。服齐衰之丧者，若有人请求见面，要到落葬之后才可以去见，但不可以主动要求请见他人。小功以下的亲属，落葬之后可以求见他人。此外，服三年之丧者，即使过了练祭，也不能到别人家吊丧。服期年之丧者，在练祭之后，就可以外出吊丧。

对于国君而言，落葬之后，天子的政令才可以通行于国中；卒哭之后才可以为王事奔走。对于大夫、士而言，落葬之后，国君的政令就可以进入自己的家；如果遇到战争，还应该参加。小祥之后，国君可以谋国政，大夫、士可以谋家事。禫祭之后，一切恢复正常。

此外，在服丧期间游戏作乐、外出宴饮、嫁娶生子、匿丧求官等，都会被视为悖逆人性的禽兽之行，受到舆论的谴责。魏晋以后以礼入法，类似的行为还会受到法律的制裁。例如，《唐律疏议》规定：为父母、丈夫服丧期间，自身嫁娶者、杂嬉作乐者、提前除丧者，要被判处三年徒刑；怀胎者，判处一年徒刑；参加吉宴者，杖刑一年。

上述规定必须严格遵守，任何超越阶段的行为，都会受到指责。《礼记》中记载了许多违礼的事情，让后人谨记，切不可重犯。例如，大祥之祭后，可以穿白色但没有鞋鼻的鞋子，冠和缨带都用白色的生绢做成，冠的镶边也用白绢。而有若却拿丝带做冠缨，鞋子上也用丝做了装饰，这是禫祭之后才可以有的穿着。有若的做法，恰恰显示出他急于脱丧的心情。

又如，小祥时，主人酬敬宾的酒，宾不饮而放在席前，宾不举杯，也就不举行旅酬（彼此劝饮），这是礼的要求。而鲁昭公在小祥时就旅酬，鲁孝公到大祥之祭时还不旅酬，前者过之，后者不及，都不合乎礼。

有道的君子，绝对不会急于脱丧。即使已经到了脱丧的时间，也依然忧思在心。《礼记·檀弓上》说，鲁国大夫公孙蔑（孟献子）在禫祭之后，家中的乐器虽然悬挂而不奏，也不让侍寝的妇人入室，沉浸在思亲之情中。孔子赞叹说："献子真是超人一等啊！"

儒家认为，三年之丧漫长而复杂，能否处处守而不失，正是观察人是否具有仁爱之心、通理之智、强健之志的极好时机，所以《礼记·丧服四制》说："仁者可以观其爱焉，知者可以观其理焉，强者可以观其志焉。礼以治之，义以正之，孝子、弟弟、贞妇皆可得而察焉。"

二十

祭祀万世师表：释奠礼

明代《杏坛礼乐图》

中国古代的祭祀对象，最引人注目的有两类，一类是天地、日月等，属于自然崇拜；另一类是血缘亲属，属于祖先崇拜。但还有一类祭祀对象，既非自然神祇，也非血缘亲属，而是文明的先驱，如农业、蚕桑、医学等科学领域的创始人，给人类以无限的福祉，可惜大多不知其姓名，祭祀时只能用"先农""先蚕""先医"等来代称。稍有例外的是对"先师"的祭祀，不仅人们确知受祭者是孔丘，仪式也最为隆重。

一　孔子的学行与生平

孔丘，字仲尼，鲁襄公二十二年（前551）生于鲁国陬邑（今山东曲阜）。孔子的先世，可以上推到殷朝末年的贤臣微子，武王伐纣之后，封微子于宋（今河南商丘），数传之后有孔防叔，因避难而来到鲁国，遂以孔为氏。孔子的父亲叔梁纥，是鲁国的大夫，但在孔子三岁时就去世，故孔子少年时代很贫穷，他自谓"吾少也贱，故多能鄙事"(《论语·子罕》)，当过管仓库的小官"委吏"，也当过饲养牛羊的"乘田"，对社会下层的情况相当了解。孔子以"三人行，必有我师"的态度，虚心向人学习。他十五岁就立志成为一名博学多才、道德高尚的君子。三十岁左右，学业有成，开始招生授业。当时，学术由官府掌握，只有贵胄子弟才有资格学习，即所谓"学在官府"。孔子以个人之力开创私学，打破了文化垄断，使学术下移到民间，推动了思想文化的普及和繁荣，堪称万世之功。孔子实施"有教无类"的方针，只要交给他"束脩"(十条干肉)作为学费，就可以成为他的学生。相传他有三千弟子，其中学业优秀的有七十二人。孔子以文、行、忠、信为"四教"，要求学生文章、道德兼备，并且贯彻到行动之中。他还提出了因材施教、学思并重、启发式教学等教学原则。孔子的一生，"学道不倦，诲人不厌，发愤忘食，乐以忘忧，不知老之将至"(《史记·孔子世家》)。后世把孔子作为伟大的教育家，绝非过誉。

孔子提倡仁爱，希冀实现"大同世界"，为此而周游列国，可惜春秋衰世，诸侯力政，暴力相凌，篡弑迭起，孔子的学说受到冷遇，"斥乎齐，逐乎宋、卫，困于陈、蔡之间"（《史记·孔子世家》），到处碰壁，无奈之余，回到鲁国。孔子慨叹礼乐废弛，文献缺失，于是专心整理《诗》《书》《礼》《易》《乐》《春秋》等"六经"，并用作教材来教育学生。秦火之后，《乐》亡，仅剩"五经"，是为中华文明的精华，也是最宝贵的原典，能流传千古，声播海外，孔子之功居首。

鲁哀公十六年（前479）夏四月己丑，孔丘卒，葬于鲁城北泗上，孔子弟子及仰慕孔子的鲁人随之搬到墓边居住的有一百多家，当时人称之为"孔里"。次年，鲁哀公下令将孔子生前居住的三间房改为祀庙，人们又将孔子使用过的衣冠、琴、车、书籍等收藏于内，以志纪念。每年四时，人们都会自发地到孔子墓前祭祀，儒生们则在墓侧讲论孔子倡导的乡饮酒礼、大射礼等。这一盛况，跨越战国，到司马迁时依然如此。

司马迁对孔子十分崇敬，认为他是天下罕有其匹的"至圣"之人。司马迁用《诗经》"高山仰止，景行行止"的诗句形容自己"虽不能至，然心向往之"的心情。他亲往曲阜参观祭祀孔子的庙堂和车服礼器，目睹儒生在此习礼，无限感慨，以至"低回留之不能去"（《史记·孔子世家》）。

二 释奠说略

祭祀孔子原本属于个人行为，祭祀者以孔子后裔为主，主要形式是"四大丁祭"。春、夏、秋、冬四季，每季三个月，分别称为孟月、仲月、季月。古代用干支纪日，每月不超过三十天，所以甲、乙、丙、丁等天干一般会出现三次，祭孔用第一个丁日，称为上丁。四大丁祭，就是在四季仲月上丁日举行的祭祀。这一传统一直延续到近代。

此外，从汉代开始，共有十一位帝王共十八次到曲阜孔庙祭祀过孔子。开此先河的是汉高祖刘邦。据《汉书·高祖纪》，汉高祖刘邦即位第十二年，从淮南返回京城经过曲阜时，用太牢之礼祭祀孔子。

到了东汉，除了曲阜孔庙继续祭祀孔子，人们开始在各郡县的学校祭祀孔子。据《后汉书·礼仪志》，明帝永平二年（59）三月，各郡县举行乡饮酒礼，礼毕，在当地学校祭祀先圣周公、先师孔子，以犬作为祭牲。

在学校中把孔子和周公放在一起祭祀，是因为《礼记·文王世子》说过："凡始立学者，必释奠于先圣、先师。"意思是说，凡是建立学校，一定要用"释奠"的礼仪祭祀"先圣"和"先师"。根据汉代经学家的解释，先圣是指周公，先师是指孔子。所以，周、孔合祭的做法，通行于汉魏。但也有不同的处理方法，如隋大业以前，以孔子为先圣、颜渊为先师。唐初依然在国学祭祀中同时祭祀周公、孔子。武德二年（619），唐高祖诏令国子学立周公、孔子庙。五年后，高祖亲行释奠礼，以周公为先圣，以孔子配。

这种祭祀对象混乱的状况，直到唐太宗时才有了改观。贞观二年（628），房玄龄等提出，周公、孔子固然都是圣人，但国学应该祭孔子。得到太宗的首肯，于是罢周公，以孔子为先圣，颜渊配享。到高宗永徽（650—655）年间，一度又以周公为先圣，孔子为先师，不过非常短暂。高宗显庆二年（657），礼部尚书许敬宗等奏议，认为周公践极摄政，辅助成王治国，功比帝王，应该配享成王才是，释奠礼仍当祭祀孔子，高宗从其说。从此以后，孔子在国学祭祀中的独尊地位再也没有变化。

唐太宗为推进全国各地的祭孔之礼，还作出过两个大的举措。贞观四年（630），唐太宗又命令各地州学、县学都要建孔子庙，以敦行儒学。这是我国州、县普遍建孔庙的开始，祭孔的仪式随之推行到各地。

州、县学如何祭孔？例如，由谁主祭？一年祭几次？每次在什么时间？等等，都没有成例可循。释奠的次数，郑玄认为是每季一次，故魏晋太学也是四季各祭一次。隋制，国子寺每岁以四仲月上丁释奠于先圣先师。唐高祖武德年间（618—626），国子学也是四时致祭。唐初州县之学多仿照魏晋故事祭四次，主祭者多由学官充任。贞观二十一年（647），唐太宗规定，释奠于春、秋的仲月举行。释奠仪式，当有规格，国学释奠，以国子祭酒为初献，祝词称"皇帝谨遣"，司业为亚献，国子博士为终献。州学，以刺史为初献，上佐为亚献，博士为终献。县学，县令为初献，县丞为亚献，主簿及县尉等为终献。太宗这一国学遣官释奠、州县由守令主祭的规定，提高了释奠的规格，为后世所沿用。如果是皇太子亲自释奠，则规格更高，皇太子自为初献，国子祭酒为亚献，司业终献。

我们在前面已经提到，"释奠"一词源于《礼记·文王世子》。那么，释奠礼究竟是怎样的呢？《文王世子》本身并没有对此作出说明。郑玄为之作注说："释奠者，设荐馔酌奠而已，无迎尸以下之事。"由郑玄的解释可知，释奠礼与一般的祭祀的最大不同点在于不设"尸"，仅仅"设荐馔酌奠而已"。唐人孔颖达在郑玄的基础上做了进一步的解释，认为释奠是"直奠置于物，无食饮酬酢之事"。意思是说，只是将祭品直接放在神主之前，礼毕，致祭者之间不需要酬酢。可见，这是一种相当简略的仪式。相传古代祭祀先师、先圣之礼还有一种称为"释菜"的仪式。有学者说，释奠有音乐而无尸，释菜则连音乐也没有，仅仅在神主之前放一些蘋、蘩之类的菜。可惜释菜礼在唐宋之际亡佚，今天已经无法考证。

随着历代政府对祭孔的提倡，释奠礼变得越来越复杂。刘宋元嘉初建立国学，讨论释奠礼的规格，裴松之提议加入舞队，用"六佾（yì）"。佾是古时舞队的行列，以八人为一佾，佾的多少，依等级而定，如天子用八佾，诸侯用四佾。裴松之建议用六佾，实际上是用诸侯的等级。由于金石器乐准备不足，未能实现。到南齐武帝永明三年（485），立国学时，再次讨论释奠的礼乐。尚书令王俭主张用轩悬之乐、六佾之舞，得到允许。到唐朝，皇太子亲释奠时，迎神、太子行、登歌奠币等仪节都有了专门的乐章，称为承和、肃和、雍和、舒和等。宋绍兴十年（1140），京城的释奠礼由原来的中祀升为大祀，笾豆用十二之数，祭祀规格与社稷相同。到明孝宗弘治十七年（1504），释奠礼由六佾升为八佾，笾豆等礼器的数目与天子等同。

此外，孔子的封号，也不断增益。孔子原本布衣，一生只做过几年官，但却有身后之荣。唐开元年间（713—741），追谥孔子为"文宣王"。宋真宗大中祥符元年（1008）加谥"至圣文宣王"。元武宗大德十一年（1307），加谥"大成至圣文宣王"。明世宗嘉靖九年（1530），改称"至圣先师孔子"，清人因之。在春秋以后两千多年的历史中，获得如此声誉，而且世世享祀不绝的，孔子一人而已。顺便要提到的是孔子的弟子颜渊、曾参等，也都获得了相应的封号。

三　四配

上古有以德配天的传统，行祭天大礼时，夏后氏以黄帝配享，殷人以帝喾配享，周人以后稷配享。这种形式也为祭孔礼仪所仿效，孔庙以四位最杰出的孔门弟子颜渊、曾参、子思、孟轲配享，称为"四配"，但四人进入配享的时间有先后。

最早得到配享殊荣的是颜回。颜回，字子渊，习称颜渊，与其父颜路都是孔子的学生。颜渊是孔子最得意的弟子。颜回"一箪食，一瓢饮，在陋巷，人不堪其忧，回也不改其乐"，一心向学；又有"闻一知十"（《论语·公冶长》）的能力。孔子以德行、言语、文学三个科目评价学生，德行以颜回为首。有一次鲁哀公问孔子，弟子中谁最好学？孔子说"有颜回者好学"。又说，颜回死了以后，"未闻好学者也"（《论语·雍也》）。颜回终身不仕，一直追随孔子，亲如父子，"颜回之于孔子也，犹曾参之事父也"（《吕氏春秋·劝学》）。所以，后人把他看作孔子最亲近的弟子。三国魏正始二年（241）春二月，齐王使太常以太牢祭孔子于辟雍，以颜渊配。这是以颜渊配享孔子之始。

第二位进入配享行列的是曾参。曾参，字舆，也是孔子最优秀的学生，与父亲曾点先后师从孔子。曾子是著名的孝子，主张对父母"生，事之以礼；死，葬之以礼、祭之以礼"(《孟子·滕文公上》),唐人皮日休说:"曾参之孝感天地,动鬼神,自汉至隋不过乎。"(《宗圣志》卷七)。曾子又是一位刚毅超群的人,"辱若可避,避之而已。及其不可避,君子视死如归"(《春秋繁露·竹林》),"可以托六尺之孤,可以寄百里之命,临大节而不可夺也"(《论语·泰伯》)等名言都出自曾子之口。所著《大学》为《四书》之一,被誉为"儒学纲领""入德之门"。唐睿宗太极元年(712),释奠以曾参配,是为曾参列入配享之始。

第三位是孟子。孟子受业于子思(即孔子的孙子孔伋)的门人,是继孔子之后,儒学史上最重要的代表人物,被后人尊为仅次于"至圣"孔子的"亚圣"。孟子将孔子的德治思想发展为"仁政"学说,在政治思想史上具有重要意义。孟子还提出了"君轻民贵""性善论"等颇具影响力的观点,他的心性学说,开启了宋明理学的先河。所著《孟子》七篇,在宋代列入"十三经"和"四书",影响至巨。宋神宗元丰七年(1084),孟子开始进入配享行列。

最后一位是子思。子思幼年丧父,故一直与孔子一起生活。成年后曾为鲁穆公师,在学术上很有建树,后人曾将他的二十三篇汇编为《子思子》一书，可惜除《中庸》一篇因被收入《礼记》而得以流传至今外，其余均亡佚于隋唐之际。《中庸》在中国哲学史上居于重要位置，韩愈认为其重要性与《易经》《孟子》等同。程颢、程颐视之为"孔门传授心法"之作。朱熹将其列入"四书"，从此成为士子必读的经典之一。宋度宗咸淳三年（1267），子思开始进入配享行列。

1126年，金人虏徽、钦二帝，北宋亡。高宗南渡，在临安建立南宋朝廷。孔子第四十八代孙孔端友等南迁到衢州，并在当地建孔庙祭祀，成为孔脉的南宗，而留在曲阜孔庙的则称为北宗。宋度宗咸淳三年（1267）春正月戊申，度宗诣太学，谒孔子，行释奠礼，以颜渊、曾参、子思、孟子配享。

四 十二哲

如果说"四配"是祭孔时陪祭的第一等级，那么"十二哲"就是其第二个等级了。据《论语·先进》，孔子曾经用德行、言语、政事、文学四科评定他的学生的优长："德行：颜渊、闵子骞、冉伯牛、仲弓。言语：宰我、子贡。政事：冉有、季路。文学：子游、子夏。"

因此，这十人被公认为是孔子的好学生。开元八年（720），唐玄宗诏令国学祭祀孔子时，以这十人为"十哲"配享。

孔孟之后，儒学最杰出的功臣是朱熹。朱熹，字元晦，号晦庵，祖籍徽州婺源（今江西婺源），生于南剑州（今福建南平）尤溪县。朱熹是程颐三传弟子李侗的学生，于学无所不窥，经史、文学、释道，乃至自然科学，无不精研。在贯通百家的基础上发展了宋代理学，成为理学的集大成者。所撰《四书集注》，水平超绝，是元、明、清三朝科举考试的官定文本，对中国的思想文化产生了巨大的影响。朱熹又是伟大的教育家，一生从事教学活动，并提出了一套富有特色的教育思想。鉴于朱熹对儒学的杰出贡献，康熙五十一年（1712），增补朱熹为第十一哲。

乾隆三年（1738），清人又增补有若为第十二哲。有若的事迹，文献记载很少，后人对他了解不多。但有两件事很值得注意，一是《论语·学而》录有三段有若的言论，而且孔门中唯有有若与曾参两人称"子"。此外，孔子死时，鲁哀公诔之；有若死时，鲁悼公吊之，可见有若在孔门的声望。二是《孟子·滕文公上》记载，子夏、子张、子游等认为有若的言行、气质与孔子相像，打算用侍奉孔子之礼来侍奉他。孔门弟子对于有若的推许，也由此可知。因此，南宋宋度宗咸淳三年（1267），因颜回升为"四配"，拟从孔门弟子中递升一人进入十哲，儒臣多推有若，最后祭酒上疏力诋，只得递升子张入十哲。直到清乾隆三年（1738），有若终于成为第十二哲。

五　先贤、先儒从祀

在孔庙中从祀，但级别又低于四配、十二贤的，称为"先贤""先儒"。

先贤主要指孔门弟子。东汉永平十五年（72），明帝到曲阜祭孔，并祭孔门七十二弟子。此后，习惯将七十二弟子画在孔庙两侧的墙上，但不祭祀。唐开元八年（720），以十哲配祀，其他弟子从祀。南宋理宗时，周敦颐、张载、程颢、程颐、朱熹从祀。今日孔庙所见从祀的先贤共有七十九人，供奉于大成殿两侧东西庑的北端，除孔门弟子，还有与孔子同时代的子产、蘧伯玉，以及上面提到的五位宋代理学大师。

先儒是指在历史上对儒学有杰出贡献的学者。最早推出这一举措的是唐太宗。贞观二十一年（647），太宗下诏，每年太学祭祀时，将左丘明、卜子夏、公羊高、穀梁赤、伏胜、高堂生、戴圣、毛苌、孔安国、刘向、郑众、杜子春、马融、卢植、郑玄、服虔、何休、王肃、王弼、杜预、范宁、贾逵等二十二位为《春秋》《诗》《书》《礼》《易》等作过出色的注释的学者，作为传播儒学的功臣配享，以表彰其传注之功。宋神宗元丰七年（1084），又将荀况、扬雄、韩愈等三位在儒学史上有杰出贡献的学者列入从祀的名单。此后，从祀先儒的名单不断增加，最后达七十七人，供奉于两庑的南端。与四配、十二哲不同的是，从祀的先贤、先儒，都只有牌位，没有塑像。

六　祭祀孔子的文化意义

在历史上，孔子是中国文化的象征。中华文明所及之处，无论南北，都有孔庙的存在。在古代汉文化圈内的朝鲜、日本、越南等地，也无不如此。应该说，释奠礼所要表达的，是对古老的中华文明的敬意，具有鲜明的提倡文教的意义。在古代中国，少数民族建立的政权不在少数，但都奉孔子为正宗，唯其如此，历史上不论政权如何更迭，中华文化始终绵延不绝。这里可以举一个很有典型意义的例子。据《辽史·宗室传》，神册元年（916），辽太祖立长子为皇太子。太祖问周围的侍臣："作为受命之君，应当事天敬神，我想祭祀有大功德者，应该首先祭谁？"侍臣都说应该祭佛。太祖不同意这种建议，说："佛教不是中国之教。"这时皇太子说："孔子大圣，万世所尊，应该首先祭祀。"太祖大悦，决定立即建孔子庙，命皇太子春秋行释奠礼。我们常说，中国文化具有很强的凝聚力。笔者认为构成这一凝聚力的因素很多，但孔子作为中华文化的代表受到广泛的认同，应该说是其中的重要因素之一。

此外，释奠礼是在国学或者州县学等学术机构举行的，因此，释奠礼往往与学术活动相伴随。从文献记载来看，至迟从魏晋时期开始，皇帝、皇太子每通一经，都要行释奠礼。如《晋书·礼志》记载，魏正始二年（241）二月，齐王讲《论语》通，五年五月讲《尚书》通，七年十二月讲《礼记》通，"并使太常释奠，以太牢祀孔子于辟雍"。晋武帝泰始七年（271），皇太子讲《孝经》通；咸宁三年（277），讲《诗》通；太康三年（282），讲《礼记》通。晋惠帝元康三年（293），皇太子讲《论语》通。东晋元帝太兴二年（319），皇太子讲《论语》通。凡此，太子都"亲释奠，以太牢祠孔子"。东晋咸康元年（335），成帝讲《诗》通。升平元年（357），穆帝讲《孝经》通。宁康三年（375）七月，孝武帝讲《孝经》通。"并释奠如故事。"类似的记载，史不绝书。

美国旧金山祭孔场景

学者为帝王讲论儒家经籍，也每每安排在孔庙。例如《隋书·礼仪志》记载，后齐为皇帝讲经，先在孔庙选定经书，并确定讲经的人选。讲经之日天明之时，皇帝戴通天冠，穿玄纱袍，乘象辂来到国子学，在庙堂上听讲。讲毕，行释奠礼。又如，《旧唐书·礼仪志》记

曲阜祭孔仪式

载，贞观十四年（640）二月丁丑，太宗亲临国子学，观看释奠礼，然后由祭酒孔颖达为之讲《孝经》。类似的记载，不胜枚举。各地州县学的情况，大抵也是如此。

孔庙中的受祭者，包括了历代学术精英，奉祭者所看到的，实际上是一部浓缩了的中国学术史；此外还包括像诸葛亮、韩琦、李纲、文天祥、陆秀夫、黄宗羲、王夫之、顾炎武等有名节、卓行者，站在这群中国历史上最杰出的名人面前，不能不在多方面受到激励和教育。这是它的正面意义之所在。为了证明这一观点，我们不妨再举一个少数民族帝王的例子。据《金史·熙宗本纪》，皇统元年（1141）二月戊午，金熙宗到孔庙行再拜之礼。礼毕，他无限感慨地对侍臣说："朕幼年游佚，不知志学。岁月逾迈，深以为悔。孔子虽无位，其道可尊，使万世景仰。"由于在孔庙受到激励，熙宗幡然改过，从此刻苦学习《尚书》《论语》，及五代、辽史等书，"或以夜继焉"。

七　释奠礼在今日韩国

在历史上，朝鲜半岛是除中国本土之外，儒家化最为彻底的地区。时至今日，儒家思想在韩国的影响，依然随处可见，其中最具象征意义的是成均馆的释奠礼。

"成均"一词，出自《周礼·春官·大宗伯》，后人多用它泛指国立学校。成均馆是朝鲜的国学，至今有六百多年历史。中国的官立学校包括国学（太学）和州学、县学。从格局上来说，它们一般包括庙和学两部分，庙是祭祀孔子之处，学是读书之处。今日韩国的南北各道，尚有三百多所古代儒林留存的"乡校"，每校也都有庙和学两部分。成均馆的格局与北京国子监略有不同，国子监是左庙右学；成均馆则是前庙后学，前庙称"大成殿"，后学称"明伦堂"，当年明朝使节朱之藩所书的明伦堂匾额，一直保留至今。明伦堂前面为广场，两侧为养贤斋，乃当年学生的居室。

成均馆的释奠礼仪，完全遵从古代中国的习惯。由于全国从上到下许多地方都要祭孔，时间上必须错开。故规定成均馆用上丁日，各道用中丁日，乡校用下丁日。成均馆的释奠，每年春、秋仲月的上丁日准时举行，是对人文之祖的膜拜，故不售门票，欢迎参观，成为首尔著名的文化景观之一。成均馆释奠用八佾舞，乐舞生由礼仪学校的学生担任，他们手持籥翟，在钟磬之声中翩翩起舞。前往的外国游客甚众，竞相摄像或拍照，表现出对东方儒家文化的极大兴趣。特别需要指出的是，成均馆祭孔的仪式，包括服装、乐曲、礼器等，都是明朝时传去的，至今没有变化。祭孔的乐曲，朝鲜王朝曾经加以记录，故保存至今。经过明、清的变故，北京、曲阜两地孔庙的祭孔服装是清朝的式样。

中国古代的国学，除春、秋仲月例行的释奠礼，还有朔日行礼。从后齐开始，每月朔日，国子祭酒要带领博士以下及国子诸学生以上，太学四门博士、升堂助教以下，太学诸生，到大成殿的阶下"拜孔揖颜"。成均馆则是以每月朔日为焚香日，此日还邀请学者前往讲论《四书》《孝经》等，用焚香和读书来纪念孔子。

各地乡校的祭孔典礼，规模虽然要比成均馆小得多，但却是一丝不苟。参加仪式的人，都自豪地称自己是"儒林"中人，每人都有专门的祭服，称为"儒巾服"，据说也是从明朝传去的。祭祀中的各项仪式，从初献、亚献、三献，到监礼、司香、司巾，等等，都各有专司，并写在长长的纸上，公之于众。

令人汗颜的是，韩国祭孔，仍沿用古代的名称"释奠礼"；而中国称为"祭孔表演"，"释奠"一词即使在北京和山东也很少有人知道。

香港以孔子的生日作为教师节，虽然没有释奠的仪式，但表达了广大教师对中国的第一位教师、堪称万世师表的孔子的敬意，值得称道。

21

二一

诗礼传家：家礼

吉林农村一户农民的家谱

儒家将修身、齐家作为治国、平天下的基础，家治则国治。《大学》云："欲治其国者，先齐其家；欲齐其家者，先修其身"；"身修而后家齐，家齐而后国治，国治而后天下平。"《孟子·离娄上》说："天下之本在国，国之本在家，家之本在身。"而修身、齐家的工具就是礼。

一　不学礼，无以立

旧时书香人家的大门上，往往写有"诗礼传家"四字，以标榜门风。诗礼传家，源于《论语·季氏》，陈亢问孔子的儿子孔鲤："你是老师的儿子，一定得到过特殊的传授吧?"孔鲤回答说："父亲对我的教育，其实同大家都一样。如果一定要说有单独的传授，那只有两次。有一天，他老人家独自站在庭中，我从他面前走过。他问我：'学诗了吗？'我回答说：'没有。'他说：'不学习诗，就不会说出有文采的话。'于是我开始学习诗。不久，他又站在庭中，我又从他面前走过，他问我：'学礼了吗？'我说：'没有。'他说：'不学礼，就不能在社会上立足。'于是，我又开始学礼。我独自听到父亲的教导，就这两次。"陈亢听后高兴地说："我问了一件事，却得到了三件事，我知道了诗、礼的用处，知道了君子要求孩子继承的家风是诗和礼。"孔子所说的诗，是指我国最早的诗歌总集《诗经》，里面收录的三百多首诗歌，思想纯正，情感真挚，富于文学色彩，古代有学问的人说话，每每引用其中的诗句来表达自己的思想。要想立足于社会，光是说话有文采还不够，还必须懂得什么事可以做、什么事不可以做，怎样约束自己的言行，怎样尊重他人，这种符合道德要求的行为规范就是礼。

由于孔子的提倡，历代文人学士都将诗和礼作为立身、传家之宝，一般民众也把"知书达礼"作为有知识、有教养的标准而希望子女不断努力。

二 《礼记》所见的先秦家庭礼仪

　　家庭是教育子女的第一课堂，也是实践人伦之序的重要场所。儒家将纷繁的社会关系归纳为君臣、父子、夫妇、兄弟、朋友五类，称为"五伦"。五伦和顺，社会才能安定。春秋时期卫国的名臣石碏说："君义、臣行、父慈、子孝、兄爱、弟敬，所谓六顺也。"家庭伦常的和顺，是通过礼来实现的。因文献阙如，先秦时期家庭礼仪教育的全貌已经不可得知，但由《礼记》的《曲礼》《内则》《少仪》等篇，尚可得其梗概。

　　《曲礼》一篇的得名，孙希旦认为是所记多为礼文之细微曲折，而尤详于言语、饮食、洒扫、应对、进退之法，故名。《内则》篇的主旨，郑玄说是"男女居室事父母、舅姑之法"，是闺门中侍奉父母、公婆（古称公公婆婆为舅姑）的仪轨；此外，还有如何教育子女等内容。《少仪》所记以少者事长的仪节为主，内容与《曲礼》《内则》相类。

　　《曲礼》对于子女言行的规定非常具体、细致，如子女外出，要做到"出必告，反必面"，行前要把去向告诉父母，回家后一定要先面见父母，以免让父母牵挂；又如孩子的仪态，要求"幼子常视毋诳，童子不衣裘裳。立必正方，不倾听。长者与之提携，则两手奉长者之手"，视线不可狂傲向天，不要穿皮衣。站立时要方正，不侧身歪头听人说话，如果长者拉着自己的手，则一定要用双手捧持长者之手，以示亲密和尊敬；又如跟随先生外出，"不越路而与人言。遭先生于道，趋而进，正立拱手"，不可隔着马路大声与熟人打招呼，如果在路上遇见先生，要快步上前，正立拱手地见过先生。如此等等，《曲礼》中比比皆是。

但是，《曲礼》并非只有细微曲折的琐碎仪节，还提出许多宏观的理念和精神境界的要求，如卷首的"毋不敬，俨若思，安定辞"一语，实际上是提示全卷的思想性，强调一切礼仪必须出于诚敬。又如"敖不可长，欲不可从，志不可满，乐不可极"，则是说行礼者的思想修养。又如"夫礼者，自卑而尊人。虽负贩者，必有尊也，而况富贵乎？富贵而知好礼，则不骄不淫；贫贱而知好礼，则志不慑"，以"自卑而尊人"作为礼的原则，并提出了即使是负贩者也必定有尊严的命题。可见，儒家非常注重礼仪教育的思想高度，着意提升行礼者的内在德性。

孝顺父母，不能只挂在嘴边，而是要见诸具体行动。《内则》对此有一系列的要求，如"子事父母，鸡初鸣，咸盥漱……妇事舅姑，如事父母：鸡初鸣，咸盥漱……以适父母舅姑之所。及所，下气怡声，问衣燠寒，疾痛苛痒，而敬抑搔之。出入，则或先或后，而敬扶持之。进盥，少者奉盘，长者奉水，请沃盥，盥卒授巾。问所欲而敬进之，柔色以温之"。意思是说，做子女的，每天天刚亮就应该起床，打扫室内和庭院的卫生，然后洗涮、穿戴整齐，到父母的房门前，和声细气地询问父母晚上休息得好不好。如果休息得不好，应该找出原因，及时想办法解决。如果父母身上有痛痒之处，则要帮助抓搔，让他们感到舒服。

古代聚族而居，人口众多，若男女之间没有一定限制，很可能会出现乱伦之事，故儒家不得不设为"男女之大防"。《内则》对此有具体条文，如"外内不共井，不共湢浴，不通寝席，不通乞假，男女不通衣裳，内言不出，外言不入"，意思是男女不使用同一口水井，不使用同一间浴室，不使用同一张寝席，不相互借还物品，不相互混穿衣裳，闺门内的话不传出门外，外面的议论不带进闺门，等等。

此外，还有许多在礼仪场合的专门用语，如《曲礼》云："天子死曰崩，诸侯曰薨，大夫曰卒，士曰不禄，庶人曰死。"由于"死"是很忌讳的字眼，对于尊者是不能使用的，所以，天子死要说"崩"，诸侯死要说"薨"，大夫死要说"卒"，士死要说"不禄"，只有庶人才用"死"字。类似的规定很多，都是必须熟悉的常识。

再如在礼仪场合执持物品，一定要显示出内心敬重的不同程度，《曲礼》说："凡奉者当心，提者当带。执天子之器则上衡，国君则平衡，大夫则绥之，士则提之。"凡捧持物品，双手的高度要与心齐平；如果是提拎物品，则手的高度要与腰带齐平。如果是捧持天子的器物，则手的高度要高于胸口；如果是国君的器物，双手与胸口齐平；如果是大夫的器物，则双手低于胸口；如果是士，单手提着就可以了。如果不了解这些常识，就必然会有失礼的举止，从而贻笑于公众。

如此等等，不惮繁举。由于《礼记》是中国古代士人必读的著作，播迁极广，所以，《曲礼》等篇的内容作为礼仪常识流传千年，形成了我国民间的礼仪传统，对于国民素质的养成和提高，有十分深远和广泛的影响。

三 《颜氏家训》

颜之推，字介，琅邪临沂人，《北齐书·文苑传》说颜门"世善《周官》《左氏》"，颜之推"聪颖机悟，博识有才辨"。颜真卿《颜氏家庙碑》说颜之推官至北齐黄门侍郎、待诏文林馆、平原太守、隋东宫学士。颜氏的生卒年不详，据钱大昕考证，生于梁中大通三年辛亥（531），卒于隋开皇中（《疑年录》卷一）。

颜之推身逢末流之世、国家分裂、兵燹不断，常年漂泊，饱经忧患，目睹了太多大起大落的人物和事件，可谓阅尽人间沧桑。自己家族的子弟多生于戎马之间，没有机会系统地接受教育。教导他们如何在此乱离之世安身立命、保持节操，成为晚年的颜之推最关心的问题。他以长辈的身份，将自己对人生的理解，以及如何治家、如何为人、如何为学等，结合古今史事，娓娓道来，著为七卷、二十篇，这就是著名的《颜氏家训》。

卷一开首为"序致"篇，讲述撰作此书的缘起和主旨。颜氏将自己一生的成就，归结于幼年所受的教育，"吾家风教，素为整密"，家庭礼仪教育非常系统，"晓夕温清，规行矩步，安辞定色，锵锵翼翼，若朝严君焉"。颜氏认为，《大戴礼记·保傅》所记古代帝王的教育方法是非常正确的，从帝后开始怀孕，就行胎教之法，"音声滋味，以礼节之"，使之有好的禀性；及至孩提时代，师保又用"孝仁礼义，导习之矣"；稍长，则教以分辨是非，"使为则为，使止则止"。孔子说"少成若天性，习惯若自然"，正是看到了从小培养孩子的良好品性对于人生之路的极端重要性。颜氏说，他撰此书的主旨正是为了"整齐门内，提撕子孙"，为颜氏家族垂范立训。

颜氏注重对子女的教育："上智不教而成，下愚虽教无益，中庸之人，不教不知也。"对子女教育的责任在于父母。颜氏十分赞赏儒家的教育方法，"吾观礼经，圣人之教，箕帚匕箸、咳唾唯诺、执烛沃盥，皆有节文，亦为至矣"，认为古人对每一个仪节都经过精心设计，都赋予了深刻的含意，是非常成功的经验。但颜氏又指出，礼仪必须与时俱变，因此，他加入了某些新的礼仪知识，并在教子、兄弟、后娶、治家、风操、慕贤等篇中，比较全面地阐述了如何教育子女的问题，今日读之，依然富于启迪。

除家礼教育，《颜氏家训》还有许多知识性的篇章，如卷六为"书证",论考据之学;卷七为"音辞",论声韵之学。当是颜氏自己在这些领域的学术总结,希望传之子孙。此外还有书法、绘画、天算、医方、琴瑟、投壶等方面的内容。最末一篇为"终制",犹今之遗嘱,要求子女为之简葬,只用松棺二寸,不用明器,等等,以此为子孙作则。

《颜氏家训》是我国教育史上的里程碑之一,历来受到学者的好评,陈振孙《直斋书录解题》誉之为"古今家训,以此为祖";王钺《读书丛残》称赞它"篇篇药石,言言龟鉴,凡为人子弟者,可家置一册,奉为明训",影响之大,由此可见一斑。

四 司马光的《书仪》与《家范》

从南北朝到隋唐,知识界都比较重视家庭的礼仪规范,表现之一,就是私家仪注大量出现。这些仪注中,除书信格式,每每有家庭礼仪程式。《新唐书·穆宁传》提到穆宁"居家严,事寡姊甚恭,尝撰《家令》,训诸子,人一通"。但这一时期的仪注,内容都比较简略,大多属于个人行为。到了宋代,家庭礼仪开始向社会行为的方向发展。

与"独尊儒术"的两汉相比，唐、宋两代最大的特点是儒、佛、道三教并立。三教中，佛教最盛，它有寺庙作为固定的传教场所，有彼岸世界可以吸引信徒，其理论则是玄妙虚远。桑门荼毗之法、道士风水之说，风靡一时，乡俗民风，多被其化，儒家文化受到极大冲击。长此以往，中国本位文化就有被外来文化替代的危险。为了捍卫本位文化，一些有识之士一方面深入发掘儒家文化，将它发展为一种缜密的理论体系——理学，以与佛教理论抗衡；另一方面提倡儒家礼仪，使之能在社会层面上传承。

宋代最早制定私家礼仪规范的学者有程颢、程颐和张载等，他们在家庭中实施古代的儒家礼仪，以表明自己的文化立场，可惜其仪轨都不成体系，也没有成书。最早编撰成书的家庭礼仪，是司马光的《书仪》和《家范》。

司马光《书仪》的最大贡献在于，对烦琐的古代礼仪进行了大刀阔斧的删减。儒家的礼经，文古义奥，连古文大家韩愈都说"难读"，而且仪节繁缛，自古有"累世不能通其学，当年不能究其礼"（《庄子·天下》）

之叹。如果要兴复古礼，就必须简化其节文。司马光以《仪礼》为本，芟芜存要，从中选择冠、婚、丧、祭四礼作为家庭基本礼仪，同时参酌宋代习俗。既能存古礼之大要，又能与时俱变，极有识见，后世家礼的格局无不仿此。又将公私文书的格式和礼仪用语制为范式，极便日用。《四库提要》誉之为"礼家之典型"，诚为不刊之论。

如果说《书仪》十卷重在家庭礼仪的程式，则《家范》十卷重在治家思想，卷一引《周易》《大学》《孝经》等文献，论述圣人之治，以"家行隆美"为尚，总述治家之要。卷二为祖，卷三为父母，卷四、卷五为子，卷六为女、孙、伯叔父、侄，卷七为兄弟、姑姊妹、夫，卷八、九为妻，卷十为舅甥、舅姑；等等。行文与《颜氏家训》相仿佛，谈古论今，并广引《曲礼》《内则》仪节，以及经史所载圣贤修身齐家之语，夹叙夹议，以"轨物范世""遗泽后世"。

司马光将建立和谐的伦常关系看作治国的不二法门，而礼是最好的工具。他说："君令而不违，臣共而不贰，父慈而敬，子孝而箴，兄爱而友，弟敬而顺，夫和而义，妻柔而正，姑慈而从，妇听而婉，礼之善物也。

治家莫如礼。"

司马光认为，处理伦常关系的核心，是要"以义方训其子，以礼法齐其家"，他批评许多做长辈的只考虑子孙的营生，千方百计从物质上加以满足，"今之为后世谋者，不过广营生计以遗之。田畴连阡陌，邸肆跨坊曲，粟麦盈囷仓，金帛充箧笥。慊慊然求之犹未足，施施然自以为子子孙孙累世用之莫能尽也"，"然则向之所以利后世者，适足以长子孙之恶，而为身祸也"，"子孙自幼及长，惟知有利，不知有义故也"。

司马光反复谈到父母如何爱子女的问题："爱子，教之以义方，弗纳于邪。骄奢淫佚，所自邪也。四者之来，宠禄过也。""古人有言曰：慈母败子。爱而不教，使沦于不肖，陷于大恶，入于刑辟，归于乱亡，非他人败之也，母败之也。"这些问题，颜之推大多已经涉及，而司马光的论述又更深一层，读者不妨取来一阅。

五　朱子《家礼》

朱熹是宋代理学的集大成者，是孔子之后最杰出的学者。朱熹之学博大精深，几乎无所不窥，但晚年好礼，认为礼是天理之节文，人事之仪则，每每与弟子讨论家乡、侯国、王朝之礼，希冀兴复三代之坠典，大有将礼学作为毕生学术的归宿之意。他从六十一岁起，开始编撰《仪礼经传通解》，希望将古今礼制打通，重新打造一个百代不废的典制。这一工作朱熹至死不辍。

朱熹认为，社会风气的不振，关键在于礼之不行，"士大夫幼而未尝习于身，是以长而无以行于家。长而无以行于家，是以进而无以议于朝廷、施于郡县；退而无以教于闾里，传之子孙，而莫或知其职之不修也"。朱熹对司马光的《书仪》非常赞赏，但又有些许不满。儒家之礼自古为贵族之礼，是所谓"礼不下庶人"。《大唐开元礼》《政和五礼新仪》皆皇皇礼典，但多为皇族、品官之礼，庶民不得僭用。对于宋代庶民接受礼的知识水平和经济能力，司马光似乎没有清醒的估计，因此，他的《书仪》虽经删削，但节文依然比较复杂，堂室之广、仪物之盛，令人"未见习行而已有望风退怯之意"。因此，《书仪》尽管刊印流传，但"徒为箧笥之藏，未有能举而行之者也"，难以通行于寻常百姓家。所以，朱熹打算在司马光《书仪》的基础上，参考诸家之说，裁订增损，"使览之者得提其要以及其详，而不惮其难行之者。虽贫且贱，亦得以具其大节，略其繁文，而不失其本意也"（《跋三家礼范》）。朱熹在《仪礼经传通解》中设了"家礼"一门，打算撰写一部可以下于庶人的家庭礼仪。朱熹丁母忧时，曾潜心研究丧礼，并有所著述。但是，朱熹关于家礼的书稿被小孩偷走，不知去向。

朱熹死后，突然出现了一部题为《家礼》的著作，共五卷，卷一为"通礼"，说祠堂、深衣之制，后附《司马氏居家杂仪》。卷二为"冠礼"。卷三为"昏礼"。卷四为"丧礼"。卷五为"祭礼"。另有"附录"一卷。这部《家礼》以《书仪》为底本，再加删削，又离析仪文，分别节次，文字简洁，大纲明了。如冠礼仅存告于祠堂、戒宾、宿宾、陈冠服、三加、醮、字冠者、见尊长、礼宾等大节目，礼文仅一百五十字。婚礼，《书仪》本诸《仪礼》，犹存六礼的节目，《家礼》唯纳采、纳币、亲迎等三个仪节。丧礼，《书仪》简至三十七节，《家礼》再削为二十一节。朱熹的弟子黄干认为，此就是被孩童窃走的那部《家礼》，并予以高度评价。他为该书作了序，称赞此书"务从本实"，"切于人伦日用之常""见之明，信之笃，守之固，礼教之行，庶乎有望矣"。从此，社会上每每称此书为《朱子家礼》。

《家礼》一反古代礼书的烦琐面貌，简便易行，因而备受欢迎，不断被翻刻印行。为之作注的有杨复的《家礼附注》、刘垓孙的《家礼增注》、刘璋的《家礼补注》、邱濬的《家礼仪节》等。此外还有各种插图本、汇辑本，如元代的《纂图集注文公家礼》，明代的《文公先生家礼》，等等。明朝政府曾将《家礼》编入《性理大全》，与《六经四书集注》并颁之天下，为后世学者所讲说尊尚。

到了清代，有一位名叫王懋竑的学者对《家礼》的作者问题提出质疑，他先后撰写了《家礼考》《家礼后考》《家礼考误》等文章，极论《家礼》非朱子之书，得到了包括四库馆臣在内的许多学者的首肯。需要特别指出的是，王懋竑一生崇拜朱熹，对朱熹的学术相当精熟，绝非处处与朱熹立异的人物。王懋竑认定，在传世的朱子著作中，只有《家礼》及《易本义九图》绝非朱子手泽。《家礼》的作者究竟是谁，学术界至今仍有争议，无法确指。

六 《家礼》在朝鲜

《家礼》东传到朝鲜半岛，是在高丽末期。当时有一位叫安珦的高丽学者，曾两度出使元朝，到中国购求祭器、乐器、六经、诸子、史书等。安珦十分景慕朱熹，家里悬挂着朱熹的画像；因朱熹号晦庵，他自号"晦轩"。安珦在燕京看到了新刊刻的朱熹著作，知其为孔门正脉，遂逐一抄录，带回国内传播，《家礼》就是其中的一种。

高丽末期，盛行了数百年之久的佛教渐入衰境，奸僧与滑吏沆瀣一气，操纵国政，兼并土地，出现了严重的社会危机。《家礼》传入朝鲜半岛后，为学者普遍推崇，他们身为天下先，希冀以此转移社会风俗。侍中郑梦周遭父丧，不用佛门丧礼，而是在庐墓之侧立家庙，依《家礼》行丧祭之礼，继而上疏，请在全国推行《家礼》。朝鲜时代初，士林争相仿效郑梦周立庙祭祀。太宗初，命平壤府印刷《朱文公家礼》一百五十部，颁赐各司。其后不断被翻刻印行，在民间广为流传。由于政府的提倡、士林的拥护，以及朱熹在朝鲜的崇高声望，《家礼》被誉为"垂世大典""万世通行之制"。

研究《家礼》的论著相当之多，以至形成了《家礼》热。李德弘的《家礼注解》、宋翼弼的《家礼注说》、曹好益的《家礼考证》、金长生的《家礼辑览》、金榦的《答问礼疑》、俞棨的《家礼源流》、李喜朝的《家礼札疑》、柳长源的《常变通考》、金隆的《家礼讲录》、裴龙吉的《家礼考义》等，都是很有影响的作品。

为了使《家礼》平民化，一些学者撰作了便于士庶切用的手本，金长生的《丧礼备要》是其中最享盛誉的一种，"继《家礼》而言礼者，在我东（作者注：朝鲜半岛在中国之东，故古代朝鲜人每每以"我东"自称）唯《丧礼备要》为最切，今士大夫皆遵之"。《丧礼备要》仅主于丧、祭，李绰乃以《家礼》为纲，而仿《丧礼备要》体例，又增加冠、婚二礼，题为《四礼便览》，也在民间广为流传。

朝鲜半岛本无文字，书面语言完全借用汉字表达。但除士大夫之外，一般民众都不通汉字。于是，世宗大王创制了一种简单明快的拼音文字，称为"谚文"。为了帮助不识汉字的朝鲜庶民，而有了宗英鸾、寿文叟的《丧礼谚解》和申湜的《家礼谚解》等，用俚语谚文解释《家礼》。

朝鲜虽然与中国毗连，但风俗相去甚远，及至高丽朝，随着佛教习俗的兴起，其风俗更是驳杂不一。《家礼》东传之后，成为朝鲜社会公认的仪轨，柳云龙《家戒》说："文公《家礼》，固是吾东士夫所共遵行。"李退溪、李栗谷等著名学者还仿照《家礼》制定自家的礼仪规范，士林纷纷响应，蔚成一代风气。朝鲜学者以几个世纪的时间，坚持不懈地躬行实践，使朝鲜半岛儒风广被，《家礼》深深根植于社会。诚如朝鲜学者李植所说："礼乐之兴，实自我朝百余年间。大儒继出，遗文毕集，而后衿绅彬彬，乐节相益，习俗为之丕变。今虽兵戈创残，委巷治丧之家犹秉朱礼。鲁无君子，斯焉取斯。"（《疑礼问解跋》）

《家礼》的推行，从根本上改变了朝鲜的文化面貌，并深刻地影响着朝鲜社会的文化走向，显示了儒家文化移风易俗的伟大力量。

22

不见面的礼仪：书信

清代精美信笺

在日常生活中，古人以"自谦而敬人"为原则，因而要借助于各种礼仪来体现。当人们由于种种原因不能见面，只能将情感诉诸笔墨、托诸邮驿时，礼仪依然不可或缺，字里行间，揖让进退之态不仅依然可见，而且显得更为温文尔雅、彬彬有礼，从而形成了富有中国特色的书信文化。

一　书信格式

我国的书信史源远流长，战国时期乐毅的《报燕惠王书》、鲁仲连的《遗燕将书》、李斯的《谏逐客书》等，都是传诵千古的名篇。但先秦两汉人写信，形式比较随便。至迟到魏晋时期，开始有人撰作"书仪"，就是各类书信的格式，以供他人写信时套用。这类文字在魏晋到隋唐之际非常流行，据《隋书·经籍志》记载，谢元撰有《内外书仪》四卷，蔡超撰有《书仪》二卷。《崇文总目》称王宏、王俭、唐瑾，以及唐裴茝、郑余庆、宋杜有、刘岳尚等都有《书仪》传世。此外还有专供夫人、僧侣使用的《妇人书仪》《僧家书仪》等。有学者在敦煌文献中发现了上百件"书仪"类文书，比较著名的有郑余庆书仪、杜友晋书仪等。迄今所知最早的书信格式，是晋代书法家索靖书写的《月仪》。

我国的书信文化经过历代的传承和发展，大体形成了为社会广泛认同的书信格式，一封通常意义上的书信，至少要包含以下几个部分：称谓语、提称语、思慕语、正文、祝愿语、署名。由于收信人年龄、身份的不同，写信时所使用的称谓语、提称语、思慕语、祝愿语等也都有相应的区别，弄错了就会贻笑大方，就是失礼。这套语言相当复杂，本文只能略述其梗概。

二 敬称

首先我们要谈到书信中必须使用的敬称和谦称，这是中国书信文化最基本的常识，它所要体现的，则是君子"自谦而敬人"的理念。

敬称是对他人表示尊敬的称呼。敬称的方式很多，比较常见的方法之一，是将古代爵称等转换成敬称。例如"君"，原指天子或者君王，《诗经·大雅·假乐》"宜君宜王"，此处的君就是指诸侯。后来，"君"转化为比较宽泛的敬称：称父亲为家君，称已故的祖先为先君，称丈夫为夫君，等等。也可以用作对他人的尊称，《史记·申屠嘉列传》："上曰：君勿言，吾私之。"时至今日，君作为尊称的用法在日语中依然保留着。

古代天子有三公、九卿，公、卿也都被用作敬称。如果对方德高望重，可以在他的姓之后加"公"字，称为"某公"，当今中国的知识界还有这种用法。"卿"用作尊称，先秦就已出现，如荀况（荀子），时人尊称"荀卿"就是大家最熟知的例子。此外，"侯"字原本是指诸侯，《梁书·吉翂传》"主上知尊侯无罪"，此处的"尊侯"是指对方的父亲，这一用法在书信语言中还时有所见。

称呼对方配偶也有相似的做法。古代天子的配偶称"后"，诸侯的配偶称"夫人"，大夫的配偶称"孺人"，士的配偶称"妇人"，庶人的配偶称"妻"。时下，人们常常把对方的配偶称为"夫人"，也是从古代沿袭而来的敬称。此外，"公子"原本指诸侯的庶子，后也用于尊称对方的儿子，而将对方的女儿称为"女公子"。

称呼他人的亲戚，一般在称谓前加"令"字，如令尊大人、令堂大人、令伯、令叔、令兄、令弟、令妹等。对于他人的孩子也是如此，称对方的儿子为令郎或令息，女儿为令爱或令媛。也可以在称谓前加"贤"字，如贤伉俪（夫妇）、贤乔梓（父子）、贤弟等。

旧式书信还往往用"台"字来表示尊敬，如台启、台端、台甫、台安等。书信中的台，是三台的简称，三台是天上的三颗星，古人用来指三公，故也用来当作尊称。古代"台"与"臺"是两个字，后来将"臺"简化成"台"，致使许多人误以为是一个字，其实不然。所以，给港台等通行繁体字地区的友人写信，千万不能将台甫写成臺甫，那样就会贻笑大方。

古人行冠礼之后都要取表字，或者还要取雅号。名只有父亲和国君才能叫，所以《仪礼·士冠礼》说："冠而字之，敬其名也。"直呼其名被视为不礼貌的表现。目前，进入近代以来，一般人已经很少再取表字或雅号，但在文人圈中依然有之，因此，在与他们通信之前最好先了解一下，以免唐突。

此外，与敬称相呼应，书信中凡涉及对方的事物都要用敬语，如对方的住宅，要称府、邸，或者称潭府。潭是深的意思，潭府，意犹深宅大府，是对对方住宅的美称，故信末又往往用"潭安"来表示阖府皆安的祝愿。如果对方有所馈赠，感谢时可称厚赐、厚赠、厚贶等，以表示看重这份情谊。对不同的事物要用不同的美称，如果是对方来信，可以称大函、大翰、惠示、大示、手示、大教；如果是诗文著述，则可称华章、瑶章；如果是宴请，则要称盛宴、赐宴；等等。

书信中一般不要出现你、我、他之类的代词，这也是简慢或者缺乏文采的表现，凡是遇到类似的地方，应该酌情处理。如提及对方时，可以用阁下、仁兄、先生等代替；提及自己时，可以用在下、小弟、晚等代替；提及第三方时，一般可以用"彼"或者"渠"表示，渠当第三人称用，始见于《三国志·吴志·赵达传》："女婿昨来，必是渠所窃。"

三　谦称

谦称是与敬称相对的称谓，一般用于自己或者自己一方。对他人用敬称，对自己用谦称，是中国人的传统。从先秦文献可以知道，当时的贵族都有特定的谦称，如《老子》说："王侯自称孤、寡、不穀。""孤"和"寡"都是少的意思，王侯称孤道寡，是谦称自己德行浅少；"穀"是善的意思，不穀犹言不善。《礼记·曲礼》说，诸侯的夫人在天子面前自称"老妇"，在别国诸侯面前自称"寡小君"，在丈夫面前自称"小童"。

古人每每用"臣妾"作为谦称。古代有"男曰臣，女曰妾"之语，"臣妾"的本义，犹后世言奴才。司马迁在他的《报任安书》中自称"仆""牛马走"。仆也是奴仆的意思，日本人至今还用"仆"作为第一人称的谦称。"牛马走"意思是像牛马一样供驱使奔走的人。与此相类似的用法，是谦称自己的儿子为犬子、贱息等。

对自己的父母固然要敬重，但在向他人提及自己的家人时，就不能用敬称，而要用谦称，一般是在称谓之前加一"家"字，如称自己的父亲为家父，或者家君、家严；称自己的母亲为家母，或者家慈。如果父母已经去世，则对人要称"先父""先大人""先母"。同样，对他人称呼自家的其他亲戚，也都要加一"家"字，如家伯、家伯母；家叔、家叔母；家兄、家嫂；对比自己年龄小的，则可以称"舍弟""舍妹"；等等。自称或者用"愚"字，如愚弟。

对他人称呼自己的妻子，一定要用谦称，如"内人""内子""拙荆"；或者用平称"爱人""太太"。常常听到有人向对方介绍自己的妻子时说："这是我夫人。"这是非常失礼的说法，如前所说，诸侯的配偶才能称为"夫人"。普通人相交，称对方配偶为"夫人"，略有恭维的意思。称自己的配偶为"夫人"，就显得自大，或者是无知。

如果向对方有所馈赠，则要用谦语，如菲仪、芹献、寸志等，意思是说自己的东西微薄、不值钱，不过是借以表示小小的心意。希望对方收下礼物，则要说恳请笑纳、敬请哂纳等，意思是让对方见笑了。

四　提称语

书信一定要用称谓，首先要分清是父母、尊长，还是老师、朋友。称谓之后，一般要缀以对应的词语来表达敬意，例如前面提到的台端、台甫等，这类词语称为提称语。

提称语与称谓有对应的关系，其中有些可以通用，但大部分都有特定的使用对象。其中比较常用的有：

用于父母：膝下、膝前、尊前、道鉴

用于长辈：几前、尊前、尊鉴、赐鉴、尊右、道鉴

用于师长：函丈、坛席、讲座、尊鉴、道席、撰席、史席

用于平辈：足下、阁下、台鉴、大鉴、惠鉴

用于同学：砚右、文几、台鉴

用于晚辈：如晤、如面、如握、青览

用于女性：慧鉴、妆鉴、芳鉴、淑览

给父母写信，"膝下"一词用得最多，源于《孝经》："故亲生之膝下，以养父母日严。"是说人幼年时，时时依于父母膝旁，后来转为对父母的尊称。

"函丈"源于《礼记·曲礼》，向尊长请教时，要"席间函丈"，意思是说，彼此的席位之间要空出一丈左右的地方，以便尊长有所指画。故用作对老师的尊称。

提称语可以几个词叠加使用，如毛泽东致其师符定一（字澄宇）称"澄宇先生夫子道席"，以见尊敬之意。

五　思慕语

书信的功能之一是沟通彼此的情感，因此，在提称语之后不直接进入正文，而是要用简练的文句述说对对方的思念或者仰慕之情，这类文句称为思慕语。

思慕语中使用最多的，是从时令、气候切入来倾吐思念之情。敦煌文书中有一件《十二月相辩文》，列举每月不同的气候状况下可供选用的词语，如正月初春可以说："孟春犹寒，分心两处，相忆缠怀。思念往还，恨无交密。"二月仲春可以说："仲春渐暄，离心抱恨，慰意无由，结友缠怀，恒生恋想"。由于有了意境的描述，读之令人备感亲切。

后世书信的思慕语相当丰富，不胜枚举，比较常用的如：

> 云天在望，心切依驰。
>
> 相思之切，与日俱增。
>
> 望风怀想，时切依依。
>
> 仰望山斗，向往尤深。
>
> 风雨晦明，时殷企念。

> 寒灯夜雨，殊切依驰。
>
> 瘦影当窗，怀人倍切。

还有一类思慕语是从回忆上次见面的时间及其思念切入的，如：

> 不睹芝仪，瞬又半载。
>
> 自违芳仪，荏苒数月。
>
> 久违大教，想起居佳胜，定符私祈。
>
> 久疏问候，伏念　宝眷平安，阖府康旺。

思慕语十分丰富，读者可以在阅读书信范文时留心摘录，以供自己习用。最好是提高其文学素养，用自己的语言来描述真实的情感。

六　书信中的平和阙

我们先来看一封儿子致父母的家信：

> 父母亲大人膝下，谨禀者：男离家后，一路顺

利，平安抵达学校，可纾

麈念。惟思

双亲年齿渐高，男在千里之外，有缺孺子之职。伏望

训令弟妹，俾知料理家务，或有以补乃兄之过。王阿姨家已去看望过，家中老幼平安，嘱笔问好。专此谨禀，恭请

福安。男某某谨禀某月某日

信的开头"父母亲大人膝下"顶格书写，下文大多没有写到头就另起一行再写，这是什么意思呢？原来，古人但凡在书信正文中提及自己的父母祖先，以及他们的行为时，在书写方式上一定要有所变化，以表示尊敬。书信的第一行要顶格，高出下面的叙述性文字一格，称为"双抬"。正文中凡是提及高祖、曾祖、祖、双亲等字样，或者慈颜、尊体、起居、桑梓、坟垄等与之相关的字样时，可以有两种处理方法：一种叫"平抬"，就是另起一行，与上一行的开头齐平着再书写；另一种叫"挪抬"，就是空两格或一格书写。在上面所列举的这封信件中，凡涉及父母亲的词语如麈念（犹言挂念）、双

亲、训令、福安等，都采取平抬的方式。

这种方式至迟在唐代就已经出现，敦煌文书中将"平抬"称为"平"，"挪抬"称为"阙"。近代以后，传统书信中"平抬"的方式逐渐减少，"挪抬"则依然普遍使用，今日中国港台地区、韩国、日本文人写信时还常常用"抬"的方式表示敬意。

七　师生之间的称谓

学生称呼老师，最普通的是夫子、函丈。以"夫子"称呼老师可以追溯到孔子，故后世用来作为对老师的通称。"函丈"如前述。

学生自称生、受业。《诗经》中就有把读书人称为"生"的，《小雅·常棣》说："虽有兄弟，不如友生。"《史记·儒林列传》："言礼自鲁高堂生。"司马贞《索隐》："自汉以来，儒者皆号'生'，亦'先生'省字呼之耳。"可见西汉以后，"生"成为读书人的通称。在实际使用上，老师称呼弟子为"张生""李生"；学生也自称"生""小生"。

"业"字的本义是木版，古时老师授课，将要讲的篇章写在"业"上，《礼记·曲礼》说"请业则起"，意思是说向老师请教问题要起身，因此，学生称老师为"业师"而自称"受业"。

一般来说，只要同一时期、在同一学校生活过的老师和学生，就可以有师生的名分。老师如何称呼学生，要看彼此在学问上有无直接的授受关系。如果对方是自己正式的学生，并向他传授过学业，则可以称之为"弟"。这里的"弟"是"弟子"的意思，与兄弟之"弟"无关，古代师生称"师弟"，学生如若见到老师的这种称呼，千万不要误解。如果彼此虽有师生名分，但没有授过课，则老师一般称学生为"兄"。例如，胡适曾任北京大学校长，顾颉刚是北大的学生，彼此有师生的情谊，所以，胡适在给顾颉刚的书信中称之为"兄"；再如大家都熟知的，鲁迅给许广平的第一封信中称"广平兄"，许广平不解其意，回信表示不敢与鲁迅以兄弟相称，其实鲁迅并没有称兄道弟的意思，"兄"不过是老师对学生辈的最普通的称呼罢了。

老师给学生的书信，落款一般只写自己的名字。

同学之间的称呼，则可以视进入师门的先后，以学长、学弟、学妹，或者师兄、师弟、师妹相称。书信往还时，也有用比较雅气的叫法，称"砚兄"之类的。

八 祝愿语及署名敬词

两人见面后，即将分别之时，应该互道珍重。这一礼节表现在书信中，就是祝愿语和署名启禀词。

由于辈分、性别、职业的差别，祝愿词也有比较严格的区别，比较常用的有：

用于父母：恭请　福安、叩请　金安、敬叩　提安

用于长辈：恭请　崇安、敬请　福祉、敬颂　颐安

用于师长：敬请　教安、敬请　教祺、敬颂　诲安

用于平辈：顺祝　时绥、即问　近安、敬祝　春祺

用于同学：即颂　文祺、顺颂　台安、恭候　刻安

用于女性：敬颂　绣安、即祝　壶安、恭请　懿安

祝愿词的主题，是希望对方幸福、平安。上面列举的祝愿词中，提、祉、祺等都是福的同义词；绥是平安的意思。明白于此，就可以视需要选择、搭配使用。

需要指出的是，使用祝愿词切不可混淆对方的身份，如绣安、壶（kǔn）安、懿安是专用于女性的祝愿词，如果用到男性身上，就令人忍俊不禁了。此外，祝

愿词中的某些字比较古奥，要弄清楚字义之后再使用，例如"壸"字的本义是指宫中的道路，后引申为后妃居住的地方，故借用为对女性的尊称。"壸"字的字形与茶壶的"壶"字很相像，有人不察于此，将壸安写成壶安，就授人以笑柄了。

旧式书信在落款之后，一般还要根据彼此关系写敬词（或称启禀词），例如：

对长辈：叩禀、敬叩、拜上

对平辈：谨启、鞠启、手书

对晚辈：字、示、白、谕

叩是叩首，即磕头，这是礼仪书面化的表现。磕头礼节早已废止，但在书信中也还见使用，不过是借以表达敬意的一种方式罢了，不必过于拘泥于字义。

九　信封用语

在纸张发明以前，古人用帛或竹简、木板作为书写材料，故书信又称书简、尺牍。在今天的书信用语中，还残留着某些早期书简的专门用语，需要先作一些介绍。

所谓"牍"，就是将树木锯成段后剖成的薄片。在牍上写信后，为了保密，用另一块木板覆盖在上面，称为"检"；在检上书写收件人的姓名、地址，称为"署"；用绳子将牍和检一并捆扎，再打上结，称为"缄"，缄是封的意思（我们今天还用这个字）。如果是用竹简写信，简数较多，就盛在囊中，用绳子扎口。为了保密，在绳结处用泥封住，上面加盖印章作为凭记。

信封的书写，也有很多讲究，要体现出自谦而敬人的原则。书写收信人的称谓，除了一定要用尊称，至少还有两种表示尊敬的用法，其一，在收信人姓名、称谓之后用"俯启""赐启"等用语，表示请求对方开启信封。俯启，有显示对方高大，必须俯下身子来接信的意思。赐启，是请对方赏光、恩赐启封。

其二，使用"某某先生将命"之类的用语。古人每每用陛下、殿下之类的词语来表示不敢与对方平起平坐，而只能与对方站在丹陛、大殿之下的执事者对话，请他们传话。类似的意思表现在信封上，就有了"将命""将命考"等用语。将命，是指古代士大夫家中为主人传话的人。在信封上写收信人的将命考收，是表示不敢让对方直接收信，而只能将信交由传命者转呈，这是一种自谦的表达方式。"将命考"是传命者的副手，母親大人膝下,敬稟者,日前寄上海嬰照片一張,想已收到。

小包一個,今天收到了。醬鴨醬肉,昨起白花,蓋過于咸,味仍不壞,只有雞腰是全不能喫了。其餘的東西,都好的,午上已分了一份給老三去。但其中的一種粽子,無人認識,只不知從菜(?),下次信中,乞示知。

上海一向很暖,昨天刮風,才冷了起來,但房中尚無有五十餘度,寓内大小俱安,請勿念為要。

海嬰有幾句話,寫在另一張紙上,今附呈。

專此布達,恭請

金安。

男 樹 叩上 廣平及海嬰同叩

一月十六日

鲁迅致母亲书

让将命考转呈，则是谦中尤谦的表示了。

与上述表达方法相似的还有，"某某先生　茶童收""某某先生　书童收"等，意思都一样，写信者明知对方并没有将命考、茶童、书童之类的仆人，如此书写，一则是借此表示敬意，二则也可以为书信增添一些雅趣。

顺便说一句，明信片没有信封，所以不能再用"缄"和"启"等字样。

书信举例一：鲁迅致母亲：

母亲大人膝下，敬禀者，日前寄上海婴照片一张，想已收到。小包一个，今天收到了。酱鸭、酱肉，昨起白花，蒸过之后，味仍不坏；只有鸡腰是全不能吃了。其余的东西，都好的。下午已分了一份给老三去。但其中的一种粉，无人认识，亦不知吃法，下次信中，乞示知。上海一向很暖，昨天发风，才冷了起来，但房中亦尚有五十余度。寓内大小俱安，请勿念为要。海婴有几句话，写在另一张纸上，今附呈。

专此布达，恭请

金安。　男　树叩上　广平及海婴同叩　一月十六日

书信举例二：毛泽东致老师符定一（字澄宇）先生：

澄宇先生夫子道席：

既接光仪，又获手示，诲谕勤勤，感且不尽。德芳返平，托致微物，尚祈哂纳。世局多故，至希为国自珍。

肃此。敬颂

教安。不具。

受业　毛泽东

书信举例三：曾国藩致儿子曾纪鸿：

字谕纪鸿：自尔还乡启行后，久未接尔来禀，殊不放心。今日天气奇热，尔在途次平安否？

余在金陵与阮叔相聚二十五日，二十日等舟还皖，体中尚适。余与阮叔蒙恩晋封侯伯，门户大盛，深为祗惧。尔在省以谦、敬二字为主，事事请

问意臣、芝生两姻叔，断不可送条子，致腾物议。十六日出闱，十七八拜客，十九日即可回家。九月初在家听榜信后，再启程来署可也。择交是第一要事，须择志趣远大者。此嘱。（涤生手示）

旧式书信在大陆已经基本废止，但在中国港台地区、韩国、日本以及在华侨中间还依然使用。因此，了解有关的知识不仅有助于阅读古代文献，而且可以增进与中国港台及海外的交流。

后　记

　　本书的撰作，远在十年之前。我的学术领域主要是中国古代礼学。数十年来，因感伤礼学在一个曾经名闻遐迩的"中华礼义之邦"的衰落，自觉有存亡继绝、传其一脉于京华之责任，故不揣谫陋，我在执教的清华大学开设了"中国古代礼仪文明"的全校性选修课，这是内地唯一的系统介绍中华传统礼仪的课程。当时的情况，可谓筚路蓝缕，主要困难有二，一是没有可供参考的教材，需要白手起家，自己编写。而要提取内容广博、文字古奥、年代久远的《仪礼》《周礼》《礼记》中的精华，并且将它转换成当今学生能够听懂的文字，谈何容易；二是近百年来，由于我们对传统文化的扫除，社会上的礼已经荡然无存，不少人对礼已经没有概念。经过一个世纪累积而成的偏见，已经形成巨大的文化惯性，甚至成为许多人贬斥中华文明的心理定式，可以不假思索地脱口而出。直面这一切，犹如站在一座巨大的废墟上，需要一砖一瓦地清理，一木一石地重建，这是一己的微力所无法完成的。而作为一名以复兴中华礼学为己任的学者，无所逃于天地之间，精卫填海，矢志不移。

十年过去，弹指一挥，礼学的境遇，已是焕然一新，速度之快远远出人意料。十年之中，以礼学作为研究主题的学位论文已达数百，研究礼学的论著更是令人目不暇接。经过诸多学者的共同努力，礼学复兴的趋势已是无可阻挡，真是"德不孤，必有邻"。我开设的这门课程，也于2008年被评为校级、市级、国家级精品课，并受到社会的广泛关注，各地政府机关、高等学校、民间团体等邀请笔者讲课者，纷至沓来。中央电视台多个栏目播出我谈礼的节目，据CCTV-4"文明之旅"栏目组编导告知，2012年9月3日收看我谈礼节目的电视机用户，居然多达四千二百多万家！无需赘言的是，吸引广大电视观众的是中华礼学，而绝非笔者本人。

事实证明，中华礼学的活力与魅力俱在，它必将成为中华文明复兴的重要组成部分，笔者将为之继续努力。

本书再次被中华书局印行，深感荣幸，笔者五内俱铭。

彭林　于清华大学荷清苑寓内

2012年10月27日